# CATALOGUE

## DES

# LIVRES

## DE LA BIBLIOTHEQUE

*De feu M. DANE'S, Docteur de la
Maison & Société de Sorbonne, Abbé
de S. Michel de Pessan, Conseiller
en la Grand'Chambre du Parlement.*

*Se distribue à Paris,*

Chez CHARLES OSMONT,
rue S. Jacques, à l'Olivier.

———

M. DCC. XXXVIII.

*Les personnes qui voudront acquérir quelques articles de cette Bibliothéque, & qui ne pourront pas assister à la vente, pourront envoyer leurs ordres à* CHARLES OSMONT, *Libraire & Imprimeur.*

# ORDRE
## DES DIVISIONS
### DE CE CATALOGUE.

## THEOLOGIE.



## JURISPRUDENCE.



## SCIENCES ET ARTS.

# CATALOGUE
## DES LIVRES
### DE
## LA BIBLIOTHEQUE

*De feu M. l'Abbé* D A N E Z, *Docteur de la Maison & Société de Sorbonne, Abbé de S. Michel de Peſſan, Conſeiller en la Grande Chambre du Parlement, &c.*

❦❦❦❦❦❦❦❦❦❦❦❦❦❦❦❦❦❦❦

# THEOLOGIE.

## BIBLES ET INTERPRETES SACRE'S.

1 **B**IBLIA Sacra polyglotta, cum apparatu, appendicibus, variis lectionibus, annotationibus, &c. ſtudio Briani Waltoni, cum Edmundi Caſtelli Lexico heptaglotto. *Londini*, 1657. & *ſuiv.* 8. *vol. in-fol. lavés-reglés.*    266#

2 Biblia hebraica, cum punctis. *Genevæ, Rob. Steph.* 1608. 6. *vol. in-18.*    10#

A

3 Biblia hebraïca, sine punctis, *Lugd Bat.* 1610. 2. *vol. in*-24.

4 Biblia hebraïca, cum interpretat. Xantis Pagnini, ex recensione B. Ariæ Montani: acced. Libri græcè scripti, qui vocantur Apocryphi, cum interlineari versione ex Bibliis Complutensib. petita. N. Testamentum græcum, cum vulgata versione interlineari & variantibus in margine collocatis, studio B. Ariæ Montani. *Colon.* 1609. *in-fol.*

5 Biblia Rabbinica Joan. Buxtorfii, *Basilea,* 1618. 4. to. en 2. *vol. in-fol.*

6 Biblia Sacra Vulgatæ editionis. *Colon.* 1679. 6. *vol. in*-24.

7 Biblia Sacra Vulgatæ editionis, *in*-8. *manque le frontispice.*

8 La Sainte Bible en latin & en françois, avec de courtes notes, par M. le Maître de Saci. *Paris,* 1696. 20. *vol. in*-12.

9 La Bible revûe & conférée sur les textes hebrieux & grecs, par les Pasteurs de Geneve. *Geneve,* 1605. *in*-8.

10 La Sainte Bible en latin & en françois, de la traduction des Docteurs de Louvain. *Paris,* 1631. *in-fol.*

11 Vetus Testamentum græcè, ex versione LXX. Interpretum. *Cantabrig.* 1665. 2. *vol. in*-12.

12 Biblia Sacra, sive Vetus Testamentum, ex versione Tremellii & Junii, & Novum Testam. à Thed. Beza è græco in latinum versum. *Londini,* 1656. *in*-8.

13 Pentateuchus hebraïcè, *Parif.* 1556. *in*-4.

14 Psalmi Davidis hebraïcè, cum versione Joan. Cocceji. *Franekera,* 1646. *in*-24.

15 Psalmi Davidis, Proverbia, Ecclesiastes & Cantic. Canticorum, hebraïcè, cum interlineari versione Santis Pagnini, edente Ben. Ariâ Montano. *in*-8.

16 Pſalmi Davidis gr. & lat. ad exemplar Complutenſe. *Antuerp.* 1684. *in-*18.

17 Bellarminus in Pſalmos. *Lugduni,* 1679. *in-*4.

18 Vict. Bythneri Lyra prophetica Davidis regis, ſive Analyſis critico-practica Pſalmorum. *Lond.* 1679. *in-*4.

19 Les Pſeaumes de David, mis en rime françoiſe, par Clement Marot & Theodore de Beze. *Nyort.* 1676. *in-*24.

20 Proverbia Salomonis, Job, Cant. Canticorum, Ruth, Lament. Jeremiæ, Eccleſiaſtes, Eſther, hebraïcè. *Antuerp.* 1608. *in-*18.

21 Quatuor Evangelia arabicè, cum latina interpretatione interlineari. *Romæ.* 1591. *in fol.* cum figuris.

22 Novum Teſtamentum ſyriacè. *Antuerp.* 1675. *in-*24.

23 Novum Teſtamentum græcè. *Lugd. Bat. Elzevir.* 1624.

24 N. Teſtamentum græcum, cum lectionibus variantibus mss. exemplarium, verſionum, & in eaſdem notis, ſtudio Joan. Millii, cum acceſſionibus Lud. Kuſteri. *Roterod.* 1710. *in-fol.*

25 N. Teſtamentum Vulgat. edit. *Colon.* 1679. *in-*24.

26 N. Teſtamentum lat. cum paraphraſi & adnotation. Hammondi, quas ex anglico latinè tranſtulit & auxit J. Clericus. *Amſt.* 1700. 2. tom. en 1. *vol. in-fol.*

27 Johan. Alberti Fabricii Codex apocryphus Novi Teſtamenti. *Hamb.* 1703. *in-*8.

28 Le N. Teſtament trad. en françois, avec des remarques literales & critiques, par Rich. Simon. *Trevoux.* 1703. 4. *vol. in-*8.

29 Le N. Teſtament en latin & en françois, avec des ſommaires & des commentaires de Jean Calvin. *Baſle.* 1555. *in-*8.

A ij

30 Janfenius Yprenfis in Pentateuchum. *Parif.* 1677. *in-*4.

31 Chriftoph. Cartwrighti Electa Thargumico-Rabbinica, five annotationes in Genefim. *Lond.* 1648 *in-*8.

32 Genefis ex tranflatione Clerici, cum ejufdem paraphrafi & differtationibus. *Amft.* 1613. *in-fol.*

33 Nicetæ Catena Græcorum Patrum in Job, gr. & lat. interprete Junio. *Londini,* 1637. *in-fol.*

34 Car. de Montchal Catena Græcorum Patrum in Mathæum, gr. & lat. cum latina verfione & fcholiis Petri Poffini. *Tolofæ,* 1646. 2. *vol. in-fol.*

35 Le Cantique des Cantiques, interprété felon le fens myftique & la vraye repréfentation des états intérieurs. *Lyon,* 1688. *in-*8.

36 Effai d'un Commentaire litteral & hiftorique fur les Prophétes, par D. Pezron. *Paris,* 1693. *in-*12.

37 Joan. Boifii Collàtio veteris interpretis cum Beza aliifque recentioribus, in quatuor Evangeliis & Apoftolorum Actis. *Lond.* 1655. *in-*8.

38 Theophylactus in Evangelia. *Parif.* 1543. *in-*8.

39 Janfenius Yprenfis in Evangelia. *Parif.* 1660. *in-*4.

40 Maldonatus in IV. Evangeliftas. *Parif.* 1639. *in-fol.*

41 Analyfe de l'Evangile, des Epitres de S. Paul & des Epitres canoniques, par le P. Mauduit. *Paris,* 1697. 6. *vol. in-*12.

42 Chriftoph. Sandii Interpretationes paradoxæ IV. Evangeliorum. *Cofmopoli,* 1670. *in-*8.

43 Car. Mariæ de Veil Explicatio Evangelii fecundum Matthæum & Marcum. *Londini,* 1678. *in-*8.

44 Corderii Catena Græcorum Patrum in S. Lucam. *Antuerp.* 1628. *in-fol.*

45 Corderii Catena Græcorum Patrum in S. Joannem. *Antuerp.* 1630. *in-fol.*

46 Georg. Calixti Expositio in Epistolam S. Pau i
ad Romanos. *Brunsviga*, 1652. *in-4.*

47 Guill. Estii Adnotationes in difficiliora Scriptura sacræ loca. *Paris.* 1683. *in-fol.*

48 Hist. & Concordia evangelica. *Paris.* 1660. *in 12.*

48 * S. Thomæ Catena aurea in Evangelia. *Paris.*
1611. *in-fol*

49 Jansenii Episc. Gandavensis Commentaria in
Concordiam & Historiam evangelicam. *Lugd.*
1684. *in-fol.*

50 Mich. Waltheri Harmonia Biblica, sive con-
ciliatio locorum Vet. & Novi Testam. sibi con-
tradicentium. *Noriberga*, 1654. *in-4.*

51 Gerardi Joan. Vossii Harmonia evangelica de
passione, morte, resurrectione & ascensione
Jesu-Christi. *Amst.* 1656. *in-4.*

52 R. Montacutii Origines ecclesiasticæ, seu de
vita J. C. *Lond.* 1636. 2. *tom. en un vol. in-fol.*

53 Jo. Clerici Harmonia evangelica, cui sub-
juncta est Hist. Jesu-Christi ex IV. Evangeliis : accedunt Dissertationes de annis Christi, deque Concordia & autoritate Evangeliorum.
*Lugd.* 1700. *in-4.*

## CTITIQUES SACRE'S.

54 Critici sacri, sive Annotata doctissim. vi-
rorum in Vet. & Nov. Testamentum.
*Amstel.* 1698. 10. *vol. in-fol.*
Thesaurus Theologico-philologicus, sive
Sylloge dissertationum ad selectiora Vet.
& Nov. Testamenti loca. *Amstel.* 1702.
2. *vol. in-fol.*

55 Synopsis Criticorum, aliorumque sacræ Scripturæ interpretum, autore Matthæo Polo. 1696.
5 *vol. in-4.*

56 Lud. Capelli Critica sacra, sive de variis Veteris Testam. lectionibus. *Lutet.* 1650. *in-fol.*

A iij

57 Critica facra, feu Obfervationes in utrumque Teftamentum, anglicè fcripta ab Eduardo Leigh, & in latinum fermonem converfa ab Henrico à Middoch. *Amftel.* 1679. *in-fol.*

58 Differtations critiques fur des endroits difficiles de l'Ecriture. *Paris,* 1715. *in-4.*

59 Défenfe du Texte hébreu & de la Chronologie de la Vulgate, contre le livre de l'Antiquité des tems rétablie, par le P. Martianay Bénédictin. *Paris,* 168). *in-12.*

60 Défenfe du Texte hébreu & de la Verfion Vulgate, fervant de réponfe au Livre intitulé : L'Antiquité des tems, &c. par le P. le Quien, Dominicain. *Paris,* 1690. *in-12.*

61 Differtations fur les Prolégomenes de Walton, tirées du lat. du mêmeAuteur. *Liege,* 1699. *in-8.*

62 Quinque Libri Moyfis hebraicè, cum Haphtaroth, five Lectionibus in Synagogis legi folitis. *Amftel.* 1721. *in-12.*

63 Rab. Ifraël Difputatio cabaliftica de anima ; & Opus rhythmicum Rab. Abben Ezræ, de modis quibus Hebræi legem folent interpretari., ex verfione Jofeph de Voyfin. *Paris,* 1635. *in-8.*

64 Gerardi Joan. Voffii Differtationes de Jefu-Chrifti genealogia, & de annis quibus natus, baptizatus & mortuus eft. *Amfterd.* 1643. *in-4.*

65 Joan. Morini Exercitationes ecclefiafticæ in utrumque Samaritanorum pentateuchum. *Parif.* 1631. *in-4.*

66 Joan. Buxtorfii Anticritica, feu Vindiciæ veri atis hebraïcæ. *Bafil.* 1653. *in-4.*

67 Cippi hebraïci, five Hebræorum Prophetarum, Tannæorum, Amoræorum, Rabbinorum monumenta à Judæo quodam confcripta, & latinitate donata, per Joh. Henric. Hottingerum. *Heidelbergæ,* 1662.
APXAIOΛOΓIA orientalis, exhibens com-

pendium theatri orientalis, & topographiam
ecclesiasticam orientalem. aut. Joh. Henrico
Hottingero. *Heidelberga*. 1662. *in*-8.

68 Herm. Witsii Miscellanéa sacra. *Amst*. 1695.
*in*-4.

69 Regles pour l'intelligence des SS. Ecritures,
( par M. l'Abbé d'Asfeld. ) *Paris*. 1716. *in*-12.

70 Mouaacah, Ceinture de douleur, ou Réfutation du Livre intitulé : Régles pour l'intelligence des Saintes Ecritures, par Rabbi Ismaël Ben-
Abraham, Juif converti, ( ou plûtôt M. Etienne
Fourmont. ) *Paris*, 1723. *in*-12.

71 Dissertations sur l'Arche de Noé, & sur
l'hemine & la livre de S. Benoist, par le Pelletier. *Rouen*, 1704. *in*-12.

72 Joan. Doughtei Analecta sacra ; subjiciuntur
Nortoni Knatchbul Animadversiones in N. Testamentum. *Amstel*. 1694. *in*-8.

73 Les Bibles Catholiques défendues contre les
accusations de David Mallebouin Ministre, par
François Jaquet Recollet. *Liege*, 1579. *in*-8.

74 Disputationes criticæ de variis per diversa loca
& tempora Bibliorum editionibus. *Londini*,
1684. *in*-4.

75 Discours historique sur les principales éditions
des Bibles polyglottes, par le P. le Long. *Paris*,
1713. *in*-12.

76 Mich. Seneschalli Soc. Jesu Trias evangelica,
sive Quæstio triplex de anno, mense & die Christi nati , baptizati & mortui. *Leodii* , 1670.
*in*-4.

77 De Tabernaculo fœderis, de civitate Jerusalem & de templo ejus , aut. Bern. Lamy. *Paris*.
1720. *in*-fol. cum figur.

78 Sam. Bocharti Hierozoïcon, sive de animalib.
Sacræ Scripturæ. *Francof*. 1675. *in*-fol.

79 Ejusdem Geographiæ sacræ pars prior, Pha-
leg, seu de dispersione Gentium & Terrarum di-

viſione facta in ædificatione turris Babel. *Cadomi*, 1646. *in-fol.*

80 Ant. Van Dale Diſſertat. ſuper Ariſtea de LXX.
Interpretibus ; additur hiſt. Baptiſmorum tùm
hebraïcorum , tùm chriſtianorum. *Amſt.* 1705.
*in-4.*

81. Humfredy Hody Diſſertatio contra hiſtor. Ari-
ſteæ de LXX. Interpret. *Oxonii* , 1615. *in-8.*

82 Joannes epiſcop. Caſtorienſis de lectione Scrip-
turarum. *Embricæ* , 1677. *in-4.*

83 Hadr. Relandi Diſſertationes miſcellaneæ. *Trajecti*, 1706. 2 to. en 1 *vol. in-8.*

84 Chriſt. Kortholti de variis Scripturæ editionibus Tractatus theologico-hiſtorico-philologi-
cus. *Kilonii*, 1686. *in-4.*

85 Martini Mauritii Tractatus philologicus de
ſortitione Veterum , Hebræorum imprimis , ex
Scriptura, Talmude &c. congeſtus. *Baſil.* 1692.
*in-8.*

86 R. Moſis Maïmonidis Tractatus de vacca rufa,
latinitate donatus à Chriſtoph. Zellero. *Amſtel.*
1713. *in-8.*

87 Henrici Maji Diſſertationes IV. de Scriptura
ſacra, adverſus Rich. Simonium. *Francof.* 1690.
*in-8.*

88 Franc. Valeſius de iis quæ ſcripta ſunt phyſicè
in Libris ſacris, ſive de ſacra Philoſophia : accedunt Lamnius de plantis ſacris , & Rueus de
gemmis. *Lugd.* 1688. *in-8.*

89 Hodogeticum orientale , id eſt Lexicon hebraïcum, chaldaïcum, ſyriacum,&c. cum Grammatica earumdem Linguarum & dicta biblica.,
autore Frider. Nicolai. *Ienæ*, 1670. *in-4.*

90 Gatakeri Diſſertatio de novi inſtrumenti ſtilo,
quâ Sebaſt. Pfochenii de Linguæ græcæ N. Teſtamenti puritate Diatriba ad examen revoca-
tur. *Lond.* 1648. *in-4.*

91 La vérité de l'Hiſtoire de Judith , par D. de

Montfaucon , Bened. *Paris*, 1592. *in-12.*

92 Sixtini Amama Anti-barbarus Biblicus , libro quarto auctus : accedunt ejusdem varia opuscula. *Franekera*, 1656. *in-4.*

93 Medulla Theologiæ Vet. Testamenti , seu Epitome Bibliorum regiorum , Criticorum, &c. opera Joh. Thilonis. *Lipsia* , 1680. *in-4.*

94 Joan. Lightfooti opera. *Roterod.* 1686. 2 *vol. in-fol.*

95 Augusti Pfeifferi opera philologica. *Ultrajecti* , 1704. 2 *vol. in* 4.

96 Jac. Usserii Historia dogmatica controversiæ inter Orthodoxos & Pontificios, de Scripturis & Sacris vernaculis, cum notis Henrici Warton. *Londini* , 1690. *in-4.*

97 Joan. Seldenus de Diis Syris, edente Beyero. *Amstel.* 1680. *in-8.*

98 C. Frassen Disquisitiones biblicæ. *Paris.* 1695. *in-4.*

99 Dissertations , ou Prolégomenes de l'Ecriture Sainte , par D. Calmet. *Paris* , 1705. 3 *vol. in-4.*

100 Car. Sigonius de Republica Hebræorum, cum annot. Joan. Nicolai. *Lugd. Bat.* 1701. *in-4.*

101 Menochius de Republica Hebræorum. *Parif.* 1648. *in-fol.*

102 Melch. Leidekkerus de Republica Hebræorum. *Amstel.* 1704. 2 *vol. in-fol.*

103 Joan. Morini Exercitationes biblicæ. *Paris.* 1660. *in-fol.*

104 Joan. Meyerus de festis, solemnibusque diebus Judæorum. *Amstel.* 1693. *in-8.*

105 Dan. Heinsii Exercitationes sacræ ad N. Testamentum. *Lugd. Bat.* 1639. *in-fol.*

106 Guill. Outramus de sacrificiis Judæorum & Gentium profanorum, & de Sacrificio Christi, adversus Socinum. *Lond.* 1677. *in-4.*

107 Autoritas Scripturæ sacræ, sive Textûs he-

braïci, verſionis LXX. Interpr. & verſionis Vulgatæ, autore Joan. d'Eſpierres. *Duaci*, 1651. *in-4*.
108 Jo. Spencerus de Legibus Hebræorum rituali-
bus. *Hagæ*. 1686. *in-4*.
109 Sal. Glaſſii Philologia ſacra Vet. & N. Teſtamenti. *Amſt*. 1694. *in-4*.
110 Jo. Croii Obſervationes in N. Teſt. *Genevæ*,
1645. *in-4*.
111 Joan. Leusden Philologus hebræus, continens
quæſtiones hebraïcas quæ circa Vet. Teſt. he-
bræum moveri ſolent. *Ultraj*. 1672. *in-4*.
112 Joan. Vorſtius de hebraïſmis N. Teſt. accedit
ejuſdem Diatriba de adagiis N. Teſt. *Francof*.
1705. *in-4*.
113 Joan. Leuſden Philologus hebræo-græcus,
continens quæſtiones hebræo-græcas quæ circa N. Teſtam. græcum moveri ſolent *Ultraj*.
1670. *in-4*.
114 Joan. Leuſden Philologus hebræo-mixtus, ſive
decem quæſtiones & poſitiones præcipuè phi-
lologico-hebraïcæ. *Ultrajecti*. 1682. *in-4*. *cum*
*figur*.
115 Joan. Vander Vayen Varia ſacra. *Franek*.
1693. *in-4*.
116 Erneſti Grabe Diſſertatio de vitiis LXX. Interpretum verſioni ante Origenis ævum illatis.
*Oxonii*, 1710. *in-4*.
117 Campegius Vitringa de Synagoga vetere.
*Franek*. 1696. 2 *vol. in-4*.
118 Joan. Druſius de Sectis Judaïcis adversùs Se-
rarium, ex recenſione Sixtini Amama. *Arnhemiæ*.
1619. *in-4*.
119 Jac. Rhenferdii Diſſert. philologicæ de decem
otioſis Synagógæ. *Franek*. 1686. *in-4*.
120 Selecta Rabbinico-philologica hebraïcè, cum
verſion. & annot. Joan. Scherzeri. *Lipſiæ*, 1705.
*in-4*.
121 Joan. Rainoldi Cenſura Librorum apocryph.

Vet. Teſt. adversùs Bellarminum. *Oppenheimii,*
*1611. 2. tom. en un vol. in-4.*

122 Hern. Witſii Ægyptiaca, ſive de Ægyptiaco-
rum Sacrorum cum hebraicis collatione. *Amſt.*
*1696. in-4.*

123 Concordantiæ Bibliorum, 1555. *in-fol. Rob.*
*Steph.*

124 J. Buxtorſii Concordantiæ hebraïcæ; acced.
novæ Concordantiæ chaldaïcæ, cum præfat. J.
Buxtorſii filii. *Baſil.* 1632. *in-fol.*

125 Abr. Trommii Concordantiæ græcæ verſionis LXX. Interpretum. *Amſt.* 1718. 2. *vol. in-fol.*

126 Florés Bibliorum, ſive loci communes
omnium ferè materiarum ex Vet. & Novo Teſ-
tamento excerpti, per F. Thomam Hibernicum.
*Coln.* 1630. *in-12.*

127 {
Hiſt. critique du Vieux & du N. Teſtament, avec des obſervations ſur le
texte & les verſions du Vieux & du N.
Teſt. *Rotterd. & Paris,* 1685. *&*
*ſuiv. 6. vol. in-4.*

Sentimens de quelques Theologiens de
Hollande, ſur l'Hiſtoire critique du
Vieux Tetament de Richard Simon.
*Amſt.* 1685. *in-12.*

Défenſe des Sentimens de quelques Theologiens de Hollande, ſur l'Hiſtoire
critique du Vieux Teſtament, contre
le Prieur de Bolleville. *Amſt.* 1686.
*in-12.*
}

128 Henr. Maji Examen Hiſt. criticæ N. Teſt.
à Rich. Simonio vulgatæ. *Francof.* 1708. *in-4.*

129 Traité hiſtor. de l'ancienne Pâque des Juiſs,
par le P. Lamy de l'Oratoire. *Rouen,* 1693.
*in-12.*

130 Reflexions ſur le nouveau Syſtême du P.
Lamy touchant la derniere Pâque de J. C.
*Rouen.* 1697, *in-12.*

131 Reflexions ſur le nouveau Syſtême du P.
Lamy, touchant la derniere Pâque de J. C. par
le P. Beſſin Benedictin. *Rouen*, 1697. *in-12*.

132 De la Lecture de l'Ecriture Sainte, par
Mallet. *Rouen*, 1679. *in-12*.

133 De la Lecture de l'Ecriture Sainte, contre
les paradoxes extravagans & impies de Mallet.
*Anvers*, 1680. *in-8*.

134 Nouvelle Défenſe de la traduction du N.
Teſt. de Mons, contre Mallet; ( par Arnauld. )
*Cologne*, 1682. 2. *vol. in-8*.

135 Obſervations ſur la Défenſe de la verſion
françoiſe du N. Teſtament de Mons. *Rouen*,
1685. *in-8*.

136 J. Buxtorfii Tractatus de punctis vocalibus,
& accentibus in libris Vet. Teſtamenti hebraïcis,
adverſus Ludov. Capellum. *Baſil.* 1648. *in-4*.

137 J. Buxtorfii Exercitationes ad hiſtoriam arcæ
fœderis, ignis ſacri & cœleſtis, Urim & Thum-
mim, Mannæ, &c. *Baſil.* 1659. *in-4*.

138 J. Buxtorfii Diſſertationes philologico-theo-
logicæ; accedunt Iſaaci Abarbenelis Diſſertationes variæ. *Baſil.* 1662. *in 4*.

139 Miſchnaioth, ſive Traditiones Judæorum.
*Amſt.* 1646. *in-8*.

# LITURGIE.

140 Ordo precum totius anni, hebraïcè, ſecun-
dum ritum Judæorum Hiſpanorum. *Amſt.*
1700. *in-12*.

141 Explication des prieres & des ceremonies de
la Meſſe, par le P. le Brun. *Paris*, 1726. 4. *vol.
in-8. avec figur*.

142 Diſſertation euchariſtique touchant la façon
preſcrite par les Rituels, pour adminiſtrer ſans
peril la ſainte Communion. *Rouen*, 1692.
*in-12*.

143 Liber

143 Liber Diurnus Romanorum Pontificum, editus à Joanne Garnerio, Soc. Jefu. *Parif.* 1680. *in-4.*

144 Edm. Martene de antiq. Ecclefiæ ritibus. *Rothom.* 1700. *& fuiv.* 3. *vol. in-4.*

145 De reformandis horis Canonicis, ac rite conftituendis Ecclefiafticorum muneribus Confultatio. 1644. *in-12.*

146 De l'ufage de celebrer le Service divin, dans l'Eglife en langue non vulgaire. *Paris,* 1687. *in-12.*

147 Joan. Bonæ Cardinalis res Liturgicæ. *Parif.* 1672. *in-4.*

148 Joan. Steph. Durantus de ritibus Ecclefiæ Catholicæ. *Lugd.* 1608. *in-8.*

149 J. S. Durantus de ritibus Ecclefiæ Catholic æ. *Roma,* 1691. *in-fol.*

150 Venerab. Odonis Expofitio Canonis Miffæ. *Parif.* 1696. *in-12.*

151 Gullielmi Durandi Rationale divinorum officiorum. *Lugd.* 1674. 2. *tom. en* 1. *vol. in-8.*

152 Gavanti Thefaurus facrorum rituum. *Lugd.* 1675. 2. *tom. en* 1. *vol. in-4.*

153 Pontificale Romanum. *Parif.* 1664. *in-12.*

154 Rituale Romanum. *Lugd.* 1669. *in-12.*

155 Miffale Romanum. *Parif.* 1684. *in-12.*

156 De Liturgia Gallicana, aut. Joan. Mabillon. *Parif.* 1687. *in-4.*

157 Pratique des cérémonies de l'Eglife, felon l'ufage Romain. *Paris,* 1667. *in-8.*

158 Explication des cérémonies de l'Eglife, par Dom Claude de Vert. *Paris,* 1706. 4. *vol. in-8.* avec figures.

159 Les Inftructions du Rituel d'Alet. *Lyon,* 1676. *in-12.*

160 Enchiridion feu Manuale Sacerdotum, fecundum Ecclefiæ Ambianenfis ufum. *Ambiani,* 1554. *in-4. Gothique.*

B

161 Manuale Parochorum, ad ufum Ecclefiarum Diœcefis Cameracenfis. *Antuerp.* 1606. *in-4.*

162 Rituale Cathalaunenfe. *in-4. manque le fron-tifpice.*

163 Sacerdotale, vulgò Manuale Parifienfe, authoritate D. de Gondy editum. *Parif.* 1615. *in-4.*

164 Rituale Parifienfe, autoritate D. de Gondy editum. *Parif.* 1647. *in-4.*

165 Proceffionale Parifienfe, autorit. D de Gondy Parif. Archiep. editum. *Parif.* 1653. *in-8.*

166 Breviarium Parifienfe, juffu D. de Harlay Parif. Archiepifcopi editum. *Parif.* 1680. 4 *vol. in-12.*

167 Breviarium Parifienfe, juffu D. de Noailles, Parif. Archiepifc. editum. *Parif.* 1700. 4 *vol. in-12.*

168 Rituale Parifienfe, autoritate D. de Noailles editum. *Parif.* 1697. *in-4.*

169 Cæremoniale Parifienfe, juffu D. de Noailles editum. *Parif.* 1703. *in-8.*

170 Breviarium Parifienfe, juffu D. de Viutimille Archiep. Parifienfis editum. *Parif.* 1736. 4 *vol. in-12.*

171 Sacerdotale, vulgò Manuale, ad ufum Ecclefiarum Ecclefiæ Rhemenfis. *Rhemis, in-4.*

172 Officium SS. Urfulæ & Sociarum ejus. *Parif.* 1688. *in-12.*

173 Theodori Arch. Cantuar. Pœnitentiale, cum notis Jac. Petit. *Parif.* 1677. 2 *vol. in-4.*

174 Codices Sacramentorum nongentis annis vetuftiores, ftudio Thomafii. *Romæ*, 1680. *in-4.*

175 Traité de l'office divin, par le P. Thomaffin. *Paris*, 1693. *in-8.*

176 Du fecret des Myftéres, ou l'Apologie de la Rubrique des Miffels, par de Vallemont. *Bruxel.* 1721. 2 *vol. in-12.*

177 Défenfe de l'ancien fentiment fur la forme de

la Confécration de l'Euchariftie, ou Réponfe
au P. Bougeant Jéfuite, par le P. le Brun. *Pa-*
*ris*, 1727. *in 8.*

*77 * La Liturgie Angloife, ou le livre des prieres
publiques, de l'adminiftration des Sacremens ,
& autres cérémonies de l'Eglife d'Angleterre.
*Londres*, 1616. *in-4.*

## SAINTS PERES.

178 {
Bibliotheca veterum Patrum, à Margarino
de la Bigne collecta & digefta. *Parif.*
1644. 17 *tom. en* 15 *vol. in-fol.*
Auctarium novum Biblioth. Patrum , gr.
lat. per Franc. Combefis. *Parif.* 1648. 2
*vol. in-fol.*
Nic. le Nourry Apparatus ad Bibliothe-
cam maximam vet. Patrum. *Par.* 1703.
& 1715. 2 *vol. in-fol.*
}

178 * Thomæ Ittigii Bibliotheca PatrumApoftoli-
corum, gr. lat. præmiffa eft Differtatio de Patribus Apoftolicis. *Lipfiæ*, 1699. *in-8.*

179 Joan. Lucæ d'Achery Spicilegium veterum
aliquot Scriptorum. *Parif.* 1655. *& fuiv.* 13 *vol.*
*in. 4.*

180 SS. Patrum qui temporibus apoftolicis flo-
ruerunt opera , gr. & lat. ex verfione & cum
notis J. B. Cotelerii. *Antuerpiæ*, 1698. 2. *vol.*
*in-fol.*

181 Varia Sacra, gr. lat. edita cum notis & obfer-
vationibus à Steph. le Moine. *Lugd. Bat.* 1685.
2 *vol. in-4.*

182 Joan. Mabillonii vetera Analecta. *Parif.* 1675.
*& fuiv.* 4 *vol. in-8.*

183 Joannis Mabillonii & Mich. Germain Mufeum
Italicum , feu collectio veterum Scriptorum
ex Bibliothecis Italiæ. *Parif.* 1687. *&* 1689. 2
*vol. in-4.*

184 Laur. Alexandri Zacagnii Collectanea monu-
mentorum veterum, gr. lat. cum notis. *Roma*,
1698. *in*-4.

185 Petr. Couftant Vindiciæ manufcriptorum codicum à Barthol. Germon impugnatorum, cum
appendice in qua S. Hilarii quidam loci ab
anonymo obfcurati explicantur. *Parif.* 1706.
*in*-8.

186 Veteres Autores noni fæculi de Prædeftinatione & Gratia, editi à Gilb. Mauguin. *Parif.*1650.
2 *vol. in*-4.

187 Thefaurus novus anecdotorum, ftudio DD.
Martene & Durand Bened. *Parif.* 1717. 5 *vol.*
*in-fol.*

188 Joan. Ernefti Grabii Spicilegium SS.Patrum,
ut & Hæreticorum. *Oxon.* 1700. *in*-8.

189 Abælardi & Heloiffæ opera, cum notis And.
Quercetani. *Parif.* 1616. *in*-4.

190 S. Agobardi opera, cum notis Steph. Balufii.
*Parif.* 1666. 2 *vol. in*-8.

191 Alchwini opera, ex recenfione Quercetani.
*Lutet.* 1617. *in-fol.*

192 S. Ambrofii Mediolan. epifcopi opera, ex edit.
Jac. du Frifche & Nic. le Nourry. *Parif.* 1686.
& 1690. 2 *vol. in-fol.*

193 D. Ambrofii Milleloquium. *Lugduni*, 1556.
*in-fol.*

194 SS.Amphilochii, Methodii & Andreæ Creten-
fis opera, gr. lat. per Fr. Combefis. *Parif.* 1644.
*in-fol.*

195 S. Anfelmi opera, edente Gab. Gerberon.
*Lutet.*1675. *in-fol.*

196 Arnobius adverfus Gentes. *Lugd. Bat.* 1651.
*in*-4.

197 S. Anaftafii archiep. Alexandrini opera, gr.
& lat. cum interpret. & notis D. Bern. de Montfaucon. *Parif.* 1698. 3 *vol. in-fol.*

198 Collectio nova Patrum & Scriptorum græco-

rum, gr. & lat. ex verfione & cum notis D. de Montfaucon. *Parif.* 1706. 2 *vol. in fol.*

199 S. Athanafe; ou Traité de la nature, origine & immortalité de nos ames, & leur état après la mort, contre les hérétiques de ce fiecle, par Jean le Long, Miniftre de Middelbourg. *Middelbourg,* 1645. *in-*8.

200 S. Auguftini Hippon. epifcopi opera, ex recenfione Monach. Ord. S. Bened. è Congreg. S. Mauri. *Parif.* 1689. *& fuiv.* 8 *vol. in-fol.*

201 Appendix Auguftiniana, in qua funt S. Profperi Carmen de ingratis, Joan. Garnerii Differt. ad hiftor. Pelagianam, ac Erafmi, Sirmondi & aliorum præfationes, notæ, &c. in omnia S. Auguftini opera. *Antuerp.* 1703. *in-fol.*
S. Auguftini Hipp. epifcopi epiftolæ duæ, recenter in Germania repertæ. *Parif.* 1734. *broch. in-fol.*

202 S. Auguftinus per fe ipfum docens Catholicos & vincens Pelagianos. *Parif.* 1655. *in-*12.

203 S. Auguftinus de doctrina chriftiana, de fide & fymbolo; & Vincentii Lerinenfis Commonitorium, en recenf. Georg. Calixti. *Helmeftad.* 1655. *in-*4.

204 De la fainte virginité : Difcours trad. de S. Auguftin, avec des remarques, par Seguenot. *Paris,* 1638. *in-*8.

205 S. Bafilii magni opera, gr. & lat. *Parif.* 1638. 3 *vol. in-fol.*

206 Venerabilis Bedæ opera. *Colon.* 1612. 8 *tom.* en 2 *vol. in-fol.*

207 S. Bernardi opera, fecundis curis Joan. Mabillon. *Parif.* 1690. 2 *vol. in-fol.*

208 S. Bonaventuræ opera. *Moguntiæ,* 1609. *in-fol.*

209 Caffiani opera, cum comment. Gazæi. *Parif.* 1642. *in-fol.*

210 Cassiodori opera, edente cum notis J. Garetio. *Rotom.* 1679. 2 *tom. en* 1 *vol. in-fol.*

211 S. Clementis Alexandrini opera, gr. & lat., *Lutet.* 1629. *in-fol.*

212 S. Cypriani opera, ex recensione Morellii. *Paris.* 1564. *in-fol.*

213 S. Cypriani opera, à J. Fello recognita & illustrata. *Oxonii*, 1700. *in-fol. c. m.*

214 S. Cyrilli Alexandrini opera, gr. & lat. per Joan. Aubertum. *Paris.* 1638. 7 *vol. in-fol.*

215 { S. Cyrilli Hierosolymitani opera, gr. & lat. cum versione Grodecii & emendat. Joan. Prevotii.<br>Synesii opera, gr. & lat. per Dyon. Petavium. *Paris.* 1631. *in-fol.*

216 S. Cyrilli Hierosolym. archiep. opera, gr. & lat. edente Th. Milles. *Oxonii*, 1703. *in-fol.*

217 S. Dionysii Areopagitæ opera, ex versione Ambrosii Florentini. *Venetiis*, 1546. *in-8.*

218 S. Dionysii Areopagitæ opera, græce, cum scholiis Maximi. *Paris.* 1562. *in-8.*

219 S. Dionysii Areopagitæ opera, gr. & lat. cum paraphrasi Pachymeræ & annotat. Corderii. *Paris.* 1644. 2 *vol. in-fol.*

220 S. Ephrem Syri opera, latinè, per Ger. Vossium. *Antuerp.* 1619. *in-fol.*

221 S. Epiphanii opera, gr. & lat. per Dyon. Petavium. *Colòn.* 1682. 2 *vol. in-fol.*

222 Eusebii Præparatio & Demonstratio Evangelica, gr. & lat. ex versione & cum notis Fr. Vigeri. *Paris.* 1628. 2 *vol. in-fol.*

223 Sancti Fulgentii opera, (ex editione Lucæ Urbani Mangeant.) *Paris.* 1684. *in-4.*

224 Joan. Gersonii opera, ex recensione Lud. Ellies Dupin. *Paris.* 1706. 5 *vol. in-fol.*

225 SS. Gregorii Thaumaturgi, Macarii Ægyptii & Basilii Seleuciæ episcopi opera, gr. & lat. *Paris.* 1622. *in fol.*

226 S. Gregorii Nazianzeni opera, gr. & lat.
cum interpretat. & notis Billii. *Parif.* 1630. 2
*vol. in-fol.*

227 S. Gregorii epifcopi Nyffeni opera, gr. &
lat. *Parif.* 1638. 3 *vol. in-fol.*

228 S. Gregorii magni opera, emendata, ex editione Dion. Sammarthani. *Parif.* 1705. 5 *vol.
in-fol.*

229 D. Gregorii Papæ Liber Sacramentorum,
cum notis Hug. Menardi. *Parif.* 1642. *in-*4.

230 S. Gregorii epifcop. Turonenfis opera, edita ftudio Theoderici Ruinart. *Parif.* 1699.
*in-fol.*

231 Guiberti abbatis opera, ex editione Lucæ
d'Achery. *Parif.* 1651. *in fol.*

232 Guilelmi Alverni epifcopi Parifienfis opera.
*Aurelia*, 1674. 2 *vol. in-fol.*

233 Hildeberti opera & Marbodi opufcula, edita
ab Ant. Beaugendre. *Parif.* 1708. *in-fol*

234 Hincmari opera, ex recenfione Sirmondi. *Lu-*
*tet.* 1645. 2 *vol. in-fol.*

235 S. Hieronymi opera, ex editione Joan. Martianay. *Parif.* 1693. & *fuiv.* 5 *vol. in-fol.*

236 Joan. Clerici Quæftiones Hieronymianæ, in
quibus expenditur Hieronymi nupera editio Pa-
rifina, &c. *Amftel.* 1700. *in-*12.

237 S. Hilarii opera, ex editione Petri Couftant.
*Parif.* 1693. *in-fol.*

238 Hugonis de S. Victore opera. *Moguntia*
1617. 3 *tom.* en 1 *vol. in-fol.*

239 S. Joannis Chryfoftomi opera, gr. & lat. per
Frontonem Ducæum. *Parif.* 1636. 11 *vel. in-*
*fol.*

240 Divi Chryfoftomi Epiftola ad Cæfarium, cum
differtat. Jac. Bafnage. *Roterod.* 1687. *in-*12.

241 S. Joannis Climaci opera, gr. & lat. interprete Radero. *Parif.* 1633. *in-fol.*

242 S. Joan. Damafceni opera, græcè & latinè,

per Mich. le Quien. *Parif.* 1712. 2 *vol. in-fol.*

243 S. Irenæi opera , gr. & lat. per Erneft. Grabe. *Oxon.* 1702. *in-fol.*

424 S. Irenæi opera , gr. & lat. per Renatum Maffuet. *Parif.* 1710. *in-fol.*

245 S. Irenæi Fragmenta anecdota, gr. & lat. ex verfione & cum notis Chrift. Matthiæ Pfaffii , qui liturgiam græcam Joan. Ern. Grabe , & differtationes de oblatione & confecratione Euchariftiæ, & de præjudiciis theologicis adjecit. *Haga,* 1715. 2 *vol. in-8.*

246 S. Ifidori Pelufiotæ de interpretatione divinæ Scripturæ Epiftolarum libri V. gr. lat. *Parif.* 1638. *in-fol.*

247 S. Ifidori Hifpalenfis opera, ex recenfione Jac. du Breul. *Parif.* 1601. *in-fol.*

248 Ivonis Carnotenfis epifcopi opera , edita per Joannem Frontonem. *Parif.* 1647. *in-fol.*

249 S. Juftini opera , gr. & lat. *Colon.* 1690. *in-fol.*

250 L. Coelii Lactantii opera. *Lugd.* 1615. *in-18.*

251 Lactantius de mortibus Perfecutorum , editus à Nic. le Nourry. *Parif.* 1710. *in-8.*

252 B. Lanfranci opera , ex recenfione J. L. Dacherii. *Parif.* 1648. *in-fol.*

253 Sancti Leonis magni opera. *Lugduni,* 1651. *in-fol.*

254 S. Leonis magni opera cum differtationibus, notis , &c. P. Quefnellii. *Lugd.* 1700. 2. *tom.* en 1. *vol. in-fol.*

255 Luciferi epifcopi Calaritani opufcula. *Parif.* 1568. *in-8.*

256 Lupi abbatis Epiftolæ , editæ per Papirium Maffonum. *Parif.* 1688. *in-8.*

257 Marii Mercatoris opera, cum notis Garnerii. *Parif.* 1673. *in-fol.*

258 Acta Marii Mercatoris, cum notis Rigberii,

( Gabr. Gerberonii. ) *Bruxel.* 1673. *in-12.*

259 S. Maximi opera , gr. & lat. ex verſione & cum notis Fr. Combeſis. *Pariſ.* 1675. 2. *vol. in-fol.*

260 Minucii Felicis Octavius, cum notis Ouzelii; acced. Jul. Firmicus Maternus de errore profanarum religionum. *Lugd. Bat.* 1652. *in-4.*

261 Oecumenii Commentaria in quoſdam Novi Teſtamenti libros, græcè & latinè. *Lutet.* 1631. 2. *vol. in-fol.*

262 S. Optati Milev. epiſcopi opera, cum annot. Priorii; accedunt Facundi Hermian. epiſcopi opuſcula, & Gabr. Albaſpinæi obſervat. eccleſiaſticæ. *Pariſ.* 1676. *in-fol.*

263 S. Optati Milev. epiſcopi opera , ex recenſione Lud. Ellies Dupin. *Pariſ.* 1700. *in-fol.*

264 Origenis opera, latinè verſa à Gilb. Genebrardo. *Pariſ.* 1619. *in-fol.*

265 Origenis opera, gr. & lat. ex verſione & cum notis Dan. Huetii. *Rotom.* 1668. 2. *vol. in-fol.*

266 Origenes contra Marcionitas , & alia ejuſd. opuſcula, gr. & lat. cum notis Weſtenii. *Baſilea,* 1694. *in-4.*

267 Origenes de oratione ; accedit Marci Diadochi Sermo contra Arianos, gr. & lat. cum verſione & notis Weſtenii. *Baſilea,* 1694. in-4.

268 Origenes contra Celſum & ejuſdem Philocalia, gr. & lat. ex verſione & cum notis Spenceri. *Cantabr.* 1697. *in-4.*

269 S. Paſchaſii Radberti opera. *Lutet.* 1618. *in-fol.*

270 S. Paulini opera ( ex editione J. B. le Brun des Marettes.) *Pariſ.* 1585. 2. *tom. en* 1. *vol. in-4.*

271 Petri abbatis Cellenſis opera, collecta ſtudio unius ex Mon. Bened. è Congr. S. Mauri, ( Renati Ambr. Janvier. ) *Pariſ.* 1671. *in-4.*

272 Petri Bleſenſis opera, ex edit. P. Guſſanvillæi. *Pariſ.* 1667. *in-fol.*

273 B. Petri Damiani opera, cum notis Cajetani. *Parif.* 1642. *in-fol.*

274 Philonis Judæi opera, gr. & lat. ex verfione Sig. Galenii. *Colon.* 1613. *in-fol.*

275 Photii epiftolæ, ex verfione & cum notis Richardi Montacutii. *Londini*, 1651. *in-fol.*

276 B. Procli Archiep. Conftantinop. opufcula, gr. & lat. *Lugd. Bat.* 1617. *in-12.*

277 S. Profperi opera, ad mff. codices emendata. *Parif.* 1711. *in-fol.*

278 Hrabani Mauri opera. *Colon. Agripp.* 1626. 3. *vol. in-fol.*

279 De Corpore & Sanguine Domini liber Ratramno affertus, ad confutationem differtationis J. Harduini de Sacramento altaris, aut. Jac. Boileau. *Parif.* 1712. *in-12.*

280 Rufinus in S. Scripturam. *Parif.* 1580. *in-fol.*

281 Ruperti abbatis opera. *Parif.* 1638. 2. *vol. in-fol.*

282 Gabr. Gerberon Apologia pro Ruperto abbate, in qua eum de euchariftica veritate catholicè fenfiffe demonftrat. *Parif.* 1669. *in-8.*

283 Sidonii Apollinaris opera, cum notis Jac. Sirmondi. *Parif.* 1714. *in-8.*

284 Tertulliani opera, cum annotat. Rigaltii, & notis Priorii. *Parif.* 1674. *in-fol.*

285 Theodoreti opera, gr. & lat. ex recenfione Sirmondi, cum auctuario Garnerii. *Lutet.* 1642. & 1684. 5. *vol. in-fol.*

286 Vigilii Tapfenfis & Victoris Vitenfis provinciæ Byzacenæ epifcoporum opera, ex recenf. & cum notis P. Chifletii è Societ. Jefu. *Divione*, 1665. *in-4.*

287 De la lecture des Peres de l'Eglife, ou methode pour les lire utilement. *Paris*, 1702. *in-12.*

288 Franc. Rous Mella Patrum. *Londin.* 1650. *in-8.*

289 Abr. Sculteti Medullæ theologicæ Patrum Syntagma. *Francof.* 1634. 2. *vol. in-4.*

290 Apologie pour les SS. Peres défenseurs de la Grace de J. C. *Paris,* 1651. *in-4.*

292 Nicolai de Cusa Cardin. opera theologica & philosophica. *Basilea,* 1565. *in-fol.*

293 Nic. de Clemangiis opera, cum notis Mart. Lydii. *Lugd. Bat.* 1613. *in-4.*

294 Jac. Sirmondi opera varia. *Paris. Typ. Reg.* 1696. 5. *vol. in-fol.*

295 Ouvrages posthumes de D. Mabillon & D. Ruinart Benedictins de la Congr. de S. Maur, recueillis par D. Vincent Thuillier. *Paris,* 1734. 3. *vol. in-4.*

296 Theologia Gr. Patrum vindicata circa gratiam, aut. Isac. Haberto. *Paris.* 1646. *in-fol.*

297 Traité de l'emploi des SS. Peres, pour le jugement des differends qui font aujourd'hui en la Religion, par Daillé. *Geneve,* 1632. *in-8.*

298 Défense des SS. Peres accusés de Platonisme, (par le P. J. F. Baltus.) *Paris,* 1711. *in-4.*

# THEOLOGIENS.

## *Scholastiques & Dogmatiques.*

299 Traité de la doctrine chrétienne & orthodoxe, par Dupin. *Paris,* 1703. *in-8.*

300 Méthode pour étudier la Théologie, par Dupin. *Paris,* 1726. *in-12.*

301 Petri Lombardi Sententiæ, ex recensione Joan. Aleaume. *Paris.* 1648. *in-8.*

302 Innocentius V. in Sententias. *Tolosa,* 1652. 2. *vol. in-fol.*

303 Joan. Duns Scotus in Sententias, cum scho-

liis Hug. Cavelli. *Antuerp.* 1620. 2 *vol. in-fol.*

304 Scotus de divisione naturæ ; accedunt scolia
S. Maximi in Gregorium theologum , gr. &
lat. *Oxonii* , 1681. *in-fol.*

305 Antonii Trombetæ, Scoticarum formalitatum
lucubrationes. *Parif.* 1576. *in-8.*

306 Guilliermi Altissiodorensis Summa aurea in
quatuor libros Sententiarum. *Parif.* 1500. *in-
fol. gothique.*

307 Durandus in Sententias theologicas Petri
Lombardi , ex recensione Nicol. à Martimbos.
*Parif.* 1550. *in-fol.*

308 Dominici Soto commentarii in lib. quartum
Sententiarum. *Duaci & Lugd.* 1613. *& 1569.*

309 Estius in Sententias. *Parif.*1638. 2 *vol. in-fol.*

310 Summa Sancti Thomæ de Aquino. *Venetiis* ,
1588. 6 *vol. in-4.*

311 { Summa S. Thomæ. *Parif.* 1641. 2. *vol.*
*in-fol.*
Ejusdem opuscula. *Parif.* 1666. *in-fol.*

312 Lud. Molinæ commentaria in primam partem Divi Thomæ. *Lugd.* 1593. *in-fol.*

313 Dominici Banès scholastica commentaria in
Sanctum Thomam. *Duaci,* 1614. 3 *tom. en* 2
*vol.*

314 Didaci Alvarez disputationes theologicæ in
primam secundæ Sancti Thomæ. *Triani,* 1617.
*in-fol.*

315 Vasquez in D. Thomam. *Lugd.* 1620. 9 *tom.*
*en* 5 *vol. in-fol.*

316 Robertus Pullus & Petrus Pictaviensis in Sententias , cum notis Hug. Mathoud. *Parif.*1655.
*in-fol.*

317 Divus Thomas sui interpres, aut. Antonino
Massoullié. *Roma,* 1707. 2 *tom. en* 1 *vol. in-fol.*

318 J. B. Gonet Clypeus theologiæ Thomisticæ.
*Lugd.* 1681. 6 *vol. in-fol.*

319 { Ambr. Catharini Politi annotationes in excerpta de commentariis Cajetani dogmata. *Parif.* 1535. *in-8.*
Sphæra Jac. Capreoli. *Lutet.* 1640. *in-8.*

320 Joannis Pici Mirandulæ Comitis opera theologica & philofophica. *Bafileæ.* 1557. *in-fol.*

321 Joan. Viguerii Inftitutiones theologicæ. *Parif.* 1563. *in-fol.*

322 Staniflai Hofii Cardinalis opera theologica. *Antuerpiæ,* 1572. *in-fol.*

323 Guil. Poftellus de orbis terræ concordia. *in-8.*

324 Conradi Klingii Francifcani Loci communes theologici. *Parif.* 1563. *in-8.*

325 Philippi abbatis Bonæ-Spei opera theologica. *Duaci,* 1621. *in-fol.*

326 Melchioris Cani epifcopi Canarienfis Loci theologici. *Colon.* 1685. *in-8.*

327 Mich. Baii Lovan. Theologi opera ( edita à Gabr. Gerberonio.) *Colon. Agripp.* 1696. *in-4.*

328 Vellofilli advertentiæ Theologiæ fcholafticæ. *Venet.* 1601. *in-fol.*

329 Gregorii de Valentia commentaria theologica. *Lug.* 1609. 4 *vol. in-fol.*

330 Francifci Suarez è Soc. Jefu opera theologica. *Moguntiæ & Lugd.* 1620. *& fuiv.* 22 *vol. in-fol.*

331 Mart. Becani Summa Theologiæ fcholafticæ. *Parif.* 1689. *in-fol.*

332 Mart. Becani opufcula theologica. *Parif.* 1633. *in-fol.*

333 La Somme des fautes & fauffetez capitales contenues en la Somme théologique du Pere Garaffe Jéfuite. *Paris,* 1626. 4 *tom. en* 1 *vol. in-4.*

334 Guil. de Sancto Amore opera ad defenfionem ecclefiafticæ Hierarchiæ, contra pfeudo-præ-

dicatores hypocritas. *Conſtantiæ*, 1652. *in*-4.

335 Dion. Petavii theologica Dogmata. *Pariſ.*
1644. *& ſuiv.* 5 *vol. in-fol. Les deux derniers*
*ſont en grand papier.*

336 Theophili Raynaudi Soc. Jeſu Theologia naturalis. *Lugd.* 1622. *in*-4.

337 Liberti Fromondi Philoſophia chriſtiana de
anima. *Lovanii*, 1649. *in*-4.

338 Pet. Aurelii opera ( Joan. du Verger de Ha-
vrannes, Abbatis S. Cyrani. ) *Pariſ. Vitré*, 1646.
*in-fol.*

339 Jac. Sirmondi Antirrheticus II. de canone
Arauſicano adverſus Petr. Aurelium. *Pariſ.*
1634. *in*-8.

330 Somnium Hipponenſe, ſive de controverſiis
theologicis hodiernis Auguſtini Judicium, re-
latore Philetymo. 1641. *in*-4.

341 L'Apologie des Caſuiſtes contre les calomnies des Janſéniſtes, &c. *Paris*, 1659. *in*-4.

342 Réponſes aux Lettres provinciales. *Liege*,
1659. *in*-18.

343 Entretien de Cléandre & d'Eudoxe ſur les Lettres provinciales (par Gabriel Daniel.) *Cologne*,
1697. *in*-12.

344 Emanuel Maignan Ord. Minim. Philoſophia
ſacra. *Toloſæ*, 1661. *in-fol.*

345 Bonacinæ opera. *Lugd.* 1678. 2 *vol. in-fol.*

346 Franciſci à Victoria Relationes theologicæ.
*Lugd.* 1686. *in*-8.

347 Martini Grandin opera theologica. *Pariſ.*
1710. *in*-4. *to*. 3.

348 Diſputationes theologicæ, ad opera Martini
Grandin adjectæ. *Pariſ.* 1712. *in*-4.

349 Lud. Thomaſſini Dogmata theologica. *Pariſ.*
1684. 3 *vol. in-fol.*

350 Fr. Feu Tractatus theologici. *Pariſ.* 1692. *&*
1694. 2. *vol. in*-4.

352 J. B. du Hamel Theologia , ad usum scholæ accommodata. *Parif.* 1690. 4 *vol. in-8.*

353 Journal de ce qui s'est fait à Rome dans l'affaire des V. Propositions ; (rédigé sur les Mémoires de Louis Gorin de Saint-Amour , par Ant. Arnauld & Isaac-Louis le Maître de Saci.) *Imprimé en* 1662. *in-fol.*

354 Histoire des V. Propositions de Jansenius. *Trevoux ,* 1702. 3 *to. en* 2 *vol. in-*12.

355 Défense de l'histoire des V. Propositions de Jansenius , contre un libelle intitulé : La Paix de Clement IX. &c. *Liege ,* 1701. *in-*11.

356 Apologia pro veritate Constitutionis Innocentii X. sive consensus damnatarum V. Propositionum cum doctrina Jansenii Iprensis episc. aut. Lud. de la Marche è Soc. Jesu. *Leodii ,* 1655.

357 Justification du Silence respectueux , ou Réponse aux Instructions pastorales de M. de Cambray. 1700. 3 *vol. in-*12.

358 Instruction pastorale de M. l'Archevêque de Cambray au sujet du système de Jansenius. *Cambray ,* 1715. *in-*12.

359 Ecclesia Leodiensis Innocentio XII. pont. max. supplicans pro suo seminario, & doctrinam PP. Collegii anglicani Soc. Jesu Leodii denuntians. *Lovanii ,* 1701. *in-*4.

360 Causa Quesnelliana , sive Motivum juris pro procuratore curiæ ecclesiasticæ Mechliniensis , contra Pasch. Quesnel citatum fugitivum ; accessit Sententia ab archiep. Mechliniensi in Quesnellium lata. *Bruxell.* 1704. *in-*4.

361 Mandement de M. Berger de Malissoles evêque de Gap , portant condamnation du N. Test. de Mons, du N. Test. du P. Quesnel, &c. *Paris,* 1711. *in-*12.

362 Mandement de M. le Card. de Bissy evêque de Meaux , contre la Théologie du Pere

Juenin. *Paris* , 1710. *in-4.*

363 Mandement de M. le Cardinal de Biffy contre les Inftitutions théologiques du P. Juenin. *Paris*, 1716. *in-4.*

364 Mandement de M. le Cardinal de Biffy contre le P. Juenin. *Paris* , 1716. *in-4.*

365 De initio piæ voluntatis Differtatio , per Doctorem theol. Facultatis Parifienfis. *Parif.* 1650.

366 Summa Theologiæ ad ufum scholæ accommodata , aut. Nicol. l'Herminier. *Parif.* 1707. 5 *vol. in-8.*

367 Hon. Tournely Prælectiones theologicæ. *Parif.* 1525. 16 *vol. in-8. &* 2 *vol. in-12.*

368 Car. du Pleffis d'Argentré Elementa theologica. *Parif.* 1702. *in-4.*

369 Car. du Pleffis d'Argentré epifcopi Tutelenfis collectio judiciorum de novis erroribus. *Lutet.* 1728 *& fuiv.* 2 *vol. in-fol.*

370 Caroli Vuitaffe Theologia. *Parif.* 1717. *& fuiv.* 13 *tom. en* 10. *vol. in-12.*

371 Theologia erronea, five Propofitiones à Summis Pontificibus & ab Ecclefia damnatæ, ab anno 1566. ad præfens tempus. *Parif.* 1732. *in-8.*

372 Laurentii Brancati, Cardin. de Lauræa , opufcula tria de Deo. *Rothom.* 1703. *in-4.*

373 L. Typhani Soc. Jefu Defenfio doctrinæ SS. Patrum Doctorifque angelici , de hypotafi & perfona, ad S. Trinitatis & Incarnationis myfteria illuftranda. *Muffiponti* , 1634. *in4.*

374 Altération du dogme théologique par la Philofophie d'Ariftote; ou fauffes idées des Scholaftiques fur les matieres de religion : Traité de la Trinité, ( par Faydit. ) 1696. *in-12.*

375 Réfutation du fyftême de M. Faydit fur la Trinité, (par Louis Ch. Hugo.) *Luxemb.* 1699 *in-8.*

376 Apologie du fyftême des SS. Peres fur la Trinité, contre les héréfies d'Etienne Nye & Jean

le Clerc Proteftans, réfutées dans la réponfe de
l'Abbé Faydit au P. Hugo de l'Ordre de Prémontré. *Nancy*, 1702. *in-8.*

377 P. Felicis de Verbi incarnatione Tractatus,
editus ab Ægidio Nublé. *Parif.* 1641. *in-4.*

378 Scientia media contra novos ejus impugnato-
res defenfa. *Parif.* 1662. *in-4.*

379 Pauli Leonardi Refponfiones, ad expoftulatio-
nes quorumdam Theologorum contra fcien-
tiam mediam. *Lugd.* 1644. *in-4.*

280 Ordonnance de M. l'Archev. de Reims, à l'oc-
cafion de deux théfes foutenues dans le Collége
des Jefuites de la même ville les 5 & 15 Décemb.
1696. *Paris*, 1697. *in-8.*

381 De auxiliis divinæ gratiæ, & humani arbitrii
viribus & libertate, aut. Didaco Alvarez. *Lugd.*
1720. *in-fol.*

382 Didaci Alvarez Refponfionum libri IV. ad
objectiones adverfus concordiam liberi arbitrii
cum divina præfcientia, &c. *Lugd.* 1622. *in-8.*

383 Didaci Alvarez opus, in quo concordia liberi arbitrii cum divina præfcientia, prædeftinatione & efficacia gratiæ prævenientis ad mentem
S. Thomæ defenditur : acceffit hiftoria de origine Pelagianæ hærefis. *Duaci*, 1635. *in-8.*

384 Cornel. Janfenii epifcopi Iprenfis Auguftinus.
*Rothom.* 1643. *in-fol.*

385 Cortina D. Auguftini de prædeftinatione &
gratia, aut. Patre de Macedo. *Monafterii*, 1649.
*in-4.*

386 S. Auguftini & doctrinæ ejus autoritas in Ecclefia, opus in quo excutitur Apparatus ad Tractatum de gratia publicè traditus à Jacobo
Pereyret. *Parif.* 1650. *in-4.*

387 Guil. Gibieuf de libertate Dei & creaturæ,
juxta doctrinam S. Auguftini, &c. *Parif.* 1630.
*in-4.*

386 Auguftiniana Ecclefiæ Romanæ Doctrina,

Cardin. Sfondrati Nodo extricata par varios S. Auguſtini diſcipulos. *Colonia*, 1700. *in-12.*

389 Divus Auguſtinus prædeſtinationis & gratiæ Doctor à calumnia vindicatus, adverſus Launoii traditionem, aut. Jac. Hyac. Serry. *Colon.* 1704. *in 8.*

390 Le Diſciple pacifique de S. Auguſtin ſur la liberté, la grace & la prédeſtination. *Paris,* 1615. *in-4.*

391 Defenſio Arnaldina, ſive analytica ſynopſis libri de correptione & gratia ab Arnaldo edita. *Antuerp.* 1700. *in-12.*

392 Les Sentimens de S. Auguſtin ſur la grace oppoſés à ceux de Janſenius, par le P. le Porcq. *Lyon*, 1700. *in-4.*

393 Lettres du Prince de Conti, ou l'accord du libre arbitre avec la grace de Jeſus-Chriſt, enſeigné par S. A. S. au P. Dechamps Jeſuite. *Cologne*, 1689. *in-12.*

394 Cardin. Sfondrati Nodus prædeſtinationis. *Colon.* 1698. *in-8.*

395 Hiſtoria Congregationum de auxiliis divinæ gratiæ, aut. Auguſtino le Blanc, ( Jac. Hyac. Serry.) *Lovanii*, 1700. *in-fol.*

396 Theod. Eleutherii hiſt. controverſiarium de auxiliis divinæ gratiæ, adverſus Aug. le Blanc & Thòmam de Lemos. *Antuerp.* 1705. *in-fol.*

397 Lettre de l'Abbé le Blanc, Auteur de l'Hiſt. de la Congregation de Auxiliis, pour ſervir de réponſe à la Lettre du Secretaire de Liege, ( le P. Serry.) *Liege*, 1699. *in-12.*

398 Le Correcteur corrigé: Suite de la juſtification de l'Hiſt. des Congreg. de Auxiliis. *Namur,* 1704. *in-12.*

399 Diſquiſitio an pelagiana ſint ea dogmata quæ ſub eo nomine traducuntur. *Pariſ.* 1622. *in-8.*

400 Anti-Janſenius, hoc eſt diſputationes de hæreſi pelagiana & ſemi-pelagiana &c. aut. Anto-

nino Moraines. *Lutet.* 1651. *in-fol.*

401 Leſſii Diſputatio apologetica de gratia efficaci, decretis divinis, libertate arbitrii & præſcientia Dei conditionata. *Antuerp.* 1610. *in-4.*

402 Guillelmi Twiſſi vindiciæ gratiæ, poteſtatis ac providentiæ Dei, adverſus Arminium. *Amſt.* 1648. *in-fol.*

403 Traité theologique touchant l'efficacité de la grace, par le P. Daniel. *Paris*, 1706. 2. *vol. in-12.*

404 Lettre de M. le Card. de Noailles aux Religieuſes de Port-Royal des Champs, qui ne ſe ſont point encore ſoumiſes, avec divers actes & lettres de celles qui ſont rentrées dans l'obéiſſance à l'Egliſe. *Paris*, 1711. *in-12.*

405 Rab. Bellarminus è Soc. Jeſu de amiſſione gratiæ & ſtatu peccati. *Heidelbergæ*, 1613. *in-8.*

406 De l'action de Dieu ſur les créatures. *Lille*, 1713. 6. *vol. in-12.*

407 Refutation du Livre de l'action de Dieu ſur les créatures. *Paris*, 1714. *in-12.*

408 Tractatus ſcholaſtico-poſitivus de gratia, aut. Fr. Aſſermet. Ordin. FF. Minorum. *Pariſ.* 1715. 2. *vol. in-8.*

409 Theoph. Raynaudi theologi, novæ libertatis explicatio. *Pariſ.* 1632. *in-4.*

410 Explication de la grace, ſuivant la philoſophie Carteſienne. *in-12.*

411 Defenſio cenſuræ Sacr. Facultatis Theologiæ Pariſienſis latæ anno 1560. ſeu diſputatio theologica de libero arbitrio. *Pariſ.* 1646. *in-4.*

412 Cellotii hiſtoria Gotteſchalci Prædeſtinatiani. *Pariſ.* 1655. *in-fol.*

413 Gab. Pennoti propugnaculum humanæ libertatis, ſeu controverſiæ pro humani arbitrii libertate. *Lugd.* 1624. *in-fol.*

414 Expoſition de la foi cathol. touchant la grace & la prédeſtination. *Mons*, 1699. *in-12.*

415 Difcernement de la créance cathol. d'avec les fentimens des Proteftans, touchant la prédeftination & la grace. *Paris*, 1691. *in-*12.

416 Inftruction familiere fur la prédeftination & fur la grace. *Liege*, 1711. *in-*12.

417 Liberi arbitrii cum gratiæ donis, divina præfcientia, prædeftinatione &c. concordia. *Antuer.* 1595. *in-*4.

418 P. Ludovici à Dola Capucini difputatio, de modo conjunctionis concurfuum Dei & creaturæ ad actus liberos ordinis naturalis. *Lugd.* 1634. *in-*4.

419 La défenfe de la Foi, & de l'ancienne Doctrine de l'Eglife, touchant les principaux points de la grace, prêchée dans l'eglife cathédrale de Paris, par M. Habert, contre le livre de Janfenius, intitulé : Apologie de Janfenius. *Paris*, 1644. *in-*4.

420 De Ordine, deque Priori & Pofteriori, feu de prædeftinatione ac reprobatione; (auctore Cl. Typhano.) *Remis*, 1640. *in-*4.

421 Vinc. Lenis Theologi Arauficani Theriaca, adverfus Petavii & Ricardi libros de libero arbitrio. *Parif. in-*4.

422 Défenfe de la grace efficace par elle-même, par M. l'Evêque de Mirepoix. *Parif.* 1721. *in-*12.

423 Inftruct. fur la grace, par M. Arnauld, avec l'expofition de la Foi de l'Eglife romaine touchant la grace & la prédeftination, par Barcos. *Cologne*, 1700. *in-*8.

424 Gratianus de mente Concilii Tridentini circa gratiam phyficè prædeterminantem, & de Pelagianorum & Maffilienfium erroribus, adverfus Janfenium. *Antuerp.* 1769. 2. *vol. in.*12.

425 Traité de la Nature & de la Grace, par l'auteur de la Recherche de la vérité, (Nic. Malebranche.) *Rotterd.* 1684. *in-*12.

426 Réfléxions philosophiques & theologiques sur le nouveau systéme de la nature & de la grace. *Cologne*, 1685. 3. *vol. in-*12.

427 Tractatus de singulari puritate & prærogativa Conceptionis Salvatoris noftri J. C. autore Vincentio de Bandelis, Ordin. Prædicatorum. *Bononia*, 1481. *in-*12.

428 Pietas Lugdunenfis erga Deiparam immaculatè conceptam. *Lugd.* 1657. *in-*4.

429 Apologie des dévots de la fainte Vierge. *Bruxel.* 1675. *in-*8.

430 Du culte des Saints, & principalement de la fainte Vierge, trad. du latin de Jean de Neercaffel Evêque de Caftorie, ( par Guillaume le Roy Abbé de Haute-Fontaine. ) *Paris*, 1679. *in-*8.

431 L'aimable Mere de Jefus, ou Traité contenant les motifs qui peuvent nous infpirer du refpect pour la fainte Vierge, trad. de l'efpagnol par le P. d'Obeilh Jefuite. *Lyon*, 1688. *in-*12.

432 De la dévotion à la fainte Vierge, & du culte qui lui eft dû. *Paris*, 1693. *in-*12.

433 Fel. Contelorii tractatus & praxis de canonizatione Sanctorum. *Lugd.* 1634. *in-*8.

434 Joan. Sinnichii Saul exrex. *Lovanii*, 1665. *in- fol.*

435 Examen. theologicum fuper regulis ex inftructione Petri Van-Bufcum ad tyronem theologum, & hujus ab eodem defenfione. *in-*4. *manque le frontifpice.*

436 Phil. Codurcus de Sacrificio Miffæ. *Parif.* 1645. *in-*4.

437 Jacob. Salier Ord. Minimor. hiftoria fcholaftica de fpeciebus euchariflicis. *Lugd.* 1687. *in-*4.

438 Joannis Mabillonii Differtatio de pane euchariftico, azymo ac fermentato. *Lutet.* 1674. *in-*8.

439 Apologie de MM. de Saintes & Ifambert Docteurs en theologie, contre une lettre du P. le Brun de l'Oratoire, fur la forme de la Confécration de l'Euchariftie. *Paris*, 1728. *in-12.*

440 Traité de la tranfubftantiation du pain & du vin au Sacrement de l'Euchariftie, par le Sr le Suéur Prêtre. *Paris*, 1683. *in-8.*

441 Durand commenté, ou l'accord de la philofophie avec la theologie, touchant la tranfubftantiation de l'Euchariftie, ( par Pierre Cally. ) *Cologne*, 1700. *in-12.*

442 Joan. Ferrandus de fufpicienda & fufpecta Reliquiarum multitudine, quæ in ecclefiis fervantur. *Lugd.* 1647. *in-4.*

443 Græcia orthodoxa, five fcriptores varii de proceffione Spiritûs Sancti &c. græcè, ex verfione Leonis Allatii. *Romæ, in-4.*

444 De la néceffité de la foi en Jefus-Chrift pour être fauvé, ( par Ant. Arnauld. ) *Paris*, 1701. 2 *vol. in-12.*

445 Steph. Dechamps de hærefi Janfeniana. *Parif.* 1654. *in-fol.*

446 Joan. Wierts Centuria colloquiorum Dei & animæ, quibus Janfenianam de gratia doctrinam è campo difputandi Martio in meditandi Elyfium tranfducere conatus eft. 1676. *in-4.*

447 Henr. Holden divinæ fidei analyfis. *Colon.* 1655. *in-12.*

448 Variorum authorum Thefes theologicæ. 3. *vol. in-4.*

449 Petri Strofæ difputatio de dogmatibus Chaldæorum. *Romæ*, 1617. *in-4.*

450 Joan. Morini exercitationes ecclefiafticæ. *Parif.* 1634. *in-4.*

451 Joan. Morinus de Pœnitentia. *Bruxel.* 1685. *in-fol.*

452 Morinus de facris Ordinationibus. *Antuerp.* 1695. *in-fol.*

453 Joan. Morini opera poſthuma ; acced. diſſert. Holſtenii de miniſtro & forma Sacramenti
Confirmationis apud Græcos. *Pariſ.* 1703. *in-4.*

454 Petri de Marca Diſſertationes poſtumæ, editæ
ſtud. Pauli de Faget. *Pariſ.* 1668. *in-4.*

455 Petri de Marca Pariſ. archiep. Diſſertationes
poſthumæ, edente Steph. Baluzio. 1669. *in-12.*

456 Opuſcula Petri de Marca archiep. Pariſienſis,
edente eod. Baluzio. *Pariſ.* 1681. *in-8.*

457 Jac. Sirmondi Soc. Jeſu Diſſertatio , in qua
Dionyſii Pariſienſis & Dionyſii Areopagitæ diſ-
crimen oſtenditur. *Pariſ.* 1641. *in-8.*

458 Vindicata Eccleſiæ Gallicanæ de ſuo Areopagitæ Dionyſio gloria , autor. D. Germ. Millet.
mon. Bened. *Pariſ.* 1638. *in-8.*

459 Joan. de Launoy Diſcuſſio Reſponſionis ad
diſſertationem de duobus Dionyſiis. *Pariſ.*
1642. *in-8.*

460 Joan. Launoii Diſſertatio de veteri ciborum
delectu in jejuniis , & aliæ diſſertationes. *Pariſ.*
1649. *& ſuiv. in* 8.

461 Joan. Launoius de Simonis Stochi viſo , de
Sabbatinæ bullæ privilegio,& de ScapularisCar-
melitarum ſoliditate. *Lutet.* 1653. *in-8.*

462 Joan. de Launoy de mente Concilii Tridentini circa contritionem & attritionem in Sacramento Pœnitentiæ. *Pariſ.* 1653. *in-8.*

463 Joan. Launoii Inquiſitio in chartam immunitatis quam B. Germanus Pariſ. Epiſcopus
ſuburbano monaſterio dediſſe fertur. *Pariſ.*
1657. *in-8.*

464 Joan. Rob. Quatremaires Privilegium S. Ger-
mani propugnatum, adverſus Joan. Launoium,
*Pariſ.* 1657. *in-8.*

465 Joan. Launoii aſſertio Inquiſitionis in char-
tam immunitatis quam B. Germanus Pariſ.
Epiſcopus ſuburbano monaſterio dediſſe fertur.
*Lutet.* 1658. *in-8.*

466 Joan. Launoii Inquifitio in privilegia Præ-
monftratenfis Ordinis. *Parif.* 1658. *in-8.*

467 Joan. Launoii Judicium de Valefii difcepta-
tione quæ de Bafilicis infcribitur. *Parif.* 1658.
*in-8.*

468 Hadr. Valefii difceptationis de Bafilicis Defenfio, adverfus Joh. Launoium. *Parif.* 1660.
*in-8.*

469 Joan. Launoius de Commentitio Lazari &
Maximini, Magdalenæ & Marthæ in Provin-
ciam appulfu. *Parif.* 1660. *in-8.*

470 Joan. Launoii Affertio inquifitionis in privilegia monafterii S. Medardi Sueffion. *Parif.*
1661. *in-4.*

471 Joan. Launoius de vera notione plenarii apud
Auguftinum Concilii in caufa rebaptizantium.
*Parif.* 1661. *in-8.*

472 {
Joan. Launoius de vera notione plenarii apud Auguftinum Concilii in caufâ
rebaptizantium. *Parif.* 1661.

Idem, de recta Nicæni canonis VI. in-
telligentia. *Parif.* 1662.

Idem, de autore vero profeffionis fidei
quæ Pelagio, Hieronymo, Auguftino
tribui folet. *Parif.* 1663.

Idem, de mente Concilii Tridentini
circa fatisfactionem in Sacramento Pœnitentiæ. *Parif.* 1664. *in-8.*

473 Réponfe aux remarques de M. de Launoy fur
la differtation du Concile plenier, par J. David.
*Paris*, 1671. *in-8.*

474 Joan. Launoii Differtatio de autoritate ne-
gantis argumenti. *Parif.* 1662. *in-8.*

475 Joan. Launoius de varia Ariftotelis fortuna in Academia Parifienfi. *Parif.* 1662. *in-8.*

476 Joan. Launoius de cura Ecclefiæ pro miferis
& pauperibus. *Lutet.* 1663. *in 8.*

477 Remarques fur la Differtation, où l'on montre

tre en quel tems l'Eglise univerfelle confentit à
recevoir le batême des Hérétiques , par J. de
Launoy. *Paris*, 1671. *in-8*.

478 Examen de la préface & de la réponfe de M.
David aux remarques fur la differtation du Concile plenier, &c. par J. de Launoy. *Paris*, 1672.
*in-4*.

479 Joan. Launoii Judicium de controverfia fuper
exfcribendo Parif. Ecclefiæ Martyrologio exor-
ta. *Parif.* 1671. *in-8*.

480 Nicol. Billialdi Vindiciæ pro affumptione S.
S. Virginis Mariæ, adverfus Launoium. *Parif.*
1672. *in-8*.

481 Joan. Launoii explicata Ecclefiæ Traditio circa Canonem Omnis utriûfque fexûs. *Parif.* 1672.
*in-8*.

482 Joan. Launóius de Scholis celebrioribus per
Occidentem inftauratis. *Parif.* 1672. *in-8*.

483 Joan. Launoius de Sacramento Unctionis in-
firmorum. *Parif.* 1673. *in-8*.

484 Joan. Launoius de veteri ciborum delectu
in jejuniis. *Parif.* 1672. *in-8*.

485 Joan. Launoii regia in matrimonium poteftas. *Parif.* 1674. *in-4*.

486 Obfervationes in librum Joan. Launoii, qui
infcribitur, Regia in matrimonium poteftas,
( autore Jac. Leullier. ) *Lovanii*, 1678. *in-4*.

487 Joan. Launoii veneranda Romanæ Ecclefiæ
circa Simoniam Traditio. *Parif.* 1675. *in-8*.

488 Joan. Launoii Epiftolæ. *Parif.* 8 *vol. in-8*.

489 Joannes Launoius adverfus Bellarminum vindicatus , ftudio Anton. Reiferi. *Amftel.* 1685.
*in-4*.

490 Jac. Gaudini Affumptio Mariæ Virginis vindicata, contra differtationem Claudii Jolii Ecclef.
Parif. Canonici. *Parif.* 1680. *in-12*.

491 Chrift. Lupi Differtatio dogmatica de fenfu

SS. Patrum contra contritionem & attritionem.
*Lovanii*, 1666. *in-4.*

492 Chriſtiani Lupi opuſcula poſthuma. *Bruxell.*
1690. *in-4.*

493 Fr. Davenporto à Sancta Clara Syſtema fidei,
ſeu Tractatus de Concilio univerſali. *Duaci,*
1665. *in-fol.*

494 Traité des fêtes de l'Egliſe, par le P. Thomaſſin. *Paris*, 1693. *in-8.*

495 Traité des jeûnes de l'Egliſe, par le P. Thomaſſin. *Paris*, 1693. *in-8.*

496 Traité de l'aumône, par le P. Thomaſſin. *Pa-*
*ris*, 1695. *in-8.*

497 Traité du négoce & de l'uſure, par le P. Thomaſſin. *Paris*, 1697. *in-8.*

498 J.B. Thiers Diſceptatio de ſtola in Archidiaco-
norum viſitationibus geſtanda à Parœcis. *Pariſ.*
1674. *in-12.*

499 Traité de l'expoſition du S. Sacrement, par
M. Thiers. *Paris*, 1677. 2 *vol. in-12.*

500 Traité de la dépouille des Curez, par M.
Thiers. *Paris*, 1683. *in-12.*

501 Hiſtoire des Perruques, par M. Thiers. *Paris,*
1690. *in-12.*

502 Traité des Superſtitions, par M. Thiers. *Paris,*
1697. *& ſuiv.* 4 *vol. in-12.*

503 De la plus ſolide, & ſouvent la plus négligée
de toutes les dévotions, par M. Thiers. *Paris*,
1702. 2 *vol. in-12.*

504 Recueil de Pieces pour la défenſe des Cenſu-
res de la Faculté de Théologie de Paris, contre
le Bref & la Bulle d'Alexandre VII. avec les remarques ſur le XVIII. tome des Annales de
Raynaldus, (par Jacq. Boileau.) *Munſter*,
1667. *in-8.*

505 Hiſt. Confeſſionis auricularis, ex Scripturæ Sacræ & Patrum monumentis expreſſa, aut. Jac.
Boileau. *Pariſ.* 1683. *in-8.*

506 De adoratione Eucharistiæ ; accedit difquifitio de præcepto divino communionis fub utraque fpecie , autore Jac. Boileau. *Parif.* 1685.
*in-8.*

507 {
Hiftorica Difquifitio de re veftiaria hominis facri , ( eodem autore. ) *Amftel.*
1704.
Lettre d'un Docteur de Sorbonne fur le fujet de la Comédie. *Paris*, 1694.
Réfolution faite en Sorbonne fur les jeux
de hazard. *Paris*, 1698. *in-12.*

508 P. Natalis Alexandri Differtatiônes ecclefiafticæ. *Parif.* 1678. *in-8.*

509 Défenfe des nouveaux Chrétiens & des Miffionnaires de là Chine & du Japon contre les Livres intitulés : *Morale pratique des Jefuites*, &
*L'Efprit de M. Arnauld*, 2 partie. *Paris*, 1690.
*in-12.*

510 Conformité des cérémonies Chinoifes avec
l'idolâtrie grecque & romaine. *Cologne*, 1700.
*in-12.*

511 Apologie des Dominicains Miffionnaires de
la Chine, ou Réponfe au livre du P. le Tellier
Jefuite, intitulé : Défenfe des nouveaux Chrétiens. *Cologne*, 1700. *in-12.*

512 Défenfe de la Cenfure de la Faculté de Théologie de Paris contre les propofitions des Livres
intitulés : Nouveaux Mémoires de la Chine ,
par M. Dupin. *Paris*, 1701. *in-12.*

513 Differtation de M. Arnauld fur les miracles
de l'ancienne loi. *Cologne*, 1688. *in-12.*

514 Petri Binsfeldii Examen ordinandorum ; ad-
jectus eft Libellus Fr. Borgiæ de ratione con-
cionandi. *Rothom.* 1629. *in-12.*

515 Differtations théologiques fur les exorcifmes,
fur l'Euchariftie & fur l'ufure, par M. Duguet.
*Paris*, 1727. *in-12.*

516 Joan. Molanus de hiftoria SS. Imaginum &

Picturarum , pro vero earum usu contra abu-
sus. *Lugd.* 1619. *in-*12.

517 Abomination des abominations des fausses
dévotions de ce tems, contre les Illuminés, les
nouveaux Adamites & les Spirituels à la mode,
par le P. Ripaut Capucin. *Paris,*1639.*in-*8.

518 Francisci à S. Augustino opus de clavibus Petri. *Romæ* , 1650. *in-fol.*

519 Vincentii Severini Disceptatio de Ecclesia
præsentis temporis. *Paris.* 1650. *in-*8.

520 Fr. Hallier de sacris electionibus & ordinationibus. *Paris.* 1636. *in-fol.*

521 Deux Traitez de ce tems. Le 1. de l'impossi-
bilité & de l'impertinence du Concile, tel qu'il
a été demandé au Roi ; le 2. un discours sur
l'hist. de l'Eglise ancienne écrite par S. Grégoire
de Tours. *Paris,* 1615. *in-*8.

### *Moraux.*

522 Théologie morale de S. Augustin, où le pré-
cepte de l'amour de Dieu est traité à fond, &c.
*Paris,* 1686. *in-*12.

523 Gummari Huygens Instructio theologica uti-
lis Pastoribus & Confessariis, secundum doctrinam SS. Augustini, Thomæ, Caroli Borro-
mæi, & aliorum SS. Patrum. *Lovanii,* 1678.
*in-*4.

524 Hadr. Florentii de Trajecto & Joan. Briardi
Quæstiones quodlibeticæ. *Paris.* 1527. *in-*8.

525 Ægidius de Conink de mortalitate & natura
actuum supernaturalium, & de fide, spe ac cha-
ritate. *Paris.* 1624. *in-fol.*

526 Antonini Dianæ Resolutiones morales. *Lugd.*
1638. 2 *vol in-fol.*

527 Ant. de Escobar Liber Theologiæ moralis
XXIV. Societ. Jesu Doctoribus reseratus. *Bru-*
*xell.* 1651. *in-*8.

528 Bafis totius moralis Theologiæ; hoc eft praxis opinionum limitata, per Julium Merçorum
Ord. Prædic. *Parif.* 1659. *in-*12.

529 Theologia moralis adverfus laxiores Proba-
bilistas, aut. Vincent. Baronio Ord.Prædic. *Parif.* 1663. 2 *vol. in-*8.

530 Joan. Caramuel Apologema pro antiquiffima
doctrina de probabilitate, adverfus Fagnanum.
*Lugd.* 1663. *in-*4.

531 Anton.Terilli Soc. Jefu Fundamentum Theologiæ moralis, feu Tractatus de confcientia pro-
babili. *Leodii.* 1668. *in-*4.

532 Thyfi Gonzales Societ. Jefu Fundamentum
Theologiæ moralis, id eft Tractatus theologicus
de recto ufu opinionum probabilium. *Lugd-*
1694. *in-*4.

533 Anton. Charlas Difputatio theol. de opinionum delectu in quæftionibus moralibus, in qua
difceptatio de probabilitate explicatur. *Romæ,*
1695. *in-*4.

534 Amadæi Guimenii ( Matthæi de Moya) opufculum theologicum. *Colon.* 1665. *in-*12.

535 Le Cours de la Théologie morale, par Raymond Bonal. *Rouen*, 1675. 2 *vol. in-*12.

536 Vinc. Contenfon Theologia mentis & cordis.
*Lugd.* 1681. 10 *vol. in-*12.

537 Eclairciffemens apologet. de la Morale chrétienne, touchant le choix des opinions qu'on
peut fuivre en confcience, conformément à l'E-
criture-Sainte & aux Peres, compofés par ordre de M. l'Evêque de Grenoble. *Paris,* 1680.
2 *tom. en* 1 *vol. in-*12.

538 Théologie morale, compofée par l'ordre de
M. l'Evêque de Grenoble. *Paris,* 1697. 7 *vol.
in-*12.

539 Merbefii Summa chriftiana. *Parif.* 1683. 2
*vol. in-fol.*

540 P. Natalis Alexandri Theologia dogmatica &

moralis. *Parif.* 1694. 10 *vol. in*-8.

541 {
Eclairciffemens fur la morale du P. Alexandre. 1696.

L'Eglife Romaine reconnue par les Proteftans , par le P. Meynier Jefuite. *Paris,*
1680.

Penfées fur le paradis & fur l'ame raifonnable , par le P. Salier Minime.

Lettre apologétique contre les Eufebiens
de ce tems.

De l'ufage de quelques Langues non vul-
gaires dans l'office divin. *in*-8.
}

542 P. Natalis Alexandri Paralipomena Theologiæ moralis. *Delphis,* 1701. *in*-8.

543 Nouvelle Héréfie dans la morale, dénoncée
au Pape & aux Evêques, aux Princes & aux
Magiftrats. *Cologne ,* 1690. *in*-12.

544 Henr. à S. Ignatio Ethica Amoris, five Theologia Sanctorum. *Leodii ,* 1709. 3 *vol. in-fol.*

545 Pauli Comitoli è Soc. Jefu Refponfa moralia.
*Rothom.* 1709. *in*-4.

546 Theologia dogmatica & moralis ad ufum fe-
minarii Catalaunenfis , autor. Lud. Habert. *Parif.* 1712. 7 *vol. in*-12.

547 Tamburinus in Decalogum. *Infulis,* 1660.
*in fol.*

548 Effais de morale, par M. Nicole. *Paris,* 1713.
13 *vol. in*-18.

548 * Inftructions théologiques du même fur le
Décalogue, le Symbole , l'Oraifon dominicale
& les Sacremens. *Bruxelles,* 1710. 7 *vol. in*-18.

549 Effais de morale : IV. volume , fur les quatre
fins de l'homme , &c. *Paris ,* 1714. *in*-12.

550 L'Intérêt de l'Eglife au regard de l'âge & des
fuffifances de ceux qui font employés pour fon
fervice. 1663. *in*-8.

551 Des obligations des Ecclefiaftiques , tirées
de l'Ecriture-Sainte , des Conciles & des Peres.

*Paris*, 1673. *in-*12. *premiere Partie.*

552 Differtation touchant le divertiffement con-
venable aux Ecclefiaftiques. *Parif.* 1684. *in-*12.

553 Traité de la défapropriation clauftrale, par
M. Camus Evêque de Belley. *Bezanfon*, 1634.
*in-*8.

554 L'Evêque de Cour oppofé à l'Evêque Apof-
tolique, ( par Jean le Noir. ) *Cologne*, 1682.
2. *vol. in-*12.

555 Bonavent. Baffean Capucini Parochophilus,
feu de quadruplici debito in propria parochia
perfolvendo. *Parif.* 1657. *in-*12.

556 Chrifti-fidelium Parochiale Apologeticum,
contra Parochophilum, nuper Parifiis nomine
larvato P. Bonaventuræ Baffæi fuppofitum, autore P. Francifco Bonæ-fpei Carmelita. *Mechli-
niæ*, 1667. *in* 4.

557 De neceffaria Parœcorum in ecclefiis fuis af-
fiduitate opufculum, aut. Cl. de la Place. *Parif.*
1655. *in-*8.

558 Arcudius de Sacramentis. *Lutet.* 1626. *in-fol.*

559 Recueil d'Inftructions pour l'intelligence des
Sacremens de l'Eglife Catholique, par Auguftin de Thou Evêque de Chartres. *Paris*,
1587. *in-*4.

560 Tribunal Sacramentale animarum, autore
Petro Marchand. *Gandavi*, 1642. 3. *tom. en*
2. *vol.*

561 J. Maldonatus de Sacramentis. *Lutet.* 1677.
*in. fol.*

562 Gafp. Juenin Commentarius de Sacramentis. *Lugd.* 1696. 2. *vol. in-fol.*

563 Jac. de Sainte Beuve de Confirmatione &
extrema Unctione. *Parif.* 1686. *in-*4.

564 Franc. Toleti è Soc. Jefu Inftructio Sacerdotum locupletiffima. *Rothom.* 1660. *in-*8.

565 Inftruction des Prêtres, par Molina. *Rouen*,
1656. *in-*8.

566 Jac. de Graffiis de arbitrariis Confeſſariorum
quæ ad caſus conſcientiæ attinent. *Colon.* 1616.
*in-8.*

567 Inſtruct. de S. Charles Borromée Archev.
de Milan , aux Confeſſeurs de ſon Diocèſe.
*Toloſæ* , 1648. *in-8.*

568 Enchiridion , ſive morale Confeſſariorum &
Pœnitentium , autor. Martin. Azpilcueta Doc-
tore Navarro. *Pariſ.* 1707. *in-8.*

569 Emmanuelis Sa è Soc. Jeſu Aphoriſmi Confeſſariorum , ex variis Doctorum ſententiis col-
lecti. *Lugd.* 1669. *in-12.*

570 Amor pœnitens , ſive de divini amoris ad
pœnitentiam neceſſitate , & recto clavium uſu ,
autor. Joan. epiſcopo Caſtorienſi. *Embricæ,* 1685.
2. *vol. in-8.*

571 Lettre paſtorale de M. Vialart Evêque de
Châlons , pour l'uniformité des Confeſſeurs
dans l'adminiſtration du Sacrement de Pénitence. *Châlons* , 1683. *in-12.*

572 Joan. Bagotii è Soc. Jeſu Diſſertationes theologicæ de pœnitentia. *Pariſ.* 1646. *in-8.*

573 De la pénitence publique & de la prépara-
tion à la communion , par Denys Petau. *Paris,*
1644. *in-4.*

574 La Tradition de l'Egliſe ſur la pénitence &
la communion , par M. Arnauld. *Bruxel,* 1714.
*in-8.*

575 Réponſe de M. l'Evêque de Tournay à la
Lettre d'un Theologien Flamand , touchant les
éclairciſſemens de la pénitence. *Lille* , 1680.
*in-12.*

576 De la contrition neceſſaire pour la rémiſ-
ſion des péchez dans le Sacrement de Pénitence. *Louvain* , 1676. *in-12.*

577 Eclairciſſement de la Queſtion , ſi le Concile
de Trente a décidé que l'attrition , ſans amour
de Dieu , ſoit ſuffiſante pour obtenir la remiſſion

des péchez. *Paris*, 1685. *in-8.*

578 L'Attrition suffisante pour la remission des péchez dans le Sacrement de Pénitence, par du
Pasquier. *Lyon*, 1688. 2. *vol. in-4.*

579 Remarques sur un Ecrit dicté à Douay par
le P. Jacob Jesuite, touchant le refus ou le dé-
lai de l'absolution. *Paris*, 1678. *in-12.*

580 Traité histor. & dogmat. du secret de la
Confession, par l'Abbé Lenglet du Fresnoy.
*Lille*, 1708. *in-8.*

581 Dissertation histor. & dogmat. sur la Confession paschale, par rapport aux Réguliers.
1700. *in-12.*

582 De la frequente communion, par M. Arnauld. *Paris*, 1648. *in-8.*

583 Très-humble remontrance de M. l'Archevêque de Malines sur son Décret, portant défense de lire le Livre de la Frequente communion
de M. Arnauld. 1695. *in-12.*

584 Sanchez de Matrimonio. *Lugd.* 1637. *in-fol.*

585 Conférences ecclesiastiques de Paris sur le
Mariage, ( par Jean Laurent le Semelier. )
*Paris*, 1713. 5. *vol. in-12.*

586 Conférences ecclesiastiques de Paris, sur l'u-
sure & la restitution, ( par le même. ) *Paris*,
1718. 4. *vol. in-12.*

587 P. Josephi Rossell Ord. Carthusiensis, Praxis
deponendi conscientiam in dubiis & scrupulis,
circa casus morales occurrentibus. *Lugduni*,
1660. *in-8.*

588 Val. Reginaldus de officio Pœnitentis in usu
Sacramenti Pœnitentiæ. *Lugd.* 1618. *in-12.*

589 Thomæ Erasti explicatio Quæstionis utrum
excommunicatio à Sacramentorum usu, pro-
pter admissum facinus arcet. *Pesclavii*, 1689.
*in-4.*

590 Le Dictionaire des cas de conscience, par
Pontas. *Paris*, 1715. 2. *vol. in-fol.*

591 Dictionaire de cas de conscience, par Pontas.
Paris, 1730. 3. vol. in fol.

592 Angeli de Clavasio Summa de casibus con-
scientialibus, cum additionibus Ungarelli. Venet.
1578. in-4.

593 Thom. de Vio Cajetani peccatorum Sum-
mula. Duaci, 1613. in-8.

594 Filliucii Questiones morales de christiani officiis & casibus conscientiæ. Lugd. 1626. 2.
vol. in-fol.

595 Somme des péchez, par le P. Bauny. Lyon,
1645. in-8.

596 Summa aurea, armilla nuncupata, casus
omnes ad animarum curam attinentes complectens, aut. Bartholom. Fumo. Lugd. 1683.
in-8.

597 Resolutions de plusieurs cas de conscience,
par de Sainte Beuve. Paris, 1695. 3. vol. in-8.

598 Resolut. de plusieurs cas de conscience, & des
plus importantes Questions du Barreau, touchant les droits & les devoirs réciproques des
Seigneurs & des vassaux, des patrons & des
curés, tant pour le for exterieur, que pour
celui de la conscience, par André de la Paluelle.
Caen, 1710. 2. vol. in-8.

599 Conversations morales sur les jeux & les di-
vertissemens, ( par Jean Frain du Tremblay. )
Paris, 1685. in-12.

600 Traité de la comedie & des spectacles, selon
la tradition de l'Eglise. Paris, 1667. in-8.

601 Défense du Traité de M. le Prince de Conti,
touchant la comedie & les spectacles, par De-
voisin. Paris, 1671. in-4.

602 Discours de la Comedie, par le P. le Brun.
Paris, 1731. in-12.

603 Claud. Salmasii liber de modo usurarum.
Lugd. Bat. 1629. in-8.

604 L'usure expliquée & condamnée par l'Ecri-

ture & par la Tradition, par du Tertre. *Paris*, 1673. *in-*12.

605 De l'ufage licite de l'argent ; Differtation trad. du latin du P. Maignan Minime. *Tolofe*, 1673. *in-*12.

606 Negotiatio & mutuatio licita pecuniæ, feu Tractatus de æquitate contractuum qui exercentur in Cambio Lugdunenfi. *Coloniæ*, 1678. *in-*12.

607 Traité de la pratique des billets entre les Négocians. *Mons*, 1684. *in-*12.

608 Jacobi Gaitte Tractatus de ufura & fœnore, adverfus Molinæum & Salmafium. *Parif.* 1688. *in-*4.

609 Traité des ufures, ou Explication des prêts & des intérêts, par les loix qui ont été faites en tous les fiécles. 1690. *in-*8.

610 Le faux dépôt, ou Réfutation de quelques erreurs populaires touchant l'ufure. *Rouen*, 1698. *in-*12.

611 De la pratique des billets. *Rouen*, 1698. *in-*12.

612 De l'ufure & profit qu'on tire du prêt ; ou l'ancienne Doctrine fur le prêt ufuraire oppofée aux nouvelles opinions. *Paris*, 1710. *in-*12.

613 Traité de l'ufure, par M. Nicole. *Paris*, 1720. *in-*12.

614 L'aumône chrétienne, ou la tradition de l'Eglife touchant la charité envers les pauvres, ( par l'Abbé de S. Cyran. ) *Paris*, 1658. 2. *vol. in-*12.

615 Joan. Barnefii Benedictini Differtatio contra æquivocationes. *Parif.* 1625. *in-*8.

616 Traité de l'abfolution de l'Héréfie, par M. Thiers. *Lyon*, 1695. *in-*12.

617 { Joan. Chiffletii Confilium de Euchariftia reis non neganda. *Bruxel.* 1644. *in-*8. Dion. Petavius de poteftate confecrandi Sacerdotibus à Deo conceffa. 1639. *in-*8.

618 Gummari Huygens obfervationes de actibus humanis & paffionibus animæ; item de virtutibus & vitiis. *Leodii*, 1694. *in-12.*

619 Idée de la converfion du pécheur, ou explication des qualités d'une vraie pénitence. 1730. *in-12.*

620 Theophilus Raynaudus Soc. Jefu, de malis ac bonis libris. *Lugd.* 1653. *in-4.*

621 Macarii Havermans Difquifit. theologica fuper præcepto dilectionis proximi. *Colon.* 1678. *in-12.*

622 Traité des reftitutions des Grands. 1665. *in-12.*

623 Theoph. Raynaudus de beneficiis & bonis Ecclefiæ per bonas artes obtinendis, poffidendis & difpenfandis. *Lugd.* 1656. *in-4.*

624 De l'abus des nuditez de gorge. *Paris*, 1677. *in-12.*

625 Traité des abus de la critique en matiere de Religion, par le P. de Laubruffel. *Paris*, 1710. 2. *vol. in-12.*

626 Apologie du Banquet fanctifié de la veille des Roys, par Nicolas Barthelemi. *Paris*, 1664. *in-12.*

627 Traitez contre le Paganifme du Roy-boit, par des Lyons. *Paris*, 1670. *in.12.*

## Catechetiques.

628
{
Ludov. Blofii Enchiridion parvulorum. *Lugd.* 1655.

Exceptiones Theolog. Parifienfium adverfus doctrinam Albianam de medio ftatu animarum. 1662.

Euclides Metaphyficus, five de principiis fapientiæ, aut. Thoma, Anglo. *Lond.* 1658. *in-12.*

629 Catechifmus ad Parochos. *Parif.* 1661. *in-12.*

630 Le

630 Catéchisme du Diocèse de Chaalons en Champagne. *Chaalons*, 1664. *in-12*.

631 Catéchisme du Diocèse de Clermont. *Clermont*, 1674. *in-12*.

632 Catéchisme du Diocèse de Grenoble. *Lyon*, 1648. *in-12*.

633 Catéchisme du Diocèse de Meaux, par M. Bossuet. *Lyon*, 1691. *in-12*.

634 Catéchisme du Diocèse de Reims. *Paris*, 1692. *in-12*.

## Sermonaires.

635 Patr. Mich. Menoti Ord. Francifcani Sermones quadragefimales, olim Turonis declamati. *Parif.* 1525. *in-8*.

636 Panégyriques des Saints, par le P. Senault. *Lyon*, 1684. 3 *vol. in-8*.

637 Sermons fur divers myftéres de la religion & plufieurs fêtes des Saints, prêchés dans Paris par l'Abbé de Bourzoys. *Paris*, 1672. *in 8*.

638 Prônes de M. Joli, evêque d'Agen. *Paris*, 1698. 8 *vol. in-12*.

639 Sermons de M. de Fromentieres, evêque d'Aire. *Paris*, 1688. 5 *vol. in-8*.

640 Sermons pour le Carême, par le P. Maimbourg. *Paris*, 1677. 2 *vol. in-8*.

641 Sermons du P. Girouft, contenant l'Avent & le Carême. *Paris*, 1700. & *fuiv.* 5 *vol. in-12*.

642 Sermons du P. Cheminais Jefuite. *Paris*, 1693. 5 *vol. in-12*.

643 Sermons du P. Bourdaloue. *Paris*, 1716. & *fuiv.* 15 *vol. in-12*.

644 Panégyriques choifis de Ch. Boileau. *Paris*, 1719. *in-12*.

645 Homélies & Sermons du même. *Paris*, 1720. 2 *vol. in-12*.

646 Penféés choifies de Ch. Boileau. *Paris*, 1723. *in-12*.

E

647 Panégyriques & autres Sermons de M. Fléchier, evêque de Nismes. *Paris*, 1700. 2 *vol. in-12.*

648 Sermons du P. de la Roche, contenant les mystéres, les panégyriques, le carême & l'avent. *Paris*, 1729. *& suiv.* 8 *vol. in-12.*

649 Sermons du P. Hubert, contenant le carême, l'avent & les mystéres. *Paris*, 1735. 6 *vol. in-12.*

650 Sermons du Pere Terrasson. *Paris*, 1726. 4 *vol. in* 12.

651 Sermons du P. de la Rue. *Lyon*, 1719. 4 *vol. in-12.*

652 Sermons du P. de la Boissiere. *Paris*, 1730. 6 *vol. in-12.*

653 Sermons de l'abbé Anselme pour l'avent & le carême. *Paris*, 1731. 4 *vol. in-8.*

654 Sermons du P. Massillon. *Trévoux*, 1710. 4 *vol.*

## *Mystiques.*

655 Joan. Gersen, autor libb. de Imit. Christi iterum assertus à D. Rob. Quatremaires Mon. Bened. contra Joan. Fronteau Canon. regul. S. Genovefæ. *Parif.* 1750. *in-8.*

656 De Imitatione Christi libri IV. *Parif. Leonard*, 1696. *in-24.*

657 Traité de la foi divine. *in-12.*

658 La Foi réduite à ses principes & renfermée dans ses bornes. *Roterd.* 1687. *in-12.*

659 Essercitio di perfettione & di virtu christiane, dal P. Alph. Rodriguez, della Comp. di Giesu. *Roma*, 1621. *in-12.*

660 Traité de la vraie parole de Dieu, par le P. Maimbourg. *Paris*, 1671. *in-12.*

661 Le Miroir sans tache, où l'on voit que les véritez que Flore enseigne dans le miroir de la pieté, sont très-pures, par l'abbé Valentin. *Paris*, 1680. *in* 12.

662 Traitez fur la priere publique & fur les difpo-
fitions pour offrir les faints myftéres, ( par M.
du Guet. ) *Paris.*, 1607. *in-12.*

663 De l'ancienne Coutume de prier debout, (par
Lorin.) *Liege*, 1700. 2 *vol. in-12.*

664 Inftructions chrétiennes tirées des lettres de M.
de S. Cyran, par M. Arnaud d'Andilly. *Paris*,
1672. *in-8.*

665 Traité de l'amour de Dieu, de S. François de
Sales. *Paris*, 1666. *in-12.*

666 Traité philofophique & théologique de l'a-
mour de Dieu, par Dupin. *Paris*, 1717. *in-8.*

667 La Défenfe de la vertu, par le P. Sirmond Jefuite *Paris*, 1641. *in-8.*

668 Honor. Nicqueti è Soc. Jefu Titulus S. Crucis,
feu hiftor & myfterium tituli S. Crucis J.C. *Parif.* 1648. *in-8.*

669 La Dévotion aifée, par le P. le Moyne Jefuite. *Paris*, 1652. *in-8.*

670 La Nature immolée par la grace, ou la pratique de la mort myftique, par le P. Epiphane
Louis, de la réforme de Prémontré. *Paris*, 1674.
2 *vol. in-8.*

671 La Maniere de conduire les ames dans la vie
fpirituelle, par le P. Guilloré. *Paris*, 1679.
*in-12.*

672 Prieres pour adorer la Sainte Trinité tous les
jours de la femaine. *Paris*, 1708. *in-12.*

673 Les Oeuvres fpirituelles du P. Jean Falconi de
l'Ordre de la Merci, traduites de l'efpagnol.
*Aix*, 1661. *in-8.*

674 Joannes Bona de divina pfalmodia, ejufque
caufis, myfteriis & difciplinis. *Parif.* 1663. *in-8.*

675 Anton. Ruteus Ord. Minimor. de fructu & ap-
plicatione Sacrificii Miffæ & Suffragiorum. *Antuerp.* 1634. *in-4.*

676 Ægid. Eftrix Soc. Jefu de Sapientia Dei, five
Manuductio ad fidem divinam, afferta potiffi-

mum autoritate Romani Pontificis. *Antuerpiæ*, 1672. *in-4.*

677 Barthol. de Barberis à Castro-Vetro, Capucini, Flores philosophicæ, ex Seraphico paradiso excerptæ, seu Cursus philosophici ad mentem S. Bonaventuræ. *Lugd.* 1677. 3 *vol. in-4.*

678 Traité de l'Oraison. *Paris*, 1684. *in-8.*

679 Moyen court & facile de faire oraison. *Rouen*, 1690. *in-24.*

680 Prieres & Instructions à l'usage de la Confrerie de la sainte Vierge, saint Sebastien & saint Roch, érigée en l'eglise des Quinze-vingts à Paris. *Paris*, 1728. *in-12.*

681 Refut. des erreurs des Quiétistes contenues dans les livres censurés par M. l'Archevêque de Paris, le 16. Octobre 1694. *Paris*, 1695. *in-12.*

682 Explication des maximes des Saints sur la vie interieure, par M. de Fenelon. *Paris*, 1697. *in-12.*

683 Relation sur le Quiétisme, par M. Bossuet. *Paris*, 1698. *in-8.*

684 Divers écrits ou mémoires sur le livre intitulé, Explication des maximes des Saints &c. par M. Bossuet. *Paris*, 1698. *in-8.*

685 Instruction sur les états d'oraison, par M. Bossuet. *Paris*, 1697. *in-8.*

686 Jac. Bossuet tractatus tres; Mystici in tuto, Schola in tuto, & Quietismus redivivus. *Paris.* 1698. *in-8.*

687 Les sources de la vraye & de la fausse dévotion, où l'on découvre le fond de la nouvelle spiritualité, & son opposition à celle de S. François de Sales. 1698. *in-12.*

688 Réfléxions d'un Théologien sur la Lettre pastorale de M. l'Evêque de Chartres, au sujet du livre intitulé : Explication des maximes des Saints. *Liege*, 1698. *in-12.*

689 Apologie de l'Amour, avec des remarques

sur le livre de M. l'Archevêque de Cambrai, intitulé : Explication des maximes des Saints,
( par M. Ch. du Pleffis d'Argentré, depuis Ev.
de Tulles. ) *Amft.* 1698. *in-12.*

690 Inftruct. Paftorale de M. l'Archevêque de
Cambrai, au fujet du livre des Maximes des
Saints, & autres pieces fur le même fujet. *in-12.*

691 Réponfe de M. l'Evêque de Meaux, à quatre
lettres de M. l'Archevéque de Cambrai. *Paris,*
1698. *in-8.*

692 Dialogues de la Bruyere fur le Quiétifme.
*Paris,* 1699. *in-12.*

693 Le Chriftianifme éclairci fur les differends du
temps , en mátiere de Quiétifine. *Amfterd.*
1700. *in-8.*

694 Du renouvellement des vœux du Batême &
des vœux de Religion. *Paris ,* 1676. *in-12.*

695 Jefus-Chrift enfeveli, ou réfléxions fur le
myftére de la Sepulture, ( par M. du Guet. )
*Bruxel.* 1731. *in-12.*

696 Barthol. Riccii è Soc. Jefu. triumphus Jefu
Chrifti crucifixi. *Antuerp.* 1608. *in-8. cum fig.*

697 Le Paradis ouvert à Philagie par cent dévotions à la Mere de Dieu , par Paul de Barry, de
la Compag. de Jefus. *Lyon ,* 1647. *in-12.*

698 Conférences myftiques fur le recueillement
de l'ame pour arriver à la contemplation , par
le P. Epiphane Louis, de l'ordre de Prémontré.
*Paris ,* 1676. *in-12.*

699 Theophili Galei idea Theologiæ , tam con-
templativæ, quam activæ. *Londini,* 1673. *in-12.*

700 Operum Patr. Francifci à S. Clara tomus fecundus. *Duaci ,* 1667. *in-fol.*

701 Les Oeuvres fpirituelles de de Bernieres Lou-
vigni. *Paris,* 1690. 2. *vol. in-12.*

702 Le repos en Dieu , par le P. Boucat Minime. *Rouen ,* 1696. *in-12.*

703 Traité pour conduire les ames à l'eftroite

union d'amour avec Dieu. *Paris*, 1651.
*in-8.*

704 Difcuffion fommaire d'un livret, intitulé :
le Chapelet fecret du très-S. Sacrement, & de
ce qui a été écrit pour en défendre la doctrine.
*Paris*, 1636. *in-8.*

705 Méditations chrétiennes & métaphyfiques du
P. Malebranche. *Lyon*, 1699. 2. *vol. in-12.*

706 Le cœur chrétien formé fur le cœur de Jefus-
Chrift, felon les maximes de l'Ecriture Sainte
& des Peres ; ( par Simon Gourdan. ) *Paris*,
1722. *in-18.*

707 Elevations à Dieu fur les pfeaumes, par le
P. Gourdan. *Paris*, 1729. *in-12.*

### *Polemiques ou Controverfiftes.*

708 Thomæ Stapletoni demonftratio principiorum
fidei. *Parif.* 1578. *in-fol.*

709 H. Grotius de veritate religionis chriftianæ,
cum notis Clerici. *Amft.* 1709. *in-8.*

710 Penfées de Pafcal fur la Religion. *Paris*,
1670. *in-12.*

711 P. Dan. Huetii demonftratio evangelica.
*Parif.* 1679. *in-fol.*

712 Phil. à Limborch collatio cum Judæo de veritate religionis chriftianæ. *Gouda*, 1687. *in-1.*

713 Traité de la vérité de la Religion chrétienne,
par Abbadie. *Rotterd.* 1689. 3. *vol. in-12.*

714 De la véritable Religion, par le Pere le Vaf-
for. *Paris*, 1688. *in-4.*

715 La verité de la Religion catholique, prouvée
par l'Ecrit. Sainte, par Defmahis. *Paris*, 1696.
2. *vol. in-12.*

716 Differtations fur l'exiftence de Dieu, par Jaquelot. *La Haye*, 1697. *in-4.*

717 Traité de religion contre les Athées, les Deiftes
& les Pyrrhoniens. *Paris*, 1698. *in-12.*

718 Le chriftianifme raifonnable, tel qu'il nous eft repréfenté dans l'Ecrit. Sainte, trad. de l'anglois de Locke. *Amft.* 1731. 2. *vol. in-8.*

719 Alphonfi Virvefiii difputationes adverfus Lutherana dogmata, per Philip. Melanchthonem defenfa. *Antuerp.* 1541. *in-4.*

720 Thomæ Waldenfis Anglici Carmelitæ Doctrinale antiquitatum fidei ecclefiæ catholicæ. *Venetiis,* 1571. 3. *tom. en* 2. *vol in-fol.*

721 Alphofi à Caftro opera theologica. *Parif.* 1571. *in-fol.*

722 Gregorii de Valentia de rebus fidei controverfis libri. *Lugduni,* 1591. *in-fol.*

723 Controverfes de S. François de Sales Evêque de Geneve. *Paris,* 1672. *in-12.*

724 Rob. Bellarminus de controverfiis fidei. *Parif.* 1608. 4. *tom. en* 3. *vol. in-fol.*

725 Becani Compendium manualis controverfiarum hujus temporis de fide ac religione. *Lugd.* 1673. *in-12.*

726 Joan. Eckii Apologia pro principibus catholicis, adverfus calumnias Buceri fuper actis comitiorum Ratifponæ. *Parif.* 1543. *in-8.*

727 Joan. Eckii Enchiridion locorum communium, adverfus Lutherum & alios hoftes Ecclefiæ. *Lugd.* 1549. *in-12.*

728 Cenfura orientalis Ecclefiæ de præcipuis noftri feculi hæreticorum dogmatibus, edita à Francifco Feu-ardentio. *Parif.* 1584. *in-8.*

729 Francifci Feu-ardentii Theomachia calviniftica. *Parif.* 1604. *in-fol.*

730 Francifci Panigarolæ difceptationes calvinicæ, à Joanne Tonfon in latinum converfæ. *Mediolani* 1594. *in-4.*

731 Jac. Gretferi Soc. Jefu refponfum ad Thefes Ægidii Hunnii de colloquio cum Pontificiis ineundo. *Ingolftad.* 1602. *in-4.*

732 Jac. Gretferi Soc. Jefu, exercitationes theo-

logicæ adversus hæreticos. *Ingolstad.* 1604. *in-4.*

733 Jac. Gretserus Soc. Jesu de funere christiano, adversus Sectarios. *Ingolst.* 1611. *in-4.*

734 Joan. Bretleii Angli apologia pro Romana ecclesia, latinè versa per Guillielm. Raynerium. *Paris.* 1615. *in-4.*

735 Bradwardinus de causa Dei, adversus Pelagium. *Londini,* 1618. *in-fol.*

736 Dominici Gravinæ catholicæ præscriptiones, adversus hæreticos. *Neapoli,* 1619. *in-fol.*

737 Adrian. & Petr. de Walenburch tractatus de controversiis fidei. *Colon. agr.* 1669. 2. *vol. in-fol.*

738 Georg. Cassandri opera. *Paris.* 1616. *in-fol.*

739 Galatinus de arcanis catholicæ veritatis; item Reuchlinus de cabala *Francof.* 1612. *in-fol.*

740 Replique à la réponse du Roy de la grande Bretagne, par le Card. du Perron. *Paris,* 1620. *in-fol.*

741 Traité du Sacrement de l'Eucharistie, par le Card. du Perron. *Paris,* 1622. *in-fol.*

742 Les Oeuvres du Card. du Perron. *Paris,* 1622. *in-fol.*

743 Réfutation des objections tirées de Saint Augustin, alleguées par les héretiques contre le Sacrement de l'Eucharistie, par le Card. du Perron. 1624. *in-fol.*

744 Epistolica diatribe, seu privata disceptatio inter Vorstium profess. in schola Steinfurtensi, & Lotzium Soc. Jesu, de transubstantiatione & reproductione pontificia. *Hanoviæ,* 1619. *in-8.*

745 La vraye procedure pour terminer le differend en matiere de Religion. *Caen,* 1606. *in-8.*

746 L'avoisinement des Protestans vers l'Eglise romaine. *Paris,* 1603. *in-12.*

747 Mart. Caryophili archiep. Iconiensis refuta-

tio catechesis editæ à Zacharia Gergano Græco. *Roma* , 1631. *in-4.*

748 Philip. Guadagnoli apologia pro christiana religione, adversus objeČiones Ahmed filii Zin Alabedin, Persæ Asphahensis. *Roma*, 1631. *in-4.*

749 Hermanni Lœmelii spongia , quâ diluuntur calumniæ nomine Facultatis Parisiensis impositæ libro qui inscribitur : Apologia S. Sedis Apostolicæ , circa regimen Catholicorum Angliæ. *Audomaropoli*, 1631 *in-8.*

750 Methodes de traiter des controverses de Religion par la seule Ecriture sainte, par Fr. Veron. *Paris* , 1638. *in-fcl.*

751 Andr. Essenii Triumphus crucis , adversus Crellium. *Amst.* 1639. *in-4.*

752 Essenii Triumphus crucis , sive de satisfactione Jesu Christi , adversus Crellium. *Amstel.* 1649. *in-4.*

753 Le Pacifique véritable sur le débat de l'usage légitime du Sacrement de pénitence, par Brachet de la Milletiere. *Paris* , 1644. *in-8.*

754 Leo Allatius de templis Græcorum recentioribus , de Narthece Ecclesiæ veteris , & de Græcorum hodie quorundam opinationibus. *Colon.* 1645. *in-8.*

755 Josephi de Voisin disputatio theolog. de S. Trinitate, adversus Antitrinitarium anonymum. *Paris.* 1647. *in-12.*

756 Leo Allatius de Ecclesiæ occidentalis & orientalis perpetua consensione ; acced. Dissertationes de dominicis & hebdomadibus Græcorum , & de missa Præsanctificatorum, cum annot. Nihusii. *colon.* 1648. *in-4.*

757 Motiva conversionis ad fidem catholicam S. Principis D. Ernesti Hassiæ Landgravii. *Colon.* 1652. *in-4.*

758 Confessionistarum Goliathismus profligatus ; sive Lutheranorum confessionis Augustanæ sym-

bolum profitentium provocatio repulſa, aut Sinnichio. *Lovanii*, 1657. *in-4.*

759 Lettre du Prince Erneſt Landgrave de Heſſen aux Miniſtres de la Religion, P. R. à Charenton, avec ſa replique à Charles Drelincourt. *Liege*, 1662. *in-8.*

760 Traité qui contient la méthode la plus facile pour convertir ceux qui ſe ſont ſéparés de l'Egliſe, par le Cardinal de Richelieu. *Paris*, 1663. *in-4.*

761 L'Héreſie convaincue, ou la Theologie des Lutheriens & des Calviniſtes refutée, avec l'examen de l'ouvrage du Miniſtre Claude contre l'Euchariſtie, par le P. Baron Jacobin. *Paris*, 1668. *in-12.*

762 {
Les Imaginaires & les Viſionnaires, ou Lettres ſur l'héreſie imaginaire, par de Damvilliers, ( par P. Nicole. ) *Liege*, 1657. 2. *vol. in-12.*

Traité de la foi humaine, auquel on a joint le jugement de Saint Auguſtin ſur la Grace. *Liege*, 1692. *in-12.*
}

763 La perpetuité de la foi de l'Egliſe catholique touchant l'Euchariſtie, ( par M. Nicole.) *Paris*, 1664. *in-12.*

764 La perpetuité de la foi de l'Egliſe catholique touchant l'Euchariſtie, défendue contre le Miniſtre Claude. *Paris*, 1669. *& ſuiv.* 5. *vol. in-4.*

765 La défenſe de la foi catholique & de ſa perpétuité touchant l'Euchariſtie, contre le Miniſtre Claude, par le Maire. *Paris*, 1670. *in-4.*

766 Fides Eccleſiæ orientalis, ſeu Gabrielis Philadelphienſis opuſcula gr. lat. cum notis Rich. Simonis, adverſus Joan. Claudii reſponſum ad perpetuitatem fidei. *Pariſ.* 1671. *in-4.*

767 La préſence de Jeſus-Chriſt dans le S. Sacrement de l'Autel, contre le Miniſtre Claude, par le P. Nouet. *Paris*, 1667. *in-4.*

768 Réponse generale au livre de M. Claude, *Paris*, 1671. *in-12.*

769 La créance de l'Eglise Grecque touchant la transubstantiation, défendue contre le Ministre Claude, par le P. de Paris Chan. Regul. *Paris*, 1670. *in-12.*

770 De l'unité de l'Eglise, ou réfutation du systême de Jurieu, ( par P. Nicole. ) *Paris*, 1688. *in-12.*

771 Préjugez légitimes contre les Calvinistes, ( par P. Nicole. ) *Paris*, 1671. *in-12.*

772 Les Prétendus Reformés convaincus de schisme, ( par le même. ) *Paris*, 1684. *in-12.*

773 Claud. Cappellani Mare Rabbinicum infidum, seu Quæstio nùm sit fidendum Rabbinis. *Parif.* 1667. *in-12.*

774 Motifs de réunion à l'Eglise catholique, présentez à ceux de la Religion P. R. par René Ouvrard. *Paris*, 1668. *in-12.*

775 Méthode pacifique pour ramener les Protestans à la vraye foi, par le Pere Maimbourg. *Paris*, 1670. *in-12.*

776 Traité de la vraye Eglise de J. C. par le P. Maimbourg. *Paris*, 1671. *in-12.*

777 Le Renversement de la morale de J. C. par les erreurs des Calvinistes touchant la justification. *Paris*, 1672. *in-4.*

778 L'impieté de la morale des Calvinistes découverte par le livre de Bruguier Ministre de Nismes, ( par P. Nicole. ) *Paris*, 1675. *in-12.*

779 Lettres de controverse à un Gentilhomme de la Religion prétendue réformée, par Gastineau. *Paris*, 1677. *in-12.*

780 { C. C. S. Problema paradoxum de Spiritu Sancto, cum refutat. opinionis Socinianorum, Spiritu S. personam esse negantium. *Colon.* 1678.
Friderici Sylburgii Saracenica, sive Moa-

methica gr. & lat. *Parif.* 1595.
Queſtions importantes à l'occaſion de la
nouvelle hiſt. des congregations de Auxiliis. *Liege*, *in-8.*

781 Franc. Marcheſii Clypeus fortium, ſive vindiciæ Honorii Papæ. *Roma*, 1680. *in-4.*

782 Apologie pour les Catholiques, contre les
fauſſetez d'un livre intitulé : la Politique du
Clergé de France, ( par Ant. Arnauld. ) *Liege*,
1681. 2. *vol. in-12.*

783 Moyens ſurs & honnêtes pour la converſion
des Hérétiques, & avis & expediens pour la re-
formation de l'Egliſe. *Cologne*, 1681. *in-12.*

784 Le Calviniſme convaincu de dogmes impies,
ou juſtification du livre du Renverſement de la
morale par les erreurs des Calviniſtes. *Cologne*,
1682. *in-12.*

785 Remarques ſur le livre d'un Proteſtant, intitulé : Conſiderations ſur les lettres circulaires de
l'Aſſemblée du Clergé de 1682. *Paris*, 1683.
*in-12.*

786 Controverſes familieres, où les erreurs de la
Religion P. R. ſont réfutées par l'Ecriture, les
Conciles & les Peres. *Paris*, 1683. *in-12.*

787 Le Proteſtant pacifique, ou traité de la paix
de l'Egliſe contre Jurieu, par de la Guiton-
niere, ( Noel Aubert de Verſé. ) *Amſterd.*
1684. *in-12.*

788 Traité de la Confeſſion, contre les erreurs
des Calviniſtes, avec la réfut. du livre de Daillé,
contre la confeſſion auriculaire, ( par Denis de
Sainte Marthe. ) *Paris*, 1685. *in-12.*

789 Traité de l'Egliſe contre les Hérétiques,
principalement contre les Calviniſtes. *Paris*,
1685. *in-12.*

790 Traité de l'unité de l'Egliſe, par le P. Thomaſſin. *Paris*, 1686. 2. *vol. in-8.*

791 Réponſe aux plaintes des Proteſtans, contre
les

les moyens qu'on employe en France pour les réunir à l'Eglife , par Brueys. *Paris* , 1686. *in-12.*

792 Défenfe du culte extérieur de l'Eglife catholique , où l'on montre les défauts qui fe trouvent dans le fervice public de la Religion P. R. par Brueys. *Amfterd.* 1686. *in-12.*

793 Le nouveau Vifionnaire de Roterdam , ou Examen des Paralelles myftiques de Jurieu , par Theognofte de Berée. *Cologne*, 1686. *in-12.*

794 De l'obligation de revenir à l'union de l'Eglife , avec une réfutation des principaux fondemens de la Religion Pr. Réf. *Paris* , 1686. *in-12.*

795 Motifs invincibles pour convaincre ceux de la Religion Pr. Réf. par le Fevre. *Paris* , 1682. *in-12.*

796 Réplique à M. Arnauld pour la défenfe du Livre des Motifs invincibles , contre fon Livre du Renverfement de la morale , par le Fevre. *Lille* , 1685. *in-12.*

797 Recueil de ce qui s'eft fait pour & contre les Proteftans , particuliérement en France , par le Fevre. *Paris* , 1686. *in-4.*

798 Expofition de la doctrine de l'Eglife Catholique fur les matieres de controverfe , par M. Boffuet. *Paris* , 1671. *in-12.*

799 Expofition de la doctrine de l'Eglife Catholique fur les matieres de controverfe , par M. Boffuet. *Paris*, 1686. *in-12.*

800 Traité de la communion fous les deux efpéces , par M. Boffuet. *Paris* , 1682. *in-12.*

801 Conférence avec M. Claude fur la matiere de l'Eglife , par M. Boffuet. *Paris* , 1687. *in-12.*

802 Réfut. de l'héréfie de Calvin par la doctrine de MM. de la Religion P. R. *Paris* , 1687. *in-12.*

803 Aphorifmes de Controverfe , ou Inftructions

catholiques tirées de l'Ecriture, des Conciles & des SS. Peres. *Cologne*, 1687. *in-12.*

804 Georg. Bulli Defensio fidei Nicænæ. *Oxonii,* 1688. *in-4.*

805 Sentimens d'Erasme conformes à ceux de l'Eglise catholique, sur tous les points controversés. *Cologne*, 1688. *in-8.*

806 Réponse aux plaintes des Protestans touchant la prétendue persécution de France. *Paris*, 1688. *in-12.*

807 Critique des Lettres Pastorales de Jurieu. *Lyon*, 1689. *in-12.*

808 Difficultez proposées à M. Steyaert sur diverses matieres. *Cologne*, 1692. *in-12.*

809 La Tolérance des Religions: Lettres de M. de Leibniz, & Réponses de M. Pellisson. *Paris*, 1692. *in-12.*

810 Les erreurs des Protestans touchant la communion sous les deux espéces. *Paris*, 1693. *in-12.*

811 { Le Nestorianisme renaissant dénoncé à la Sorbonne. *Cologne*, 1693. La Religion des Kouakres en Angleterre. *Paris*, 1699. *in-12.*

812 Défense des nouveaux Chrétiens & des Missionnaires de la Chine, &c. contre deux Livres intitulés : La Morale pratique des Jesuites, & l'esprit de M. Arnauld, par le P. le Tellier Jesuite. *Paris*, 1694. *in-12.*

813 Traité de la maniere d'examiner les différends de la Religion, par Michel le Vassor. *Amsterd.* 1697. *in-12.*

814 Traité de l'Analyse, ou de la résolution de la foi, contre Jurieu. *Lyon*, 1698. 2 *vol. in-12.*

815 Monumens authentiques de la Religion des Grecs, par Aymon. *La Haye*, 1708. *in-4.*

816 Stephani de Altimura ( Mich. Lequien ) Panoplia contra schisina Græcorum. *Parif.* 1718. *in-4.*

817 Thom. Campanellæ Atheïfmus triumphatus, feu contra Antichriftianifmum, de Gentilifmo non retinendo, de prædeftinatione & reprobatione, & de auxiliis divinæ gratiæ. *Parif.* 1636. *in-4.*

818 Le nouvel Athéïfme renverfé, où Réfutation du Syftême de Spinofa, par un Bénédictin de la Congrég. de S. Maur, ( François Lamy.) *Paris*, 1696. *in-12.*

## Heterodoxes.

819 Inftitutio Chriftianæ Religionis, autore Calvino. *Argentorati*, 1545. *in-fol.*

820 Inftitutio Chriftianæ Religionis, autore Calvino. *Geneva*, 1612. *in-8.*

821 Inftitution de la Religion Chrétienne, par Jean Calvin. *Geneve*, 1560. *in-fol.*

822 Joan. Calvini opufcula. *Geneva*, 1552. *in-fol.*

823 Franc. Turretini Inftitutio Theologiæ Elencticæ. *Geneva*, 1579. 2 *vol. in-4.*

824 Martini Lutheri opera. *Witeberga*, 1582. 7 *vol. in-fol.*

825 Clichtovei Anti-Lutherus. *Parif.* 1524. *in-fol.*

826 Schultengi Steinwichii Confeffio hieronymiana. *Colonia*, 1585. *in-fol.*

827 Jac. Arminii opera theologica. *Lugd. Bat.* 1629. *in-4.*

828 Jac. Arminii Examen thefium Fr. Gomari de prædeftinatione; accefferunt Stephan. Curcellæi vindiciæ de jure Dei in creaturas, adverfus Mofis Amyraldi criminationes. 1645. Nortoni Knatchbull animadverfiones in N. Teftam. *Oxonia*, 1677. *in-8.*

829 Lucæ Ofiandri Enchiridion controverfiarum

Religionis, quæ hodie inter Augustanæ confessionis Theologos & Pontificios habentur. *Lubeca*, 1608. *in-*12.

830 Friderici Staphyli opera theologica. *Ingolstadii*, 1613.

831 Joh. Scharpii cursus theologicus. *Geneva*, 1618. *in-*4.

832 Guil. Whitakeri opera theologica. *Geneva*, 171C. 2 *tom. en* 1 *vol.*

833 Guil. Parkinsi opera theologica. *Geneva*, 1624. 2 *vol. in-fol.*

834 Biblioth. Fratrum Polonorum, Fausti Socini, Joan. Crellii, Jonæ Schlichtingii, Lud. Wolzogenii & Sam. Przipcovii. *Irenopoli*, 1656. *& suiv.* 9 *vol. in-fol.*

835 Jonæ Schlichtingii disputatio de Trinitate, de V. & N. Testamenti præceptis, & de Euchariftiæ & Baptismi ritibus, adversus Balthas. Meisnerum. 1637. *in-*8.

836 Dan. Chamieri Panstratica catholica, sive controverfiæ de Religione, adversus Pontificios. *Geneva*, 1626. 4 *vol. in-fol.*

837 Dan. Chamieri Corpus theologicum, seu Loci communes S. Scripturæ; acced. ejusdem epistolæ Jesuiticæ. *Geneva*, 1653. *in-fol.*

838 Friderici Spanhemii dubia evangelica. *Geneva*, 1639. 2 *vol. in-*4.

839 Antonii Walæi opera. *Lugd. Bat.* 1643. 2 *to. en* 1 *vol. in-fol.*

840 Fr. Gomari opera theologica. *Amstel.* 1644. *in-fol*

841 Sim. Episcopii opera theologica. *Amstelod.* 1650. *&* 1665. 2 *vol. in-fol.*

842 Simon. Episcopii disputationes theologicæ. *Amstel.* 1646. *in-*8.

843 M. Friderici Wendelini christiana theologia. *Lugd. Bat.* 1658. *in-*12.

844 Joh. Prideaux opera theologica. *Tiguri*, 1672. *in-*4.

845 Curcellæi opera theologica. *Amſtel.* 1675. *in-fol.*

846 Joan. Gerhardi toci theologici. *Francof.* 1657. 9 *tom. en* 4 *vol.*

847 Joan. Erneſt Gerhardi Bellarminus ὀρθοξίας teſtis. *Jena*, 1658. *in-fol.*

848 Joan. Gerhardi confeſſio catholica & evangelica, quam ecclefiæ Auguſtanæ profitentur, & ex Romano-catholicorum Scriptorum ſuffragiis confirmatur. *Jena*, 1661. 4 *vol. in*-4.

849 Franc. Burmanni Synopſis theologiæ. *Trajecti*, 1681. 2 *vol. in*-4.

850 Forbeſii à Corſe inſtructiones de doctrina chriſtiana. *Geneva*, 1700. *in-fol.*

851 Theſes theologicæ, in Academia Sedanenſi editæ, aut. Lud. le Blanc. *Londini*, 1708. *in-fol.*

852 Philippi à Limborch theologia chriſtiana. *Amſt.* 1715. *in-fol.*

853 Jacobi magnæ Britanniæ regis opera, edita à Jacobo Montacuto. *Londini*, 1619. *in-fol.*

854 Joan. Davenantii epiſcopi Sarisburienſis determinationes quæſtionum quarumdam theologicarum. *Cantabrigia*, 1639. *in-fol.*

855 Richardi Holdſworth prælectiones theologicæ. *Lond.* 1661. *in-fol.*

856 Henrici Mori opera theologica & philofophica. *Londini*, 1675. 3 *vol. in-fol.*

857 Anton. Tuckney Cantabrigienſis prælectiones theologicæ. *Amſtel.* 1677. *in*-4.

858 Rich. Baxteri Methodus theologiæ chriſtianæ. *Londini*, 1681. *in-fol.*

859 Veræ & ſanæ confeſſionis de præſentia Corporis Chriſti in cæna Domini defenſio, adverſus Calvinum, Boquinum, Bezam & Cleinwitzium. *Mangdeburg* 1562. *in*-4.

{ Avertiſſement des Catholiques Anglois aux François Catholiques, du danger où

860 {
ils font de perdre leur Religion , &c.
1586.

Dialogue de trois Vignerons du pays du Maine fur les miferes de ce tems, par Soufnor. *Rouen*, 1678.

Preuve de la doctrine catholique fur la préfence réelle de J. C. dans l'Euchariftie. 1671.

Le Tombeau de l'Héréfie de ce fiecle , adreffé à MM. de la Religion Pr. Ref. par de Saint Amant. *Rouen*, 1661. *in*-8.
}

861 Catalogi Hæreticorum Conradi Schluffelburgii libri VIII. IX. X. XI. in quibus Jefuitarum, Stancariftarum , Stenckfeldiftarum , & Servetianorum errores refutantur. *Francof.* 1599. 2 *vol. in*-8.

862 Johan. Junii prælectionum theologicarum Faufti Socini Refutatio. *Amft.* 1633. *in*-8.

863 Conradi Vorftii Anti-Bellarminus. *Hanoviæ.* 1610. *in*-4.

864 Sebaftiani Caftellionis dialogi de prædeftinatione, electione, libero arbitrio & fide , atque ejufdem opufcula. *Goudæ*, 1613. *in*-8.

865 Frider. de Salis Refutatio Libelli infcripti : Affertio ex facra Scriptura & Ecclef. Patribus fumpta , chriftianæ doctrinæ de officio Meditatoris Chrifti, &c. adverfus epiftolam apologeticam D. S. pofteriorem , per L. P. Miniftrum verbi Dei. *Ingolftad.* 1614. *in*-4.

866 Scripta adverfaria collationis Haugienfis habitæ anno 1611. inter quofdam ecclefiarum paftores de prædeftinatione, ex verfione Pet. Bertii. *Lugd. Bat.* 1616. *in*-4.

867 Défénfe des traductions de la Bible, faites à Geneve, contre le P. Coton Jefuite, par Turreretin. *Geneve*, 1618. *in*-4.

868 Inftruction Chrétienne refponfive au premier tome de l'Inftitution du Pere Coton Jefuite ,

par Jacq. Cappel Miniftre. *Sedan* , 1619. *in-*8.

869 Traité des originaux & verfions utiles à tous
les fidéles , contre le Pere Coton Jefuite , par
Cottiere Miniftre. *Saumur*, 1619. *in*-8.

870 Acta & Scripta Dordracena Miniftrorum re-
monftrantium in fœderato Belgio. *Herder-
wiici* , 1620. *in*-4.

871 Ad Georgii Turnebulli tetragoifmum pfeu-
dographium Apodixis catholica , five Apologia
pro difputatione de formali objecto fidei , aut.
Roberto Baronio. *Abredonia* , 1631. *in*-8.

872 Thefes Salmarienfes fub præfidio Cappelli ,
Amyraldi & Placæi. *Salmurii*, 1664. 4 *to*. en r
*vol. in*-4.

873 Difputationes theologicæ , fub præfidio D D.
Heidani, Cocceii & Hoornbeck repetitæ. *Lugd.
Bat.* 1654. *in*-4.

874 Nouveauté du Papifme oppofée à l'antiquité
du Chriftianifme, contre le Cardinal du Perron,
par du Moulin. *Geneve* , 1633. *in*-4.

875 De la communion à J. C. au Sacrement de
l'Euchariftie , par J. Meftrezat miniftre. *Sedan* ,
1625. *in*-8.

876 Apologia pro confeffione eorum qui in fœderato Belgio vocantur Remonftrantes , contra
cenfuram quatuor Profefforum Leidenfium.
1629. *in*-4.

877 Nicol. Vedelius de arcanis Arminianifmi.
*Lugd. Bat.* 1632. *in*-4.

878 De Pace ecclefiaftica inter Evangelicos pro-
curanda Sententiæ quatuor, editæ à Joh. Duræo.
*Amft.* 1636. *in*-18.

879 Petr. Molinæi Hyperafpiftes , five defenfor
veritatis adverfus calumnias Sylveftri Petra-
fancta Jefuitæ. *Geneva* , 1636. *in*-12.

880 Eclairciffemens familiers de la controverfe
de l'Euchariftie , tirés de la parole de Dieu &
des Peres, par Blondel. *Quevilly* , 1641. *in* 8.

881 Du mérite des œuvres , contre les opinions de la Milletiere, par Moyſe Amyraut. *Saumur*, 1638. *in-8*.

882 Moſes Amyraldus de feceffione ab Ecclefia Romana. *Salmurii*, 1647. *in-8*.

883 Défenſe da la doctrine de Calvin fur le ſujet de l'élection & de la réprobation, par Moyſe Amyraut. *Saumur*, 1644. *in-8*.

884 De l'elévation de la foi & de l'abaiffement de la raiſon en la créance des myſtéres de la Religion, par Moyſe Amyraut. *Charenton*, 1645. *in-12*.

885 Apologie pour ceux de la Religion, par Moyſe Amyraut. *Saumur*, 1647. *in-8*.

886 Moſis Amyraldi Specimen animadverfionum in exercitationes de gratia univerfali. *Salmurii*, 1648. *in-4*.

887 Du Gouvernement de l'Eglife , contre ceux qui veulent abolir l'uſage & l'autorité des Synodes , par Moyſe Amyraut. *Saumur*, 1653. *in-8*.

888 Brief traité de la prédeſtination, avec l'échantillon de la doctrine de Calvin fur le même ſujet , par Moyſe Amyraut. *Saumur*, 1658. *in-8*.

889 Moſis Amyraldi Differtationes theologicæ. *Salmurii*, 1660. *in-12*.

890 Hugo Grotius de cœnæ adminiſtratione. *Londini*, 1685. *in-8*.

891 Simplicius Verinus ( Cl. Salmaſius ) de tranfſubftantiatione contra H. Grotium. *Hagiopoli*, 1646. *in-8*.

892 Andr. Riveti Apologeticus, pro ſuo de veræ pacis Ecclefiæ propofito, contra Hug. Grotium. *Lugd. Bat.* 1643. *in-8*.

893 Joh. Crocii Anti-Becanus. *Caffellis*, 1643. 2 vol. *in-4*.

894 Joh. Crocii Anti-Weigelius ; inferta eſt appendix regni millenarii. *Caffellis*, 1651. *in-4*.

895 La voye fure conduifant un Chrétien à la foi
Catholique , dont on fait profeffion dans les
églifes réformées , trad. de l'anglois de Hum-
frey Lynde , par de la Montagne. *Charenton.* 1645.

896 Ant. Gariffolii defenfio decreti Carentonienfis
de imputatione primi peccati Adæ. *Montalbani,*
1648. *in*-8.

897 Gerard. Joan. Voffius de baptifmo & de facra-
mentorum vi atque efficacia. *Amft.* 1648. *in*-4.

898 Gerardus Joan. Voffius de tribus fymbolis.
*Amft.* 1652. *in*-4.

899 Gerard. Joan. Voffius de controverfiis quas
Pelagius ejufque reliquiæ moverunt. *Amft.*
1655. *in*-4.

900 Gerardi Joan. Voffii Thefes theologicæ &
hiftoricæ de variis doctrinæ chriftianæ capitibus.
*Haga* , 1658. *in*-4.

901 Petri Molinæi anatome Arminianifmi. *Lugd.*
Bat. 1619. *in*-4,

902 Petr. Picherelli opufcula theologica. *Lugd.*
Bat. 1629. *in*-12.

903 Nicol. Vedelius de prudentia veter. ecclefiæ.
*Amft.* 1633. *in*-8.

904 Gisberti Voetii exercitia & bibliotheca ftu-
diofi theologiæ. *Trajecti* , 1644. *in*-12.

905 Préfervatif contre la révolte, par Samuel
Defmarets miniftre à Sedan. *Sedan* , 1628.
*in*-12.

906 Samuelis Maretii fynopfis theologiæ elench-
ticæ, adverfus Tirinum. *Groninga* , 1646. 2. *vol.*
*in*-4.

907 Sam. Marefii hydra Socinianifmi expugnata,
adverfus Volkelii libros de vera religione , &
Crellii librum de Deo & ejus attributis. *Gro-*
*ninga* , 1651. 3. *vol. in* 4.

908 Confiderations fur le recueil des Actes ra-
maffez par Blondel, en faveur de ceux qui tien-

nent pour la doctrine de de la Place touchant le péché originel , par Samuel Desmarets. *Groningue* , 1638. *in-4.*

909 Sam. Maresii Joanna Papissa restituta , sive animadversiones & annotationes ad librum Dav. Blondel de Joanna Papissa. *Groninga* , 1658. *in-4.*

910 Sylloge disputationum selectiorum à Sam. Maresio habitarum. Pars 2. *Groninga* , 1663. *in-4.*

911 Samuelis Maresii systema theologicum. *Groninga* , 1673. *in-4.*

912 J. Ivelli adversus Th. Hardingum volumen , ex anglico in lat. serm. conversum à Guill. Wttitakero. *Geneva* , 1585. *in-fol.*

913 Catholicus & orthodoxus Ecclesiæ consensus ; sive ex verbo Dei & Patrum scriptis Ecclesiæ reformatæ confessionum harmonia. 1695. *in-8.*

914 Andreæ Riveti specimen Critici Sacri, hoc est censuræ Doctorum in scripta quæ Patribus priscorum sæculorum affixit incogitantia, vel supposuit impostura.
Lucæ Osiandri Enchiridion controversiarum, quæ Augustanæ confessionis theologis cum Anabaptistis intercedunt. *Witteberga* , 1608.
Resolutio anti-Hunniana , sive responsio opposita quæstionibus Ulrici Hunnii auctore Valentino Bullexio. *Licha* , 1633.
Mundus alter & idem, sive Terræ australis descriptio , auctore Mercurio Britannico. *in-8.*

915 Corpus Doctrinæ orthodoxæ , sive catecheticarum explicationum D. Zachariæ Vrsini opus, Davidis Parei operâ recognitum. *Heidelberga* , 1612. *in-8.*

916 Roberti Coci censura quorumdam scriptorum , quæ sub nominibus sanctorum & veterum auto-

rum à Pontificiis in quæstionibus hodie contro-
versis citari solent. *Londini*, 1614. *in-4.*

917 Præstantium ac eruditorum virorum epistolæ
ecclesiasticæ & theologicæ, scilicet Arminii,
Vytenbogardi, Vossii & aliorum. *Amstel.* 1704.
*in-fol.*

918 Historia & monumenta J. Hus & Hieronimi
Pragensis. *Norimbergæ*, 1715. 2. *vol. in-fol.*

919 Georg. Bulli opera de S. Trinitate & justifi-
catione, adversus Zuickerum. *Londini*, 1703.
*in-fol.*

920 Georgii Bulli defensio fidei Nicænæ. *Oxonii*,
1688. *in-.*

921 Georg. Bulli judicium Ecclesiæ catholicæ, de
necessitate credendi quod J. C. sit verus Deus,
adversus Episcopium. *Amst.* 1696. *in-8.*

922 De la primauté en l'Eglise, par Blondel.
*Geneve*, 1641. *in-fol.*

923 Johan. Bastwick flagellum Pontificis & episcoporum latialium. *Lond.* 1641. *in-12.*

924 Irenicum Irenicorum, seu Reconciliatoris
christianorum hodiernorum norma triplex.
*in-12.*

925 Apologia pro christiano Batavo non Calvi-
nista, contra Becani Jesuitæ quæstiones de fide
hæreticis servanda. *Londini*, 1610. *in-12.*

926 De l'honneur qui doit être rendu à la sainte
Vierge, par Drelincourt. *Charenton*, 1642. *in-8.*

927 Guilielmi Amesii opera theologica. *Amstel.*
1658. 4. *vol. in-12.*

928
Eschantillon des maximes du Clergé Ro-
main ès Provinces-Unies, par Samuel
Desmarets. *Amst.* 1641.
Pici Mirandulani defensio Hyeron. Savo-
narolæ, adverf. Sam. Cassinensem. 1615.
Idiota de statu Religioforum. *Paris.* 1521.
Fr. Balduini responsio altera ad J. Calvi-
num. *Paris.* 1572. *in-8.*

929 Joan. Crocii vindicatio anti-Becani. *Marpurg.* 1654. 2. *vol. in*-4.

930 Anton. Fayi Enchiridion theologicum. *Geneva*, 1605. *in*-4.

931 Georg. Cassandri Dialogus de communione sub utraque specie, ex collectione Georg. Calixti. *Helmestad.* 1642. *in*-4.

932 Georg. Calixtus de bono perfectè summo, sive de æterna beatitudine. *Helmestad.* 1643. *in*-4.

933 Georg. Calixtus de præcipuis christianæ religionis capitibus. *Helmestad.* 1658. *in*-4.

934 Georg. Calixtus de mortalitate animæ & resurrectione carnis. *Helmestad.* 1661. *in*-4.

935 Calixti apparatus theologici. *Helmestad.* 1661. *in*-4.

936 Henr. Hottingeri exercitationes anti-Morinianæ. *Tiguri*, 1644. *in*-4.

937 Joh. Henrici Hottingeri Dissertationes miscellaneæ. *Tiguri*, 1654. *in*-8.

938 Joh. Hottingeri Thesaurus philologicus, seu Clavis Scripturæ. *Tiguri*, 1659. *in*-4.

939 D. Blondellus de formula regnante Christo. *Amst.* 1646. *in*-4.

940 Actes authentiques des Eglises réformées de France, Germanie, &c. touchant la paix que tous les serviteurs de Dieu doivent entretenir avec les Protestans, par Blondel. *Amsterd.* 1655. *in*-4.

941 Festi Hommii specimen controversiarum Belgicarum, seu confessio ecclesiarum reformatarum in Belgio. *Lugd. Bat.* 1618. *in*-4.

942 Joan. Forbesii Irenicum, amatoribus veritatis & pacis in ecclesia Scoticana. *Aberdonia*, 1636. *in*-4.

943 Anatomie de la Messe, par Pierre du Moulin Ministre. *Geneve*, 1636. *in*-8.

944 Joh. Volkelius de vera religione, & Crellius
de

de Deo ejufque attributis. *Racoviæ*, 1630. *in-4.*

945 Joan. Owenus de natura, ortu, progreffu, & ftudio veræ theologiæ. *Oxon.* 1661. *in-4.*

946 Joan. Dallæus de pœnis & fatisfactionibus humanis. *Amftel.* 1649. *in-4.*

947 Joan. Dallæus de pfeudepigraphis apoftolicis, feu libris octo conftitutionum apoftolicarum apocryphis. *Hardervici*, 1653. *in-8.*

948 Joan. Dallæus de ufu Patrum ad definiendæ Religionis capita controverfa. *Geneva*, 1656. *in-4.*

949 Joan. Dallæus de confeffione auriculari. *Geneva*, 1661. *in-4.*

950 Joan. Dallæus de confirmatione & extremæ unctione. *Geneva*, 1659. *in-4.*

951 Joan. Dallæus de fcriptis quæ fub Dionyfii Areopagitæ & Ignatii Antiocheni nominibus circumferuntur. *Geneva*, 1666. *in-4.*

952 Joan. Dallæi Apologia pro ecclefiis reformatis. *Geneva*, 1677. *in-8.*

953 Ant. Gariffolius de Chrifto mediatore. *Geneva*, 1662. *in-4.*

954 Delphi phœnicizantes, five Tractatus, in quo Græcos quicquid apud Delphos celebre erat, è Jofuæ hiftoria Scriptifque facris effinxiffe oftenditur, autore Edmundo Dickinfono. *Francof.* 1669. *in-12.*

955 Difputationes in Academia Salmurienfi habitæ, fub præfidio Jofue Placæi, de argumentis quibus efficitur Chriftum priùs fuiffe quam in utero B. Virginis conciperetur. *Salmurii*, 1649. *in-4.*

956 Difputationes in Academia Salmurienfi habitæ, fub præfidio Jofue Placæi, quibus probatur Jefum Chriftum effe Deum præditum effentia divina. *Salmurii*, 1651. *in-4.*

957 Difputationes in Academia Salmurienfi ha-

G

bitæ fub præfidio D. Jofue Placæi, de teftimo-
niis quibus probatur Jefum Chriftum præditum
effe effentia divina. *Salmurii*, 1651. *in-4.*

958 Jofue Placæus de imputatione primi peccati
Adami. *Salmurii*, 1655. *in-4.*

959 Examen des raifons pour & contre le Sacrifice de la Meffe, par de la Place. *Saumur*,
1655. *in-8.*

960 Placæi Opufcula theologica, *Salmurii*,
1656. *in-4.*

961 Herm. Witfii Exercitationes hiftorico-critico-
theologicæ. *Ultraj.* 1714. *in-8.*

962 Joan. Placæi difputationes pro divina Jefu
Chrifti effentia. *Salmurii*, 1657. *in-4.*

963 Henrici Hammond Differtationes, quibus
Epifcopatûs jura ex Scripturis & primæva an-
tiquitate adftruuntur, contra fententiam D.
Blondelli. *Londini*, 1651. *in-4.*

964 Georg. Calixti Epitome theologiæ. *Brunfvi-
ga*, 1653. *in-8.*

965 Dialogues familiers fur les principales objections des Miffionnaires de ce tems, par Drelincourt. *Quevilly*, 1655. *in-8.*

966 Apologie des Eglifes reformées, où eft
montrée la néceffité de leur féparation d'avec
l'Eglife romaine, par Daillé. *Charenton*,
1631. *in-8.*

967 Examen de l'avis de la Milletiere fur l'ac-
commodement des differends de Religion, par
J. Daillé. *Charenton*, 1637. *in-8.*

968 Joan. Dallæus de imaginibus. *Lugd. Bat.*
1642. *in-8.*

969 Dallæus de jejuniis & quadragefima. *Daven-
tria*, 1654. *in-12.*

970 Joan. Dallæi apologia pro duabus in Gallia
Proteftantium fynodis nationalibus, adverfus
Spanhemii exercitationes de gratia univerfali.
*Amft.* 1655. 2. *vol. in-8.*

971 Dallæus de fidei ex Scripturis demonftratione. *Geneva*, 1660. *in-8*.

972 Joan. Dallæi difputatio adverfus latinam de cultûs religiofi objecto traditionem. *Geneva*, 1664. *in-4*.

973 Réplique de Jean Daillé aux deux livres publiés contre lui par Adam & Cottiby. *Geneve*, 1669. *in-4*.

974 Joan. Dallæus de cultibus religiofis latinorum. *Geneva*, 1671. *in-4*.

975 Henr. Heideggeri difputationes felectæ circa theologiam dogmatica, hiftoricam & moralem. *Tiguri*, 1674. *in-4*.

976 Henr. Heideggeri hiftoria Papatûs, quâ Ecclefiæ Romanæ origo & progreffus ad noftra ufque tempora pertexitur; accedit Guicciardini hiftoria Papatûs. *Amft.* 1684. *in-4*.

977 Henr. Heideggeri tumulus Tridentini concilii. *Tiguri*, 1690. 2. *vol. in-4*.

978 Corpus confeffionum fidei, quæ in diverfis nationibus ecclefiarum nomine fuerunt editæ. *Geneva*, 1654. *in-4*.

979 If. Cafaubonus de rebus facris & ecclefiafticis. *Geneva*, 1655. *in-4*.

980 Chriftoph. Wittichii theologia pacifica, adverfus Sam. Marefium. *Lugd. Bat.* 1675. *in-4*.

981 Joh. Hoornbeeck de convincendis & convertendis Judæis. *Lugd. Bat.* 1655. *in-4*.

982 Joh. Hoornbeeck de paradoxis & heterodoxis Weigelianis, ubi de Swenefeldo aliifque fimilis indolis. *Ultrajecti*, 1656. *in-12*.

983 Difputationes theologicæ, fub præfidio Joh. Hoornbeeck à variis publicè propofitæ. *Lugd. Bat.* 1664. *in-4*.

984 Joan. Hoornbeeck vetera & nova, five exercitationes theologicæ. *Trajecti*, 1672. *in-4*.

985 Joh. Hoorbeeck examen Bullæ Papalis, quâ

P. Innocentius X. abrogare nititur pacem Germaniæ. *Ultrajecti*, 1692. *in-4.*

986 Traité de l'efficace & nécessité du Baptême, par Ant. Gueroud. *Geneve*, 1656. *in-8.*

987 Joh. Bisterfeldius de uno Deo, contra Crellium. *Amst.* 1659. *in-4.*

988 Joan. Jonstonus de communione veteris ecclesiæ. *Amst.* 1658. *in-12.*

989 Johan. Hoornbeeck summa controversiarum religionis cum infidelibus, hæreticis, &c. *Traject.* 1658. *in-8.*

990 Joh. Hoornbeeck de conversione Indorum & Gentilium. *Amst.* 1669. *in-4.*
Joan. Schillius de coalitione populorum & rerumpublicarum. *Hagæ Com.* 1661. *in-4.*

991 Unio reformantium, sive examen Hoornbeecki de independentismo, per Joan. Beverley. *Lond.* 1659. *in-12.*

992 Andreæ Riveti in Acad. Lugd. Batava Professoris, operum theologicorum tomus tertius. *Roterod.* 1660. *in-fol.*

993 Continuatio exercitationum de gratia universali, aut Frid. Spauhemio. *in-8.*

994 Irenicomastix convictus & constrictus, seu confirmatio infallibilitatis Irenici Irenicorum, adversus Comenium. *Amst.* 1661. *in-12.*

995 H. Hammond de Confirmatione. *Oxon.* 1661. *in-8.*

996 Henr. Alting Theologia problematica nova, sive systema problematum theologicorum, in Academia Groningæ & Omlandiæ publicis prælectionibus propositum. *Amst.* 1662. *in-4.*

997 Traité du Sacrifice de la Messe, contre les Cardinaux Bellarmin & du Perron, par Bochart. *Geneve*, 1658. *in-4.*

998 Mart. Bocharti Diallacticon, seu tractatus de conciliandis in Religionis negotio Protes-

tantium animis. *Sedani*, 166᠈. *in-8.*

999 Apologie des Puritains d'Angleterre. *Geneve*, 1663. *in-12.*

1000 Henr. Alting Theologia historica, in Academia Groningæ & Omlandiæ publicis prælectionibus proposita. *Amst.* 1664. *in-4.*

1001 Matt. Wasmuth vindiciæ S. Hebreæ Scripturæ. *Rostochii*, 1664. *in-4.*

1002 Hug. Grotii annotata in consultationem G. Cassandri, cum animadversionibus Riveti: access. Tractatus de christianæ pacificationis & Ecclesiæ reformandæ vera ratione. *Lugd. Bat.* 1642. *in-12.*

1003 Lud. Molinæi Corollarium ad parænesim suam ad ædificatores Imperii in Imperio. *Londini*, 1637. *in-12.*

1004 Joh. Clauberii & Mart. Hundii disputationes selectæ, adversus Socinianos & Pontificios. *Duisburgi*, 1665. *in-4.*

1005 Cocceji Summa theologiæ ex Scripturis repetita. *Geneva*, 1665. *in-4.*

1006 Tobiæ Wagneri Inquisitio theologica in acta henotica inter theologos Augustanæ confessionis à reformatis ressuscitata. *Tubinga*, 1666. *in-4.*

1007 Déclaration de Jean de Labadie, contenant les raisons qui l'ont obligé de quitter la communion de l'Eglise romaine. *Geneve*, 1666. *in-8.*

1008 Andr. Senneri Chrstianus, sive exercitationum, maximè theologicarum fasciculus, circa Religionem christianam. *Witteberga*, 1670. *in-4.*

1009 Réflexions sur les 2. & 3. chapitres de la Politique de France de M. P. H. où il censure le Clergé de Rome & les huguenots, par de l'Ormegrigny, (Pierre du Moulin.) *Cologne*, 1671. *in-12.*

G iij

1010 Le témoignage des Proteſtans en faveur de la Religion catholique, par Roſſel miniſtre converti. *Paris*, 1671. *in-8.*

1011 Apologie pour les Proteſtans, où l'auteur juſtifie leur conduite & leur ſéparation de la communion de Rome. *Amſter.* 1671. *in-4*

1012 {
Apologie du Sr Creſpin, ou les véritables motifs de ſa condamnation au Concile d'Anjou en 1670. 1671.

Raiſonnemens ou Réſolutions chrétiennes ſur les plus importantes queſtions de la Religion chrétienne. *Sedan,* 1659.

Diſcours ſur les ſonges divins, par Amyrault. *Saumur*, 1659.

Apologie contre les invectives du Sr de Launay. *Saumur*, 1657.

Trois Lettres de Drelincourt au Prince Erneſt Landgrave de Heſſe. *Geneve*, 1654.

L'incertitude du Catholique-Romain au point de l'Egliſe. *Charenton*, 1644.

Advis ſalutaires aux Miſſionnaires pour diſputer contre les Pr. Réformés. *Charenton*, 1658.

Harangue du Roi d'Angleterre & la Relation de ſa mort. 1649. *in-8.*
}

1013 Conſidérations ſur la nature de l'Egliſe & ſur quelques-unes de ſes proprietez. *Quevilly*, 1673. *in-12.*

1014 De vulneribus Chriſti; Theſes ſub præſidio Joh. Sauberti defenſæ à Joan. Faes. *Helmſtad.* 1676. *in-4.*

1015 Anton. Hulſii Lugd. Bat. Profeſſoris Specimina theologiæ Hypotheticæ, quæ vulgo Cocceana vocatur. *Lugd. Bat.* 1676. 2 *vol. in-8.*

1016 Kabbala denudata, ſeu doctrina Hebræorum tranſcendentalis & metaphyſica atque theologica. *Sulzbaci*, 1677. 4 *vol. in-4.*

1017 Melch. Leydekkeri Fax veritatis, seu exercitationes theologico-philosophicæ ad controver-
sias quæ in Belgio hodie moventur. *Lugd. Bat.*
1677. *in-4.*

1018 Abr. Heidanus de origine erroris ; adduntur
tractatus de *Socinianismo* & de hodiernorum
Pelagianorum doctrina. *Amstel.* 1678. *in-4.*

1019 Sam. Parkerus de Deo & providentia divina.
*Lond.* 1678. *in-4.*

1020 Abrah. Heidani considerationes ad res nuper gestas in Academia Lugd. Batava. *Ham-
burg.* 1678. *in-12.*

1021 Tobiæ Pfanneri Systema theologiæ gentilis
purioris. *Basilea*, 1679. *in-4.*

1022 Traité de la dévotion. *Quevilly*, 1679.
*in-12.*

1023 Réponses pour les Eglises de Piémont au
sieur Illuminé Faverot Récollet, ou réfutation
des erreurs de l'Eglise Romaine & des chican-
nes des Missionnaires. *Geneve*, 1679. *in-4.*

1024 Liberii de Sancto-Amore, ( Joan. Clerici )
epistolæ theologicæ, *Irenopoli*, 1679. *in-8.*

1025 Mich. Siricii Uxor una & de lacrimis Christi. *Gieße Cattou*, 1679. *in-4.*

1026 Conformité de la discipline ecclesiastique
des Protestans de France avec celle des anciens
Chrétiens. *Quevilly*, 1680. *in-4.*

1027 Joan. Meyeri Uxor christiana, sive de conjugio, de incestu & divortiis. *Amstel.* 1688.
*in-4.*

1028 La réunion du Christianisme, ou la maniere de rejoindre tous les Chrétiens sous une seule confession de foi. *Saumur*, *in-12.*

1029 Examen du Livre de la réunion du Christianisme. 1671. *in-12. marque le frontispice.*

1030 Réponse au Livre de M. l'Evêque de Condom, intitulé : Exposition de la doctrine de l'E-
glise sur les matieres de controverse. *Quevilly*,
1672. *in-12.*

1031 Réponse au Livre de M. l'Evêque de Meaux, intitulé : Conférence avec M. Claude. *Quevilly*, 1683. *in-*12.

1032 Réponse à M. l'Evêque de Meaux sur sa Lettre pastorale. 1686. *in-*12.

1033 Examen du Livre intitulé : Préjugés légitimes contre les Calvinistes, par Pajon. *Bionne*, 1633. 3 *vol. in-*12.

1034 Remarque sur l'Avertissement pastoral, avec la relation de ce qui se passe au Consistoire d'Orleans, par Claude Pajon. *Amsterd.* 1685. *in-*12.

1035 Edm. Albertinus de Euchariste Sacramento. *Davintriæ*, 1654. *in-fol.*

1036 Ludovici à Seckendorf Commentarius de Lutheranismo, adversus Maimburgium. *Lipsia*, 1694. *in-fol.*

1037 Traité de la conscience, par Basnage. *Amsterd.* 1696. 2 *vol, in-fol.*

1038 Sibrandus Lubbertus de principiis christianorum dogmatum. *Franeera*, 1698. *in-*8.

1039 Divers Traitez sur des matieres de conscience, par la Placette. *Cologne*, 1697. *in-*12.

1040 Traité de la conscience, par la Placette. *Amsterd.* 1700. *in-*12.

1041 Réponse aux objections qu'on oppose de la part de la raison, à ce que la foi nous apprend sur l'origine du mal & sur le mystere de la Trinité, par la Placette. *Amsterd.* 1707. *in-*12.

1042 Réponse à une objection, qui tend à faire voir que si Dieu a résolu les événemens, on peut négliger les soins qui paroissent les plus nécessaires, par la Placette. *Amsterd.* 1709. *in-*12.

1043 Traité des jeux de hazard, défendu contre les objections de M. de Joncourt, par la Placette. *La Haye*, 1714. *in-*12.

1044 Petr. Chauvin de Religione naturali, *Roterod.* 1693. *in-*8.

1045 Heunifchius redivivus, five Cafparis Heunif-
chii Thefaurus difputatorius. *Jenæ*, 1699. *in-4*.

1046 Forum confcientiæ, feu jus poli, hoc eft
tractatus theologico-juridicus, autore J. Andr.
Vander-Muelen. *Amftel.* 1699. *in-4*.

1047 Traité des fources de la corruption qui regne aujourd'hui parmi les Chrétiens, ( par Of-
tervald.) *Amfterd.* 1700. 2 *vol. in-8*.

1048 La véritable Religion des Hollandois, contre le libelle diffamatoire de Stoupe, intitulé :
La Religion des Hollandois, &c. par Jean Brun
miniftre ; cy eft joint le Confeil d'extorfion, ou
la volerie des François exercée en la ville de
Nimégue par le Commiffaire Methelet & fes
fupôts. *Amfterd.* 1675. *in-12*.

1049 Theologia vulgaris refutata. *Francof.* 1668.
*in-12*.

1050 Chriftoph. Wittichii Differtationes theologicæ. *Lugd. Bat.* 1681. *in-8*.

1051 Chriftoph. Wittichii Anti-Spinoza & commentarius de Deo. *Amftel.* 1690. *in-4*.

1052 Caufa Dei, feu Alexand. Mori de Scriptura
Sacra exercit. Genovenfes. *Medioburgi*, 1653.
*in-4*.

1053 Apologie de la morale des Réformés, pour
réponfe au livre de M. Arnauld, intitulé : Renverfement de la Morale de J. C. &c. *Quevilly*,
1673. *in-8*.

1054 Apologie pour les Réformés, où l'on voit la
jufte idée des guerres civiles de France, & les
vrais fondemens de l'Edit de Nantes. *La Haye*,
1683. *in-12*.

1055 Traité du pouvoir abfolu des Souverains,
pour fervir de confolation aux églifes réformées
de France qui font affligées. *Cologne*, 1685.
*in-18*.

1056 Harmonie des prophéties anciennes avec les
modernes, fur la durée de l'Antechrift & les

souffrances de l'Eglise. *Cologne*, 1686. *& suiv.*
3 *to. en* 2 *vol. in-*12.

1057 Les Oeuvres posthumes de M. Claude. *Amsterd.* 1690. 5 *vol. in-*8.

1058 Photianismus , hoc est refutatio errorum Photinianorum, à Josua Stegmanno. *Amstelod.* 1658. *in-*8.

1059 Wilhelmus Momma de varia conditione & statu Ecclesiæ Dei sub triplici œconomia, Patriarcharum, ac Testamenti Veteris & Novi ; atque ejusdem prælectiones theologicæ de adventu Schiloh, & de variis theologiæ capitibus. *Amstel.* 1683. 3 *tom. en* 1 *vol. in-*4.

1060 Andr. Sennerti Christianus , five exercitationum theologicarum fasciculus, circa Religionis christianæ principium, veritatem & summam. *Witteberga*, 1670. *in-*4.

1061 Les Oeuvres de Jean Despagne ministre de Londres. *Geneve*, 1671. *in-*12.

1062 Réponse au livre de M. l'Evêque de Condom, intitulé : Exposition de la doctrine de l'Eglise sur les matieres de controverse. *Quevilly*, 1672. *in-*12.

1063 { Articuli Lambethani. *Lond.* 1651.
Fur prædestinatus , five dialogismus inter quemdam Ordinis prædicantium Calvinistam , & furem ad laqueum damnatum. *Londini*, 1651. *in-*12.

1064 Considerationes modestæ & pacificæ controversiarum theologicarum, per Gulielm. Forbesium episcop. Edenburgensem. *Londini*, 1658. *in-*8.

1065 Thomæ Angli Institutiones sacræ Peripateticis inædificatæ. 1652. 2 *vol. in-*12.

1066 Thomæ Angli Monumetham excantatus , five animadversiones in libellum inscriptum : De Anglicani Cleri retinenda in apostol. sedem observantia, &c. *Rothom.* 1660. *in-*12.

1067 De obligatione conſcientiæ, prælectiones O-
xonii habitæ à Robert. Sanderſono. *Londini*,
1660. *in-8.*

1068 Statera appenſa, quoad ſalutis aſſequendæ fa-
cilitatem. *Londini*, 1661. *in-12.*

1069 Gulielm. Alanus Anglus de Sacramentis in
genere, de Sacramento Euchariſtiæ & de Sacrificio Euchariſtiæ. *Antuerp.* 1676. *in-4.*

1070 Hiſtoire de l'Euchariſtie. *Amſterd.* 1669.
*in-4.*

1071 Henr. Hopfneri Diſputationes de juſtifica-
tione hominis peccatoris coram Deo. *Lipſiæ*,
1653 *in-4.*

1072 La Religion des Kouakres en Angleterre.
*Paris*, 1679. *in-12.*

1073 Sonus Buccinæ, ſive Tractatus de virtutibus
fidei & theologiæ ; acceſſit quæſtio theologica
de gratia & libero arbitrio, &c. autore Thoma
Anglo. *Colon.* 1659. *in-12.*

1074 Conformité de la foi avec la raiſon, ou défenſe de la Religion, contre les principales difficultez répandues dans le Dictionn. de Bayle.
*Amſterd.* 1705. *in-8.*

1075 Herm. Alexendri Roell diſſertatio de Religione rationali. *Franequeræ*, 1700. *in-12.*

1076 Parkerus illuſtratus, ſive annotata in omnes Thomæ Parkeri theſes, de traductione hominis peccatoris ad vitam, adverſus Richardū
Baxterum. *Londini*, 1660. *in-12.*

1077 {
Conſider. ſur les lettres circulaires de
l'aſſemblée du Clergé de 1682. *La
Haye.* 1643.

Réponſe apologet. à MM. du Clergé de
France ſur les actes de l'aſſemblée du
Clergé de 1682. touchant la Religion.
1685.

Apologie pour les Réformés. *La Haye,*
1683.
}

Lettre sur l'état présent des Eglises réformées de France. *Au Desert*, 1683. *in* 12.

1078 Examen de l'oppression des Réformés en France, par de Daillon. *Amsterd.* 1687. *in*-12.

1079 Oliverius Bowles Anglus, de pastore evangelico. *Lond.* 1659. *in*-12.

1080 Remarques de M. Spon de la R. P. R. contenant les raisons qui font prendre à ces MM. la Religion catholique pour nouvelle, & la leur pour ancienne, &c. *Anvers*, 1681. *in*-12.

1081 Métamorphoses de la Religion romaine, par Aymon. *La Haye*, 1700. *in*-12.

1082 Propositions & moyens pour parvenir à la réunion des deux Religions en France, ( par Alexandre d'Yse ministre de Die. ) 1677. *in*-4.

1083 Quatre petits Traitez & autres opuscules de Jean Despagne. *Geneve*, 1671. *in*-12.

1084 Scriptura S. Trinitatis revelatrix, aut. Cingallo, (Christoph. Sandio.) *Gonda*. 1678. *in*-12.

1085 {
Défense de la Religion Luthérienne contre les Docteurs de l'Eglise romaine. *Francfort*, 1685. *in*-12.

La Confession d'Ausbourg présentée à l'Empereur Charles V. par les Etats Protestans, trad. en françois. *in*-12.
}

1086 {
Jani templum Christo nascente reseratum, seu tractatus vulgarem refellens opinionem, existimantium pacem toto orbe sub tempus Servatoris nostri natale stabilitam fuisse, autore J. Masson. *Roterod.* 1700.

Bilibra veritatis & rationis de verbo Dei, libræ Steph. Rittangelii, Josepho de Voisin, Raymundoque Martini opposita. *Freistadii*, 1700. *in*-8.
}

1087 Le Janseniste convaincu de vaine sophistiquerie, ou examen des réfléxions de M. Arnauld sur le préservatif contre le changement

de

de Religion. *Amsterd.* 1683. *in-12.*

1088 Avis aux Refugiés sur leur prochain retour en France, ( par P. Bayle.) *Paris,* 1692. *in-12.*

1089 Examen d'un libelle intitulé : Avis aux Réfugiés sur leur prochain retour en France. *La Haye,* 1691. *in-12.*

1090 La Cabale chimérique, ou réfutation des calomnies de Jurieu touchant le Libelle intitulé : Avis aux Refugiés &c. ( par P. Bayle ) *Cologne,* 1691. *in-12.*

1091 La Cabale chimérique, ou réfutation de l'examen d'un Libelle &c. *in-12. manque le frontispice.*

1092 Défense de la Nation Britannique, contre l'Auteur de l'Avis aux Réfugiés, par Abbadie. *La Haye,* 1693. *in-12.*

1093 La Foi dévoilée par la raison, dans la connoiffance de Dieu, de ses Myftéres & de la Nature, par Parifot. *Paris,* 1681. *in-8.*

1094 Réponfe aux deux Traitez intitulés : La Perpétuité de la Foi de l'Eglife catholique touchant l'Euchariftie. *Charenton,* 1667. *in-12.*

1095 Réponfe aux deux Traitez intitulés : La Perpétuité de la Foi touchant l'Euchariftie. *Charenton,* 1668. *in-4.*

1096 Réponfe de M. Claude au Livre de la Perpétuité de la Foi de M. Arnaud. *Quevilly,* 1670. *in-4.*

1097 La défenfe de la réformation contre le Livre intitulé : Préjugez légitimes contre les Calviniftes. *Quevilly,* 1673. *in-4.*

1098 Réponfe à la Methode du Card. de Richelieu. *Quevilly,* 1674. *in-4.*

1099 Geor. Ashwellus de Socino & Socinianifmo. *Oxonia,* 1680. *in-8.*

1100 Le Platonifme dévoilé, ou effai touchant le verbe Platonicien, ( par Noël Aubert de Verfé. ) *Cologne,* 1700. *in-8.*

H

1101 Thomæ Ittigii Differtatio de Hærefiarchis
ævi Apoftolici & Apoftolico proximi. *Lipfiæ*,
1690. *in*-4.

1102 Henningi Witten repertorium homileti-
cum, in quo Materiæ quæcumque theologicæ
in alphabeti feriem producuntur. *Dantifci*,
1682. *in*-4.

1103 Tela ignea Satanæ, hoc eft arcani & hor-
ribiles Judæorum libri adverfus Chriftum Deum
& religionem chriftianam, in lucem emiffi ftudio Chriftoph. Wagenfelii; accedit Mantiffa de
LXX. hebdomadibus Danielis, adverfus Joan.
Marshamum. *Altdorfii Noricorum*, 1681. *in*-4.

1104 Theodori Meieri Antichiliafmus adverfus
W. Peterfen. *Helmftadii*, 1696. *in*-4.

1105 Abr. Calovii Theologia apoftolica Romana,
adverfus corruptelas Pontificiorum, Calvinia-
norum, Socinianorum aliorumque heterodoxo-
rum adferta. *Witteberg*æ. 1672. *in*-4.

1106 Alex. Mori difputationes Genevenfes de
Gratia & libero arbitrio, adverfus Dion. Petavium. *Medioburgi*, 1652. *in*-4.

1107 Timanni Geffelii antiqua & vera fides, &
fola fervans. *Trajecti*, 1664. *in*-4.

1108 Theologiæ verè Chriftianæ apologia, autore Rob. Barclaio. *Amft*. 1676. *in*-4.

1109 Lamb. Velthuyfii opera theologica, adverfus tractatum theologico-politicum B. de Spi-
noza. *Roterod*. 1680. 2. *vol*. *in*-4.

1110 De Religione Gentilium, errorumque apud
eos caufis, aut. Edoardo Barone Herbert. *Amft*.
1665. *in*-4.

1111 Nicol. Arnoldi Religio Sociniana, feu Ca-
techefis Racoviana major. *Amft*. 1654. *in*-4.

1112 Anton. Hulfii opus Catecheticum, didactico-
polemicum. *Lugd. Bat*. 1676. 2. *vol*. *in*-4.

1113 Commentaire philofoph. fur ces paroles de
J. C. Contrains-les d'entrer, troifiéme Partie.

Cantorbery. 1687. *in-12*.

1114 Comm. philosophique fur ces paroles de J. C. Contrains-les d'entrer, ou Traité de la tolerance univerfelle, par Bayle. *Rotterd.* 1713. 2. *vol. in-12.*

1115 Des droits des deux Souverains en matiére de religion, la Confcience & le Prince, contre un Livre intitulé : Commentaire philofophique &c. *Rotterd.* 1685. *in-12.*

1116 Examen de la Théologie de M. Bayle. *Amft.* 1706. *in-12.*

1117 Entret. de Maxime & de Thémifte, ou réponfe à l'examen de la Théologie de Bayle, par Jaquelot. *Rotterd.* 1707. *in-12.*

1118 La religion des Hollandois, repréfentée en plufieurs Lettres écrites par un Officier de l'armée du Roi à un Pafteur de Berne. *Cologne*, 1673. *in-12.*

1119 Apologie de Luther, de Calvin & de Beze, ou Réponfe au ch. 10 du 2. livre de la Methode du Card. de Richelieu, par Ancillon *Hanau,* 1666. *in-12.*

1120 Traité du Pyrrhonifme de l'Eglife Romaine, trad. du latin de la Placette, par Chalaire. *Amft.* 1721. *in-12.*

1121 Traité fur les Miracles, par Jacques Serces. *Amft.* 1729. *in-12.*

1122 Dialogues entre Photin & Irenée, fur le deffein de la réunion des Religions, & fur la Queftion fi on doit employer les peines & les récompenfes pour convertir les Hérétiques. *Mayence,* 1685. 2. *tom. en* 1. *vol. in-12.*

1123 Bebelii & aliorum Fafciculus Scriptorum theologicorum, in quo Quæftiones de animæ poft folutionem à corpore ftatu, refurrectione mortuorum &c. continentur. *Francof.* 1692. *in-8.*

1124 Danielis Clafenii theologia Gentilis, feu

demonſtratio quâ probatur Gentilium theologiam ex fonte Scripturæ originem traxiſſe. *Francof*. 1684. *in-8.*

1125 Joan. Lenſæus de fidelium animarum Purgatorio & de Patrum Limbo. *Lovanii*, 1684. *in-8.*

1126 La politique du Clergé de France, ou entretiens de deux Catholiques Romains ſur les moyens dont on ſe ſert pour détruire la Religion Proteſtante en France, ( par Jurieu. ) *La Haye*, 1681. *in-12.*

1127 Préſervatif contre le changement de Religion, ( par Jurieu. ) *Impr. en* 1682. *in-12. manque le frontiſpice.*

1128 Réfléxions ſur un Livre intitulé : Préſervatif contre le changement de Religion, ( par Ant. Arnauld. ) *Anvers*, 1682. *in-12.*

1129 Examen de l'Euchariſtie de l'Egliſe romaine, par Jurieu. *Rotterd.* 1682. *in-8.*

1130 L'Eſprit de M. Arnaud, tiré de ſa conduite & de ſes écrits, ( par le même. ) *Deventer*, (*Liege*,) 1684. 2. *vol. in-12.*

1131 Préjugez légitimes contre le Papiſme, ( par Jurieu. ) *Amſt.* 1685. 2. *tom. en* 1. *vol. in-4.*

1132 Le vrai Syſtême de l'Egliſe & la véritable Analyſe de la foi, pour ſervir de réponſe au Livre de M. Nicole, intitulé : Les Prétendus Réformés convaincus de ſchiſme, par Jurieu. *Dordrecht*, 1686. *in-8.*

1133 L'accompliſſement des Prophéties, ou la délivrance prochaine de l'Egliſe, où il eſt prouvé que le Papiſme eſt l'Empire Anti-chrétien, ( par Jurieu. ) *Rotterd.* 1686. 2. *vol. in-12.*

1134 Traité de la Nature & de la Grace, par Jurieu. *Rotterd.* 1688. *in-12.*

1135 La Religion du Latitudinaire, avec l'Apologie pour la Sainte Trinité, par Jurieu. *Rotterd.* 1696. *in-12.*

1136 Traité histor. contenant le jugement d'un Protestant sur la Théologie mystique, sur le Quiétisme, &c. ( par Jurieu. ) 1700. *in-12.*

1137 Le Protestant pacifique, ou Traité de la paix de l'Eglise contre Jurieu, ( par Noël-Aubert de Versé. ) *Amst.* 1684. *in-12.*

1138 Essais de Théologie sur la Providence & la Grace contre Jurieu. *Francfort*, 1687. *in-8.*

1139 Traité admirable de la solide vertu, par Antoinette Bourignon. *Amsterd.* 1676. 2. *tom.* en 1. *vol. in-8.*

1140 Petr. Poiret cogitationes rationales de Deo, anima & malo. *Amst.* 1677. *in-4.*

1141 L'Oeconomie divine, ou systême universel des œuvres & des desseins de Dieu envers les hommes, par Poiret. *Amst.* 1687. 7. *vol. in-12.*

1142 La paix des bonnes ames dans tous les partis du Christianisme sur les matiéres de Religion, & particuliérement sur l'Eucharistie, par Pierre Poiret. *Amst.* 1687. *in-12.*

1143 Petr. Poiret de christiana liberorum educatione. *Amst.* 1694. *in-8.*

1144 Fides & ratio collatæ adversus Joannem Lockium, stud. Petri Poiret. *Amst.* 1708. *in-8.*

1145 Sacra Orationis theologia, sive analisis orationis mentalis, per Franc. la Combe; & Soliloquia divina Gerlaci Petri; subjunguntur Blaquernæ Aphorismi de amico & amato, cum notis Petri Poiret. *Amst.* 1711. *in-12.*

1146 Barthodi Niemeieri tractatus de disciplina Ecclesiastica; accessit Jac. Sirmondi historia pœnitentiæ publicæ. *Hannov.* 1702. *in-4.*

1147 Frid. Bechmanni Theologi Ienensis Theologia polemica. *Francof.* 1702. *in-4.*

1148 Bartoldi Botsacci medulla theologiæ moralis, seu tractatus theologicus de irreprehensibilitate fidelium. *Francof.* 1703. *in-8.*

1149 Salomonis Van Til Compendium Theologiæ naturalis & revelatæ. *Lugd. Bat* 1704. *in-4.*

1150 Ecclesiæ antediluvianæ verà & falsa, ex antiquitatibus mosaicis erutæ & publicis disputationibus ventilatæ, studio Baltasaris Bebelii Witteberg. Academiæ Professoris. *Argentorati,* 1706. *in-4.*

1151 Schediasmata sacra, seu exercitationes singulares, aut. Joan. Fechtio. *Rostoch.* 1706. *in-8.*

1152 Noctes Christianæ, seu exercitationes varii argumenti, aut Fechtio. *Rostochii,* 1706. *in-8.*

1153 Cour. Dannhaweri Theol. Argentoratensis disputationes theologicæ, ex recensione Chrift. Missleri. *Lipsiæ,* 1707. *in-4.*

1154 Joan. Buxtorfii Catalecta Philologico-theologica. *Basil.* 1707. *in-12.*

1155 { Dissertations historiques sur divers sujets: Réfléxions sur le Mahometisme & le Socinianisme; Critique du système du Pere Hardouin; recherché sur la Religion chrétienne dans les Indes; Vindiciæ veter. Scriptorum contra J. Harduinum. *Rotterd.* 1707. *& suiv. in-12.*

1156 Entretiens sur les differentes méthodes d'expliquer l'Ecriture & de prêcher, de ceux qu'on appelle Coeceiens & Voëtiens, dans les Provinces-unies. *Amst.* 1707. *in-12.*

1157 Dissertat. historiques sur divers sujets; sçavoir, Réfléxions sur le Mahometisme, Critique du système du Pere Hardouin, & Recherches sur la Religion chrétienne dans les Indes. *Rotterd.* 1707. *in-12.*

1158 La connoissance de l'Ame par L'Ecriture, par Testas Ministre à Londres. *Londres,* 1708. 2. *vol. in-8.*

1159 La Théologie chrétienne & la science du salut, par Pictet. *Geneve,* 1708. 2. *vol. in-4.*

1160 La morale chrétienne, ou l'art de bien

vivre, par Pictet. *Geneve*, 1710. *in-4.*

1161 Joh. Deutschanni Panoplia Confessionis Augustanæ, modernorum fanaticorum atque libertinorum assertis opposita. *Vittemberga*, 1709. *in-4.*

1162 Essai sur le Socinianisme, ou réflexions sur la Doctrine de M. le Clerc touchant les Sociniens, par Mesnard Ministre. *La Haye*, 1709. *in-12.*

1163 { Les dangers où l'on est exposé de la part des faux freres dans l'Eglise & dans l'Etat, ou Sermon prononcé à Londres par Henry Sacheverell. *Londres*, 1710.
Les Avocats pour & contre le Docteur Sacheverell, avec plusieurs pieces importantes concernant le Procès de ce Docteur. *Amst.* 1711. *in-8.*

1164 Henr. Maii historia reformationis, ex Lutheri scriptis erecta, cum supplementis ad Theologiam Lutheri. *Francof.* 1710. *in-4.*

1165 Examen de deux Traitez de la Placette, par Naudé. *Amst.* 1713. 2. *vol. in-12.*

1166 { Apologia pro Vanino. *Cosmopoli*, 1712. *in-8.*
Theatrum Fati, sive notitia Scriptorum de Providentia, fortuna & fato. autore Petro Arpe. *Rotterd.* 1712. *in-8.*

1167 Mélange de remarques sur les deux Dissertations de M. Toland, intitulées: L'une: l'homme sans superstition; l'autre: les origines judaïques, par Elie Benoît. *Delf.* 1712. *in-8.*

1168 Etat présent de l'Eglise Romaine dans toutes les parties du monde. *Amst.* 1716. *in-8.*

1169 Traitez de l'état primitif de l'Episcopat & des Liturgies, par Clarkson, trad. de l'anglois. *Rotterdam*, 1616. *in-8.*

{ Il Mercurio postiglione di questo à l'altro mondo. *Villa-franca*, 1667.
Præadamitæ, sive exercitatio super versibus 12, 13 & 14 capitis 5 Epistolæ

1170 { D. Pauli ad Romanos, quibus inducuntur primi homines ante Adamum conditi. 1655.
Systema theologicum, ex Præadamitarum hypothesi. 1655. *in*-12.

1171 Theophili Alethei, ( Joan. Lyseri) Polygamia triumphatrix, cum notis Athan. Vincentii. *Londini Scanorum.* 1682. *in*-4.

1172 Bediani Morange analysis libri de Præadamitis. *Lugd.* 1656. *in*-12.

1173 Eusebii Romani, ( Phil. Priorii) animadversiones in librum Præadamitarum. *Parif.* 1656. *in*-8.

1174 J. Pythii responsio contra Præadamitas. *Lugd. Bat.* 1656. *in*-12.

1175 { Sam. Maresii refutatio fabulæ præadamiticæ. *Groninga*, 1656.
Eusebii Romani, ( Phil. Priorii ) animadversiones in librum Præadamitarum. 1656.
Johan. Hilperti disquisitio de Præadamitis. *Amst.* 1656. *in*-18.

1176 Du rappel des Juifs, ( par Isaac la Peyrere. ) 1643. *in*-8.

1177 Josephi de Voisin Theologia Judæorum. *Parif.* 1647. *in*-4.

1178 Anton. Hulsii Theologia judaïca de Messia. *Breda.* 1653. *in*-4.

1179 Alcoranus, ex arabico idiomate in latinum translatus, cum notis & refutatione Lud. Marracii. *Patavii*, 1698. 2 *tom. en* 1 *vol.*

1180 L'Alcoran de Mahomet, trad. par Duryer. *Paris*, 1649. in 18.

1181 Thom. Brown Religio Medici. *Lugd. Bat.* 1644.

# JURISPRUDENCE.

## CONCILES.

1182 SIbrandi Lubberti de Conciliis libri, cum disputationibus Rob. Bellarmini collati. *Geneva*, 1601. *in-8.*

1183 Tractatus de modo generalis Concilii celebrandi, per Guill. Durandum. *Parif.* 1622. *in-8.*

1184 Advis sur la nécessité du Concile & sur la forme de le rendre légitime & libre pour l'union chrétienne. 1693. *in-8.*

1185 Joannis Nicolai Differtatio de Concilio plenario, quod contra Donatiftas Baptifmi quæftionem ex Auguftini fenfu definivit. *Parif.* 1667. *in-12.*

1186 Joannis Nicolai Differtatio de plenarii Concilii & Baptifmatis hæreticorum affertione. *Parif.* 1668. *in-12.*

1187 Guil. Beveregii Pandectæ Canonum SS. Apoftolorum ab Ecclefia græca receptorum, gr. & lat. *Oxonii*, 1672. 2 *vol. in-fol.*

1188 Joan. Cabaffutii Notitia Conciliorum. *Lugd.* 1670. *in-8.*

1189 Lud. Bail Summa Conciliorum. *Parif.* 1645. *in-fol.*

1190 Philippi Labbe Conciliorum hiftorica fynopfis, feu ampliffimæ collectionis prima delineatio. *Parif.* 1661. *in-4.*

1191 Lud. Thomaffini Differtationes in Concilia generalia & particularia. *Parif.* 1667. *in-4.*

1192 Concilia illuftrata, five Conciliorum & Colloquiorum illuftrium, ab Apoftolorum tempore ad noftram ætatem extantium, acta & de-

3ᵗ 13ˢ ‒ creta , autor. Ludov. Ruellio & Ludov. Hart-
manno. *Norimbergæ* , 1675. *in-4.*

10ᵗ
1193 Synodorum generalium ac provincialium
Decreta & Canones , cum scholiis Christiani
Lupi. *Lovanii*, 1665. *& suiv.* 5 *vol. in-4.*

1194 Variorum Patrum ad Ephesinum Concilium
epistolæ, in publicam lucem datæ per Christ.
Lupum. *Lovanii* , 1682. *in-4.*

1195 Scholia & notæ ad variorum Patrum episto-
las concernentes acta Ephesini & Chalcedonensis
Conciliorum , aut. Christ. Lupo. *Lovanii*, 1682.
*in-4.*

246ᵗ 1196
SS. Concilia ad regiam editionem exacta,
studio Labbæi & Cossartii. *Lutet.* 1671.
*& suiv.* 17 *vol. in-fol.*

Jacobatis Tractatus de Concilio. *Romæ*,
1538. *in-fol.*

Steph. Bulusii nova collectio Conciliorum. *Paris.* 1683. *in-fol.*

135ᵗ ...
1197 Acta Conciliorum & Epistolæ decretales ac
Constitutiones Summorum Pontificum, edente
Joan. Harduino. *Paris. Typ. Reg.* 1715. 12. *vol.*
*in-fol.*

1 · 10ˢ 1198 Petr. de la Lande Supplementa ad Concilia
Galliæ à Sirmondo edita. *Lutet.* 1666. *in-fol.*

16ˢ 1199 Dissertation sur le Concile de Rimini. *Paris,*
1733. *in-12.*

10ˢ
1200 Andr. Chevillerii Dissertatio in Synodum
Chalcedonensem, de formulis fidei subscriben-
dis. *Paris.* 1664. *in-4.*

1201 S. Concilii Tridentini Canones & decreta.
*Lugd* 1643. *in-8.*

10ˢ 1202 Idem. *Paris.* 1674. *in-12.*

2ᵗ
1203 Remissiones Doctorum qui varia loca Concilii Tridentini incidenter tractârunt, aut. August. Barbosa. *Lugd.* 1619. *in-8.*

1204 Chemnicii Examen Concilii Tridentini. *Ge-*
*nevæ,* 1634. *in-fol.*

1205 Innocentii Gentiledi Examen Concilii Tridentini. *Gorinchemi*, 1678. *in-8.*

1206 Revision du Concile de Trente, contenant les nullitez d'icelui, ( par *Ranchin.*) *Genev.* 1600. *in-8.*

1207 Notes sur le Concile de Trente, touchant les points les plus importans de la discipline ecclesiastique, avec une dissertation sur la reception & l'autorité de ce Concile en France, ( par Est. Rassicod.) *Cologne*, 1706. *in-8.*

1208 Codex statutorum Synodalium ecclesiæ Aurelianensis, jussu D. d'Elbene Aurelian. episcopi editum. *Aurelia*, 1654. *in-4.*

1209 Decreta Synodi provincialis habitæ Rothomagi, an. 1581. *Parif.* 1682. *in-8.*

1210 Synodicon ecclesiæ Parisiensis, autoritate D. de Harlay editum. *Parif.* 1674. *in-8.*

1211 Actes ecclesiastiques & civils des Synodes nationaux des églises réformées de France, par Aymon. *La Haye*, 1710. 2 *vol. in-4.*

1212 Acta Synodi nationalis Dordrechti habitæ, ann. 1618 & 1619. *Dordrechti*, 1720. *in-fol.*

1213 Eman. à Schelstrate antiquitas illustrata circa Concilia. *Antuerp.* 1678. *in-4.*

# DROIT CANONIQUE.

1214 Hist. du Droit canonique & du gouvernement de l'Eglise, par Brunet. *Paris*, 1720. *in-12.*

1215 Bern. Van Espen Tractatus Hist. canon. exhibens scholia in canones Conciliorum. *Leodii*, *in-4.*

1216 Observationes in Ignatianas Pearsonii vindicias & in annotat. Beveragii in canones SS. Apostolorum. *Rotom.* 1674. *in-8.*

1217 Antiquæ Collectiones Decretalium, cum notis Antonii Augustini & Jac. Cujacii. *Parif.* 1609. *in-fol.*

1218 Fagnanus in Decretales. *Colon. Agrip.* 1681.
3 *vol. in-fol.*

1219 Andr. Vallenſis Paratitla , ſive explicatio
Decretalium Gregorii IX. *Lovanii*, 1682. *in-4.*

1220 Bibliothecá Juris canonici, ſtudio Juſtelli.
*Pariſ.* 1661. 2 *vol. in-fol.*

1221 La Bibliotheque canonique , contenant toutes les matieres bénéficiales , par Bouchel, avec
les notes de Blondeau. *Paris*, 1689. 2. *vol.
in-fol.*

1222 Corpus Juris canonici *Lugd.* 1666. *6 vol.
in-8.*

1223 Corpus Juris canonici notis illuſtratum. *Lugd.*
1661. 2 *vol. in-4.*

1224 Corpus Juris canonici, cum notis Pithœorum.
*Paris*, 1687. 2 *vol. in-fol.*

1225 Mart. ab Azpilecueta Doctoris Navarri con-
ſilia , ſive reſponſa. *Roma* , 1602. 2 *vol. in-4.*

1226 Simonis Vigorii opera. *Pariſ.* 1683. *in-4.*

1227 Joan. Pauli Lancelotii Inſtitutiones Juris canonici. *Toloſæ* , 1678. *in-4.*

1228 Franc. de Roye Inſtitutiones Juris canonici.
*Pariſ.* 1681. *in-12.*

1229 Juris canonici Theoria & Praxis , aut. Cabaſ-
ſutio. *Lugd.* 1685. *in-4.*

1230 Inſtitutiones Juris canonici. *Pariſ.* 1761.
*in-24.*

1231 Henrici Caniſii Synopſis Juris canonici, cum
ſcholiis Fr. Florentis. *Pariſ.* 1659. *in-8.*

1232 Principia & Loci communes utriuſque Juris,
per Sim. Vaz Barboſam. *Trajecti*, 1651. *in-12.*

1233 Arnoldi Corvini Jus canonicum per apho-
riſmos explicatum. *Amſtel.* 1651. *in-18.*

1234 Arnoldi Corvini Jus canonicum per apho-
riſmoe explicatum. *Paris*, 1671. *in-12.*

1235 Les Définitions du Droit canonique , avec
les remarques de Perard Caſtel. *Paris* , 1700.
*in-fol.*

1236

1236 Pratique du Droit canonique, par Bauny. *Lyon*, 1646. *in-8.*

1237 Inftitution au Droit ecclefiaftique, par Fleury. *Paris*, 1688. 2 *vol. in-12.*

1238 M. Antonius de Dominis, de republica ecclefiaftica. *Londini*, 1617. *vol. in-fol.*

1239 Nicol. Coeffeteau pro facra monarchia Ecclefiæ catholicæ adverfus Rempublicam Antonii de Dominis. *Parif.* 1623. 2 *vol. in-fol.*

1240 Pighii affertio Hierarchiæ ecclefiafticæ. *Colonia*, 1558. *in-fol.*

1241 Francifci Hallier Defenfio ecclefiafticæ Hierarchiæ, adverfus Leomelium. *Parif.* 1632. *in-4.*

1242 Ludov. Ell. Dupin Differtationes de antiqua Ecclefiæ difciplina. *Parif.* 1686. *in-4.*

1243 Aureus de utraque poteftate Libellus, vulgariter Somnium Viridari nuncupatus. *Parif. in-4. gothique.*

1244 Joan. Hieronimi Albani Equitis, libri de poteftate Papæ & Concilii. *Lugd.* 1558. *in-4.*

1245 Guil. Barclaius de poteftate Papæ, an & quatenus in reges & principes feculares jus & imperium habeat. *Muffipont.* 1610. *in-8.*

1246 Remontrance & Conclufions des Gens du Roy, & Arrêt du Parlement du 26 Novembre 1610. fur le livre intitulé : Tractatus de poteftate Summi Pontificis in rebus temporalibus, adverfus Barclaium, aut. Card. Bellarmino. 1610. *in-4.*

1247 Andr. Duvallius de fuprema Romani Pontificis in Ecclefiam poteftate. *Parif.* 1614. *in-4.*

1248 Cl. Salmafius de primatu Papæ ; acced. de eodem primatu Nili & Barlaami tractatus. *Lug. Bat.* 1645. *in-4.*

1249 De l'autorité de S. Pierre & de S. Paul qui réfide dans le Pape. 1645. *in-4.*

1250 Traité de l'autorité du Pape, dans lequel les principes des libertés de l'Eglife Gallicane

.font juftifiés. *La Haye*, 1 20. 3 *vol. in-12*.

1251 Danielis à efu Apologia S. Sedis apoftolicæ, quoad modum procedendi circa regimen Catholicorum Angliæ tempore perfecutionis. *Colon*. 1631. *in-8*.

1252 Edm. Richerii Vindiciæ doctrinæ Majorum fcholæ Parifienfis. *Colon.* 1683. *3 tom. en* 1 *vol. in-4*.

1253 Edm. Richerii Apologia pro Gerfonio. *Lug. Bat*. 1676. *in-4*.

1254 Richerius de ecclefiaftica & politica poteftate. *Colonia*, 1701. 2 *vol. in-4*.

1255 Diverfi Tractatus de poteftate ecclefiaftica coercendi dæmones circa energumenos & maleficiatos. *Colon.* 1629. *in-4*.

1256 Herberti Thorndicii Origines ecclefiafticæ, five de jure & poteftate Ecclefiæ chriftianæ. *Londini*, 1674. *in-fol*.

1257 Traité de la puiffance ecclefiaftique & temporelle. 1707. *in-8*.

1258 La Pratique civile & criminelle des Cours ecclefiaftiques, par Auboux. *Paris*, 1688. *in-4*.

1259 Traité du droit & des prérogatives des Ecclefiaftiques dans l'adminiftration de la Juftice féculiere, par M. Petitpied. *Paris*, 1705. *in* 4.

1260 La Défenfe de l'autorité du Pape, des Cardinaux, &c. & de l'emploi des Religieux mendians, contre les erreurs de ce tems, par de Vernant. *Louvain*, 1669. *in-4*.

1261 Cenfura Facultatis theolog. Parifienfis in librum cui titulus : La Défenfe de l'autorité du Pape, des Cardinaux, &c. & de l'emploi des Religieux mendians, contre les erreurs de ce tems, par de Vernant. *Paris*, 1665. *in-4*.

1262 Defenfio autoritatis Ecclefiæ, in qua afferitur pondus ejus Conftitutionum, &c. *Leodii*, 1707. *in-8*.

1263 Jac. Ben. Boffuet defenfio declarationis Cle-

ri Gallicani de poteftate ecclefiaftica. *Luxemb.*
1730. *in* 4.

1264 Meffalinus de epifcopis & presbyteris, contra D. Petavium. *Lugd.* 16 ,1.

1265 Dav. Blondelli Apologia , pro fententia
Hieronymi de epifcopis & presbyteris. *Amftel.*
1646. *in-4.*

1266 Valeriani de Flavigny Vindiciæ ad thefim
Clevefianam de epifcopatu. *Tornaci* , 1668.
*in-4.*

1267 Pfeudo - Ifidorus & Turrianus vapulantes ,
feu cenfura epiftolarum quas urbis Romæ præ-
fulibus fuppofuit Ifidorus, & Turrianus defen-
dere conatus eft , cum notis Blondelli. *Geneva*,
1628. *in-4.*

1268 Henrici Hammond presb. Anglicani Differtationes de juribus epifcopatûs , contra Blon-
dellum. *Lond.* 165 1. *in-4.*

1269 Des Jugemens canoniques des Evêques, par
David. *Paris* , 1671. *in-4.*

1270 De antiquis & majoribus epifcoporum caufis , ad confutationem errorum Davidii. *Leodii*,
1678. *in-4.*

1271 Joan. Gerbais de caufis majoribus ad caput
Concordatorum de caufis. *Lugd.* 1685. *in-4.*

1272 Lucii Antiftii Conftantis ( Spinofa ) de Jure
ecclefiafticorum Liber fingularis. *Alethopali*,
1645. *in-8.*

1273 Joan. Corafius in univerfam Sacerdotiorum
materiam , cum notis Joan. Solier. *Tolofa* ,
1687. *in-4.*

1274 Etat des Cours ecclefiaftiques , ou de l'autorité & Jurifdiction des grands Vicaires, Offi-
ciaux & Juges d'Eglife ; enfemble de l'inftitution
& puiffance des Chapitres, par de Bordenave.
*Paris* , 1679. *in-4.*

1275 Traité des droits & des obligations des Chapitres des églifes cathédrales, par Ducaffe. *Touloufe*, 1706. *in-12.*          I ij

1276 Pontius de matrimonio. *Lugd* 1640. *in-fol.*

1277 Traité du pouvoir de l'Eglise & des Princes sur les empêchemens du mariage, par Gerbais. *Paris*, 1690. *in-4.*

1278 L'Opinion des Canonistes, que le Pape seul peut dispenser sur tous les empêchemens dirimens de mariage, &c. défendue par Solier. *Toulouse*, 1691. *in-12.*

1279 Traité du mariage chrétien selon les loix de l'Eglise & les Ordonnances de nos Rois , par Horry. *Paris*, 1700. *in-12.*

1280 Notes & Observations sur l'Edit de 1695. concernant la Jurisdiction ecclesiastique , par du Perray. *Paris*, 1718. *in-12.*

1281 Traité des dixmes , par du Perray. *Paris*, 1720. 2 *vol. in-12.*

1282 Recueil de décisions sur les dixmes , les portions congrues, &c. par Drapier. *Paris*, 1750. *in-12.*

1283 Traité des dixmes par le Maire. *Paris*, 1731. 2 *vol. in-12.*

1284 Joan. de Selva Tractatus de beneficio , cum notis Car. Molinæi. *Paris.* 1628. *in-4.*

1285 Notæ Caroli Molinæi & alior. J. C. circa rem beneficiariam , edente Nic. Sachot. *Paris.* 1723. *in-12.*

1286 P. Rebuffi Praxis beneficiorum. *Lugd*, 1609. *in-fol.*

1287 Flaminius Parisius de resignatione beneficiorum & confidentia beneficiali. *Colon.* 1615. *in-fol.*

1288 Pyrrhi Corradi Praxis beneficiaria. *Coloniæ*, 1679. *in-fol.*

1289 Lud. Thomassini vetus & nova Ecclesiæ disciplina circa beneficia & beneficiarios. *Paris.* 1688. 3 *vol. in-fol.*

1290 Traité des bénéfices, par Fra Paolo Sarpi. *Amsterd.* 1690. *in-12.*

1291 Traité de l'usage & pratique de Rome pour l'expédition des signatures & provisions des bénefices, par Castel, augmenté par Noyer. Paris, 1693. in-12.

1292 Nouveau Traité des matieres béneficiales, par Horry. Paris, 1695. in-4.

1293 De l'état & de la capacité des Ecclesiastiques pour les ordres & bénefices, par du Perray. Paris, 1703. in-4.

1294 Traité des moyens canoniques pour acquérir les bénéfices, par du Perray. Paris, 1726. 4 vol. in-12.

1295 De re beneficiaria, stud. abbatis Sidichembechensis, ( Jac. Boileau. ) 1710 in-12.

1296 De re beneficiaria, sive de possidendis simul pluribus beneficiis, (autore D. Fr. Vivant.) Paris, 1710. in-12.

1297 Dissertation sur le pécule des Religieux-Curés. Paris, 1697. 2 vol in-12.

1298 Institutions ecclesiastiques & béneficiales, par Gibert. Paris, 1720. in 4.

1299 Traité des matieres béneficiales, par M. Fuet. Paris, 1723. in-4.

1300 Traité des bénefices ecclesiastiques. Paris, 1734. 3 vol. in-4.

1301 Le nouveau Stile général des Notaires Apostoliqu s. Paris, 1662. in 4.

1302 Le parfait Notaire Apostolique & Procureur des Officialitez & Cours ecclesiastiques, par Horry Paris, 1689. in-4.

1303 Le parfait Notaire Apostolique & Procureur des Officiali ez, par Brunet. Paris, 1728. 2 vol. in-4.

1304 Instructions pour les expéditions en Cour de Rome, par le Pelletier. Paris, 1686. in-12.

1305 Traité des Annates Amsterd. 1718. in-12.

1306 Hist. de l'origine & du progrès des revenus ecclesiastiques, par Acosta, ( Richard Simon. )

Francfort, 1684. *in-*12.

1307 Hist. des biens temporels de l'Eglise, par Marsollier. *Lyon*, 1694. *in-*12.

1308 Joan. Lomedé Tractatus Privilegiorum quæ Exemptiones ecclesiasticæ dicuntur. *Parif.* 1621. *in-*8.

1309 Dissertatio theolog. de civili & ecclesiastica potestate à Jac. Triglandio. *Amst.* 1542. *in-*12.

1310 Hug. Grotius de imperio summarum Potestatum circa Sacra, cum scholiis David. Blondelli. *Haga*, 1661. *in-*8.

1311 Censures & Conclusions de la Faculté de Théologie de Paris, touchant la souveraineté des Rois. *Paris*, 1720. *in-*4.

1312 Aug. Barbosæ Tractatus varii juridici. *Lug.* 1678. *in-fol.*

1313 Traité du délit commun & cas privilégié, ou de la puissance légitime des Juges seculiers sur les personnes ecclesiastiques. *Paris*, 1611. *in-*8.

1214 Dissertations sur l'autorité légitime des Rois en matiere de Regale. *Cologne*, 1682. *in-*12.

1315 Philippus Priorius de literis canonicis, cum appendice de Tractoriis & Synodicis. *Parif.* 1675. *in-*8.

1316 Zieglerus de dote Ecclesiæ, ejusque juribus & privilegiis; ejusdem Liber de diaconis & diaconissis veteris Ecclesiæ. *Witteberga*, 1678. *in-*4.

1317 Fr. Florentis Jurisconsulti opera, edente cum autoris vita Joanne Doujatio. *Parif.* 1679. 2 to. en 1 vol. *in-*4.

1318 Nicol. Eymerii Directorium Inquisitorum. *Venet.* 1607. *in-fol.*

1319 Ren. Chopinus de sacra politia forensi. *Parif.* 1577. *in-*4.

1320 La pratique de la Jurisdiction ecclesiastique fondée sur le Droit commun & sur celui du Royaume. *Condom*, 1695. *in-*8.

1321 La pratique de la Jurisdiction ecclesiastique,

par Ducaffe. *Toulouse*, 1706. *in*-4.        4ˡ. 15ˢ.

1322 Confidérations fur un livre intitulé : Rai-
fons fur le defaveu fait par les Evêques de ce
Royaume, &c. publié fous le nom de M. le     13ˢ.
Cardin. de la Rochefoucault. 1628. *in*-8.     2. 10.

1323 L'Efprit de Gerfon. 1692. *in*-12.

1324 Carol. Molinæi Commentarius ad Edictum
Henrici II. contra parvas datas & abufus Curiæ
Romanæ. *Lugd.* 1552. *in*. 4.                    12.

1325 Georg. Louetii Notæ ad comment. Molinæi
in regulas Cancellariæ Apoftolicæ. *Parif.* 1656.
*in*-4.

1326 Amydenius de officio Datarii & de ftilo Da-    3. . 1ˢ.
tariæ. *Venetiis*, 1654. *in-fol.*

1327 Dad. Altefferra de Jurifdictione ecclefiaftica,   1. . .
adverfus Fevretum. *Aurel.* 1703. *in*-4.

1328 Traité de la compétence des Jurifdictions       5ˡ.
ecclefiaftiques, par Horry. *Paris*, 1703. *in*-4.

1329 Zeg. Bernardi Van-Efpen Jus ecclefiafticum    23ˡ. 19
univerfum. *Lovanii*, 1700. 3 *vol. in-fol.*

1330 Zeger. Bern. Vanefpen de promulgatione      1. . 12.
Legum ecclefiafticarum. *Bruxel.* 1712. *in* 4.

1331 Notes & Obfervations de du Perray fur l'E-
dit de 1695. concernant la Jurifd. ecclefiaftique,   4. . 7
par du Perray. *Paris*, 1723. 2 *vol. in*-12.

1332 Traité des excommunications & monitoi-
res, par J. Fveillon. *Rouen*, 1712. 2 *vol. in*-12.   3. . 1ˢ.

1333 Traité hiftorique des excommunications,
( par Louis Ellies Dupin. ) *Paris*, 1715. *in*-12.   2. . 6.

# DROIT ECCLESIASTIQUE

### de *France & étranger*.

1334 Capitularia Regum Francorum, cum notis    31ˡ. 1ˢ.
Balufii. *Parif.* 1677. 2 *vol. in-fol.*

1335 Caroli VII. Pragmatica Sanctio cum glof-
fis Cofmæ Guymier, & annotat. Fr. Pinffonii,    16. 15ˢ.
*Parif.* 1666. *in-fol.*

1336 Specimen Juris ecclefiaftici apud Gallos re-
cepti, opera Joan. Doujat. *Parif.* 1684. 2 *vol.*
*in-12.*

1337 Les Loix ecclefiaftiques de France dans leur
ordre naturel, par M. de Hericourt. *Paris,* 1719.
*in-fol.*

1338 Les Loix ecclefiaftiques de France dans leur
ordre naturel, par M. de Hericourt. *Paris,* 1721.
*in-fol.*

1339 Preuves des libertez de l'Eglife Gallicane.
*Paris,* 1651. 2 *vol. in-fol.*

1340 Commentaire de Dupuy fur le traité des libertez de l'Eglife Gallicane de Pithou. *Paris,*
1652. *in-4. gr. pap.*

1341 Commentaire de Dupuy fur le traité des libertez de l'Eglife Gallicane. *Paris,* 1715. 2 *vol.*
*in-fol.*

1342 Petr. de Marca de concordia Sacerdotii &
Imperii, feu de libertatibus Ecclefiæ Gallicanæ,
ex recenfione Baluzii. *Parif.* 166 , *in-fol.*

1343 Tractatus de libertatibus Ecclefiæ Gallicanæ,
(autore Ant. Charlas.) *Leodii,* 1684. *in-4.*

1344 Decreta Ecclefiæ Gallicanæ, per Laur. Bo-
chellum edita. *Parif.* 1621. *in-fol.*

1345 Abrégé des Actes, Titres & Mémoires concernant le Clergé de France, par Borjon. *Pa-*
*ris,* 1696. *in-4.*

1346 Recueil des Actes, Titres & Mémoires concernant les affaires du Clergé de France. *Paris,*
1616. *& fuiv.* 10 *vol. in-fol.*

1347 Procès verbal de l'affemblée du Clergé de
France de l'année 1561. *in-fol. manufcr.*

1348 Procès verbal de l'affemblée du Clergé de
France des années 1578. & 1579. *in-fol. manuf.*

1349 Procès verbal des affemblées du Clergé de
des années 1582, 1584, 1586 & 1588. *in-fol.*
*manufcr.*

1350 Procès verbal de l'affemblée du Clergé de

France de l'année 1585. *in-fol. manuscr.*

1351 Procès verbal de l'assemblée du Clergé de France des années 1681. & 1682. *in-fol. manus.*

1352 Actes des assemblées du Clergé de 1682. & 1683. concernant la Religion. *Paris*, 1685. *in-12.*

1353 Considérations sur les Lettres circulaires de l'assemblée du Clergé de 1682. *in-12.*

1354 Du Gouvernement des Diocèses en commun par les Evêques & par les Curés. *Basle*, 1707. 2 *to. en* 1 *vol. in-12.*

1355 Du droit & du pouvoir des Evêques de régler les offices divins dans leurs Diocèses, par M. l'Evêque de Saint Pons. *in-8.*

1356 Le Droit des Evêques pour la nomination de deux Chanoines commensaux, par le Maire. *Paris*, 1675. *in-8.*

1357 Justification des priviléges des Réguliers, présentée au Pape & au Roi par les Religieux mendians d'Angers, pour servir de réponse au livre intitulé : Défense des ordonnances de M. l'Evêque d'Angers. *Paris*, 1658. *in-4. to. 2.*

1358 Mémoires sur la collation des canonicats de l'église Cathédrale de Tournay, par Lenglet du Fresnoy. *Tournay*, 1711. *in-8.*

1359 Lettre de M. le Noir Théologal de Seez à Madame de Guise, sur le sujet de l'hérésie de la domination épiscopale qu'on établit en France. *Cologne*, 1679. *in-12.*

1360 Décisions qui regardent les Curés, par Borjon. *Paris*, 1701. *in-12.*

1361 Traité des droits des Patrons & Curez primitifs, par du Perray. *Paris*, 1720. *in-12.*

1362 Traité des droits honorifiques des Seigneurs ès Eglises, par Mareschal. *Paris*, 1631. *in-8.*

1363 Traité des droits honorifiques des Seigneurs par Mareschal, avec les augmentations de Simon & les observations de Danty. *Paris*, 1714. 2 *vol. in-12.*

1364 Recueil des Procédures civiles de l'Officialité de Paris & autres Officialitez du Royaume, par Decombes. *Paris*, 1705. *in-fol.*

1365 Pouillé general des Bénéfices de France. *Paris*, 9 *vol. in-4.*

1366 La clef du grand Pouillé des Bénéfices de France, par Doujat. *Paris*, 1671. 2 *vol. in-12.*

1367 Recueil des Archevêchez, Evêchez, Abbayes & Prieurez de France, par Dom Beaunier, Bened. *Paris*, 1726. 2 *vol. in-4.*

1368 Catalogue des Archevêques, Evêques, Abbez & Prieurs qui possedent des Bénéfices dépendans du Roi, leurs revenus, &c. *Paris*, 1728. *in-8.*

1369 Recueil général des Bénéfices & Commanderies de France, par le Pelletier. *Paris*, 1690. *in-12.*

1370 L'Abbé Commendataire. *Cologne*, 1673. *in-12.* L'Abbé Commendataire deuxiéme partie, par de Froimont. *Cologne*, 1674. *in-12.*

1371 Les sentimens de Criton sur l'entretien d'un Abbé & d'un Religieux touchant les Commendes. *Cologne*, 1674. *in-12.*

1372 Regalium Franciæ Libri II. jura Galliæ Regum continentes, autor. Car. Degrassalio. *Paris.* 1545. *in-8.*

1373 Tractatus juris Regaliæ, per Arnulphum Ruzæum. *Paris.* 1551. *in-8.*

1374 Traité de la Regale, imprimé par ordre de M. de Caulet Evêque de Pamiers. *Cologne*, 1680. *in-12.*

1375 Nouveau Traité de la Regale, par de Larroque. *Rotterd.* 1685. *in-12.*

1376 Traité des Régales, avec la Conférence sur l'Edit du Controlle, & la Déclaration des Insinuations ecclésiastiques, par Fr. Pinsson. *Paris*, 1601. 2 *vol. in-4.*

1377 Observations sur le Concordat fait entre

Leon X. & François I. par du Perray. *Paris*, 1722 *in-12.*

1378 Questions sur le Concordat entre Leon X. & François I. par du Perray. *Paris*, 1723. 2. *vol. in-12.*

1379 Traité de l'Indult du Parlement de Paris, par Cochet de S. Vallier. *Paris*, 1703. 2 *vol. in-12.*

1380 Notes sommaires sur les Indults accordés aux Roys par les Papes, par Pinsson. *Paris*, 1673. 2. *vol. in-12.*

1381 Dissertation sur les Pensions selon les libertez de l'Eglise Gallicane. *Rouen*, 1671. *in-12.*

1382 Traité des Pensions royales, par l'Abbé Richard. *Paris*, 1719. *in-12.*

1383 Melchioris Goldasti apologia pro Henrico IV. Francorum Rege, adversus Gregorii VII. Papæ criminationes. *Hannoviæ*, 1611, *in-4.*

1384 Usages de l'Eglise Gallicane concernant les censures & l'irrégularité, par Gibert. *Paris*, 1724. *in-4.*

1385 Recueil des Procedures criminelles des Officialitez, par Pier. de Combes. *Paris*, 1700. *in-4.*

1386 Pratique civile des Officialitez ordinaires, foraines & privilegiées, & autres Cours & Jurisdictions ecclésiastiques, par Horry. *Paris*, 1703. *in-4.*

1387 Praxis civilis, universa fori ecclesiastici Gallici actionum & judiciorum ecclesiasticorum formas continens, aut. Joan. Chenu. *Paris.* 1621. *in-8.*

1388 Maximes du Droit canonique de France, par du Bois, avec les observations de Denys Simon. *Paris*, 1681. 2 *vol in-12.*

1389 Stylus Jurisdictionis ecclesiasticæ Bituricensis, reformatus in Concilio Provinc. anni 1584. *Paris.* 1603. *in-8.*

1390 {
Traité de la diffolution du mariage par l'impuiffance & froideur de l'homme ou de la femme. *Paris*, 1581.

Explication de l'inftrument nommé le Directoire des Planetes, inventé par Oroues Finé Mathematicien. *Paris*, 1557.

Inftruction de Mufique, par de Blockland. *Lyon*, 1581.

Articles réfolus à Nerac en la conférence de la Royne mere du Roy &c. *Paris*, 1579.

Difcours fur ce qu'aucuns féditieux ont dit que pendant la minorité des Rois de France, leurs meres ne font capables de la Regence du Royaume. *Paris*, 1679.

Du bien advenant aux Princes freres, de leur amitié mutuelle & bonne intelligence entr'eux, trad. du grec de Xenophon, par le Roy. *Paris*, 1575.

Confeil fur le fait du Concile de Trente, par Charles du Moulin. *Lyon*, 1564.

Hift. de la prife d'Anvers par les Efpagnols & de leurs cruautez, arrivées le 10. Novembre 1576. *in-*8.

1391 Traité des Contrats de Mariage. *Paris*, 1622. *in* 12.

1392 Juftification des Ufages de France fur les mariages des enfans de famille faits fans le confentement de leurs parens, par le Merre. *Paris*, 1687. *in-*12.

1393 Traité des empêchemens du mariage, où l'on fait voir que le droit qu'ont les Roys d'en établir à l'égard de leurs Sujets, n'a pû leur être ôté par violence ou par piété. *Cologne*, 1691. *in-*8.

1394 Traité des difpenfes de Mariage, par du Perray. *Paris*, 1719. *in-*12.

1395 Ré

1395 Recueil des Edits, Déclarations & Ordonnances concernant les Mariages. *Paris*, 1724. *in-12.*

1396 Differtation fur la validité des Ordinations des Anglois, par le P. le Courayer. *Bruxel.* 1723. 2 *tom. en* 1 *vol. in-12.*

1397 Nullité des Ordinations anglicanes, ou réfutation du Livre intitulé : Differtation fur la validité des Ordinations des Anglois, par le P. le Quien. *Paris*, 1725. 2 *vol. in-12.*

1398 Défenfe de la Differtation fur la validité des Ordinations des Anglois, ( par le P. le Courayer. *Bruxel.* 1726. 4 *vol. in-12.*

1399 Dénonciation aux Evêques de France du Livre du P. le Courayer intitulé : Défenfe de la Differtation fur la validité des Ordinations des Anglois, par l'Abbé le Pelletier. 1727. *in-12.*

1400 Défenfe des Contrats de rente rachetables des deux côtés, ufités en Hollande. *Amfterd.* 1730. *in-4.*

## Droit des Réguliers.

1401 Des Droits des Religieux & Religieufes, trad. du latin de R. Choppin, par Tournet. *Paris*, 1619. *in-4.*

1402 Réfléxion fur l'Edit touchant la réformation des Monaftéres. *in-12.*

1403 Differtation fur l'hemine de vin & fur la livre de pain de S. Benoît. *Paris*, 1688. *in-8.*

1404 Joan. Cafalas Candor Lilii, feu Ordo FF. Prædicatorum à calumniis Petri à Valle-claufa vindicatus. *Paris*, 1664. *in-8.*

1405 Traité de la Clôture des Religieufes. *Paris*, 1681. *in-12.*

1406 Défenfe de l'Edit du Roy de 1719. concernant les bénéfices poffedés par des Religieux, par le Grand. *Paris*, 1725. *in-12.*

407 Plaidoyé de Montholon pour les Jesuites, contre l'Université. *Paris*, 1612. *in-8*.

1408 Christianus Lupus de Appellationibus. *Moguntiæ*, 1681. *in-4*.

1409 Melch. Pastoris opera juridica, cum notis Joan. Solieri. *Tolosæ*, 1712. *in-fol*.

## Droit Civil.

1410 Florentius de Cocq de jure & justitia. *Bruxel.* 1687. *in-4*.

1411 Joan. Seldenus de jure naturali & Gentium juxta disciplinam Hebræorum. *Lipsiæ*, 1695. *in-4*.

1412 Sam. Pufendorfius de jure Naturæ & Gentium. *Amst.* 1698. *in-4*.

1413 Mare liberum, sive de jure quod Batavis competit ad Indicana commercia Dissertatio. *Lugd. Bat.* 1619. *in-8*.

1414 Joan. Seldeni Mare clausum, seu de dominio maris. *Lond.* 1636 *in-8*.

1415 Hug. Grotius de jure belli ac pacis, cum notis Gronovii. *Amst.* 1712. *in-8*.

1416 Henrici Boecleri Commentatio in Hug. Grotii jus belli & pacis. *Argentorati*, 1704. *in-8*.

1417 Joan. Calvini, alias Kahl, Lexicon juridicum. *Genevæ*, 1663. *in-fol*.

1418 Dictionnaire Civil & Canonique. *Paris*, 1688. *in-4*.

1419 Corpus juris civilis. *Paris.* 1566. 5 *vol. in-fol*.

1420 Corpus juris civilis. *in-4. manque le frontispice.*

1421 Corpus juris civilis. *Lugd.* 1571. 20 *vol. in-8*.

1422 Corpus juris civilis. *Amst.* 1681. 2 *vol. in-8*.

1423 Histoire du droit Romain, par de Ferriere. *Paris*, 1718. *in-12*.

1424 Joan. Corvini jurisprudentia Romana. *Amst.* 1658. *in-12*.

1425 Arthurus Duck de autoritate Juris civilis in in dominiis principum christianorum. *Lipsiæ*, 1668. *in-*12.

1426 Ant. Perezius in Instituta. *Parif.* 1689. *in-*12.

1427 Nova & methodica Institutionum juris civilis tractatio. *Parif.* 1704. *in-*24.

1428 Justiniani Imperat. edicta ; Justini, Tiberii ac Leonis Augustorum novellæ constitutiones, interprete Agylæo. *Lugd.* 1571. *in-*18.

1429 Institutiones Justiniani cum jure gallico collatæ, aut. Cl. de Ferriere. *Parif.* 1676. *in-*12.

1430 Theophili Institutiones ex Jac. Curtii interpretatione, & cum notis Doujatii. *Parif.* 1681. 2 *vol. in-*12.

1431 Cl. Colombet Paratitla in 50 libros Pandectarum seu Digestorum. *Tolofa*, 1701. *in-*12.

1432 La jurisprudence du Digeste conférée avec les Ordonnances royaux, les Coutumes & les Décisions des Cours souveraines, par de Ferriere. *Paris*, 1672. 2 *vol. in-*4.

1433 La Jurisprudence des Novelles conférée avec les Ordonnances royaux, les Coutumes & les Décisions des Cours souveraines, par de Ferriere. *Paris*, 1682. 2. *vol. in-*4.

1434 {
Les Loix civiles dans leur ordre naturel, par Domat. *Paris*, 1697. 3 *vol. in-*4.
Legum delectus, opera Joan. Domat. *Amst.* 1703. *in-*1.
}

1435 Bronchorstius de regulis juris, auctus à J. L. Blasio. *Parif.* 1672. *in-*12.

1436 Sigonius de lege curiata Magistratuum & Imperatorum. *Venet.* 1569. *in-*4.

1437 Gasp. Caballini tractatus commerciorum, usurarum, redituumque pecunia constitutorum. *Coloniæ*, 1577. *in-*8.

1438 Bosselli Borderii comment. ad legem Molinæis habitam de abrogata testium à libra centeria probatione. *Pictavii*, 1682. *in-4.*

1439 Sam. Petitus de jure, Principum edictis, Ecclesiæ quæsito, nec armis adversus temerantes aut antiquantes vindicato. *Amstel.* 1659. *in-12.*

1440 Cl. Salmazii Dissertatio de fœnore trapezitico. *Lugd. Bat.* 1640. *in-8.*

1441 Gerar. Noodt de fœnore & usuris. *Lugd. Bat.* 1698. *in-4.*

1442 Caroli. Molinæi opera. *Parif.* 1658. 4 *vol. in-fol.*

1443 Libelli, seu Decreta à Clodoveo & Childeberto & Clothario priùs edita, ac postremùm à Carolo emendata & aucta. *in-16.*

1444 Recueil d'anciens édits, déclarations, arrêts, &c. sur différentes matieres. *in-4.*

1445 Recueil des édits de pacification des Rois de France, depuis l'an 1561. jusqu'à présent. *Geneve*, 1627. *in-12.*

1446 Les Edits & Ordonnances des Rois de France, avec les annotations de Neron & Girard. *Paris*, 1666. *in-f l.*

1447 Conférence des Ordonnances & Edits royaux, par Guenois. *Paris*, 1678. 3 *vol. in-fol.*

1448 Recueil d'édits & d'ordonnances royaux, par Neron & Girard. *Paris*, 1720. 2 *vol. in-fol.*

1449 Compilation chronologique des ordonnances, édits, déclarations, &c. des Rois de France, par Blanchard. *Paris*, 1715. 2 *to. en* 1 *vol. in-fol.*

1450 Conférence des Ordonnances de Louis XIV. par Bornier. *Paris*, 1703. 2 *vol. in-4.*

1451 Conférence des Ordonnances de Louis XIV. par Bornier. *Paris*, 1719. 2 *vol. in-4.*

1452 Ordonnance de Louis XIV. de l'an 1667. pour les matieres civiles. *Paris*, 1667. *in-12.*

1453 Ordonnance de Louis XIV. pour les matieres civiles de l'an 1667. *Paris*, 1671. *in-24.*

1454 Ordonnance de Louis XIV. de l'an 1669. pour la réformation de la Justice. *Paris*, 1670. *in*-24.

1455 Ordonnance de Louis XIV. de l'an 1670. pour les matieres criminelles. *Paris*, 1710. *in*-24.

1456 Ordonnance de Louis XIV. de l'an 1673. sur le fait du commerce. *Paris*, 1673. *in*-24.

1457 Ordonnance de Louis XIV. de l'an 1681. touchant la Marine. *Paris*, 1687. *in*-24.

1458 Recueil des édits, déclarations & réglemens concernant l'administration de la Justice. *Paris*, 1712. 2 *vol. in*-4.

1459 Nouveaux Réglemens pour l'administration de la Justice. *Paris*, 1719. 2 *vol. in*-12.

1460 Bail des Gabelles de France, des Salines de Lorraine, des cinq grosses Fermes, &c. fait à Saunier pour six ans, depuis le 1 d'Octobre 1674. jusqu'au dernier Septembre, 1680. *Paris*, 1676. *in*-12.

1461 Ordonnances de Louis XIV. pour les Gabelles. *Paris*, 1721. *in*-24.

1462 Ordonnances de Louis XIV. pour les Eaux & Forêts. *Paris*, 1714. *in*-12.

1463 Recueil d'édits, déclarations, arrêts, &c. concernant les fonctions des Prévôts, Maréchaux, Lieutenans Criminels & autres Officiers des Maréchaussées, par de la Mariniere. *Paris*, 1646. *in*-8.

1464 Edit d'union, Réglemens & Priviléges des Secretaires du Roi. *Paris*, 1672. *in*-12.

1465 Recueil des édits, déclarations, &c. concernant les saisies réelles. *Paris*, 1705. *in*-8.

1465 Recueil des édits, déclarations, &c. rendus au sujet de la Religion prétendue réformée. *Paris*, 1714. *in*-12.

1467 Code des Commensaux. *Paris*, 1700. *in*-12.

1468 Recueil d'édits, déclarations & arrêts du

Conseil, depuis l'année 1718. jusqu'en 1737. inclufivement. *in-4.*

1469 Ordonnance de Louis XIV. de l'an 1731. concernant la nature, la forme, &c. des donations, avec les obfervations de J. B. Furgole. *Touloufe*, 1733. *in-fol.*

1470 Joan. Imberti Enchiridion Juris fcripti Galliæ, moribus & confuetudine frequentiore ufitati. *Lugd.* 1556. *in-8.*

1471 Bibliothéque des Coutumes, par Berroyer & de Lauriere. *Paris*, 1699. *in-4.*

1472 Inftitutes coutumieres de Loifel, avec les notes de Challine. *Paris*, 1665. *in-8.*

1473 Nouvelle Inftitution coutumiere, par de Ferriere. *Paris*, 1692. 3. *vol. in-12.*

1474 Les Coutumes générales & particulieres de France, corrigées par du Moulin. *Paris*, 1635. 2 *vol. in-fol.*

1475 Le grand Coutumier de France, par Charondas le Caron. *Paris*, 1598. *in-4.*

1476 La Conférence des Coutumes tant générales que particulieres, par P. Guenoys. *Paris*, 1596. 2 *to. en* 1 *vol. in-fol.*

1477 Nouveau Coutumier général, ou Corps des Coutumes générales & particulieres de France, avec les notes de de Richebourg. *Paris*, 1724. 2. *vol. in-fol.*

1478 Méthode pour l'intelligence des Coutumes de France, par Challine. *Paris*, 1666. *in-8.*

1479 Coutumes d'Angoumois, Aunis & la Rochelle, par Vigier. *Augoulême*, 1720. *in-fol.*

1480 Les Coutumes d'Anjou conférées avec celles du Maine, par de la Roche-Maillet. *Paris*, 1637. *in-12.*

1481 Coutumes d'Anjou, commentées par Touraille. *La Fleche*, 1651. *in-8.*

1482 Obfervations fur la Coutume d'Anjou, par du Pineau. *Angers*, 1646. *in-fol.*

1483 Coutumes d'Anjou, par du Pineau. *Paris*, 1698. *in-fol.*

1484 Coutumes d'Artois avec des notes, par M. Maillart. *Paris*, 1704. *in-4.*

1485 Aymonis Publicii Commentarii in Confue-tudines Arverniæ. *Parif.* 1548. *in-fol.*

1486 Coutumes d'Auxerre. *Auxerre,* 1688. *in-16.*

1487 Coutumes de Bar, par le Paige. *Paris*, 1698. *in-1*.

1488 Affifes & bons ufages du Royaume de Jeru-falem ; enfemble les Coutumes de Beauvoifis, avec les notes de de la Thaumaffiere. *Bourges*, 1690. *in-fol.*

1489 Confuetudines Bituricenfes à Boerio deci-fæ ; Aurelianenfes à Pyrrho Englebermeo, & Turonenfes à Joanne Sainfon enucleatæ. *Parif.* 1543. *in-4.*

1490 Pontanus in Confuetudines Blefenfes. *Parif.* 1677. *in-fol.*

1491 Coutumes de Bourbonnois, commentées par Potier. *Paris*, 1654. *in-4.*

1492 Coutumes de Bourbonnois avec le Com-mentaire de M. Auroux des Pommiers. *Paris*, 1732. *in-fol.*

1493 La Coutume de Bourgogne commentée par Bouvot, avec un commentaire fur la même Coutume, par Defcoufu. *Geneve*, 1632. *in-4.*

1494 La Coutume de Bourgogne, avec les re-marques de Ph. de Villers, Jean de Pringles & Jean Guillaume, les additions de Jean Begat, & les nouvelles obferv. de M. le P. Bouhier. *Di-jon*, 1717. *in-4.*

1495 Coutumes de Breffe, Bugey, &c. commen-tées par Collet. *Lyon*, 1698. *in-fol.*

1496 Coutume de Bretagne, avec les commen-taires de Michel Sauvageau. *Nantes*, 1710. 2 *vol. in-4.*

1497 Coutumes de Bretagne. *Rennes*, *in-24.*

1498 B. d'Argentré Comment. in patrias Britonum leges. *Parif.* 1660. *in-fol.*

1699 Coutumes de Cambray, par Pinault Sr des Jaunaux. *Douay*, 1691. *in-4.*

1500 Coutumes de Chaalons, avec les Commentaires de Billecart. *Paris*, 1676. *in-4.*

1501 Coutumes de Lorraine. *Paris*, *in-12.*

1502 Commentaires fur les Coutumes du pays de Loudunois, par le Prouft, Sr de Beaulieu. *Saumur*, 1612. *in-4.*

1503 Remarques fur la Coutume du Maine, par des Malicottes. *Au Mans*, 1658. *in-fol.*

1504 Commentaire fur les Coutumes de Meaux, par Bobé. *Paris*, 1683. *in-4.*

1505 Coutumes de Montfort - Lamaulry, commentées par Thourette. *Paris*, 1693. *in-8.*

1506 Coutumes de Normandie. *Rouen*, 1656. *in-24.*

1507 Coutume de Normandie, par Bafnage. *Rouen*, 1709. 2 *vol. in-fol.*

1508 Les Coutumes d'Orleans, par Duret. *Paris*, 1609. *in-4.*

1509 Coutume d'Orleans, par Maffon. *Orleans*, 1702. *in-12.*

1510 Coutume d'Orleans, commentée par de la Lande. *Orleans*, 1704. 2 *to. en 1 vol. in-fol.*

1511 Texte de la Coutume de Paris. *Paris*, 1664. *in-24.*

1512 Corps & Compilation de tous les commentateurs fur la Cout. de Paris, par de Ferriere. *Paris*, 1714. 4 *vol. in-fol.*

1513 Coutumes de Paris, avec les notes de du Molin, & les obfervations de Tournet, Joly & Labbé. *Paris*, 1691. 2 *vol. in-12.*

1514 Coutume de Paris commentée par Brodéau. *Paris*, 1669. 2 *vol. in-fol.*

1515 Coutume de Paris commentée par P. le Maître. *Paris*, 1700. *in-fol.*

1516 Coutume de Paris, avec les notes de M. de Ferriere. *Paris*, 1719. 2 *vol. in-12.*

1517 Les Oeuvres de Auzanet, contenant ses notes sur la Coutume de Paris, &c. *Paris*, 1708. *in-fol.*

1518 Traitez de Dupleffis sur la Coutume de Paris, avec les notes de Berroyer & de Lauriere. *Paris*, 1709. *in-fol.*

1519 Coutumes de Paris, avec les notes d'Eufebe de Lauriere. *Paris*, 1698. *in-12.*

1520 Coutumes de Peronne, Montdidier & Roye, commentées par le Caron. *Paris*, 1660. *in-8.*

1521 Le Coutumier de Picardie. *Paris*, 1726. 2 *vol. in-fol.*

1522 Refponfa Joan. Boffelli, Borderii & Joan. Conftantii in Confuetudines Pictonum. *Auguftoriti Pictonum*, 1659. *in-fol.*

1523 Obfervat. fur la Coutume de Poitou, par le Let. *Paris*, 1710. *in-4.*

1524 Coutumes de Reims. *Reims*, 1704. *in-12.*

1525 Coutumes de Reims, par de Buridan. *Paris*, 1665. *in-fol.*

1526 Les Coutumes des Bailliages de Senlis, Comté de Clermont en Beauvoifis, & Duché de Vallois, commentées par Bouchel. *Paris*, 1731. *in-4.*

1527 Coutumes de Senlis, avec les comment. de Ricard & Bouchel, & les additions de M. de S. Leu. *Paris*, 17 3. *in-4.*

1528 Coutumes de Touraine, par Pallu. *Tours*, 1661 *in-4.*

1529 Coutume de Troyes, avec les commentaires de le Grand. *Paris*, 1715. *in-fol.*

1530 Les Coutumes du Bailliage de Vermandois, avec les comment. de J. B. de Buridan. *Reims*, 1630. *in-4.*

1531 La Bibliotheque des arrêts, par Jovet. *Paris*, 1669. *in-fol.*

1532 Dictionnaire des Arréts, par J. Brillon. Paris, 1711. 3 vol. in-fol.

1533 Notables Questions de Droit décidées par arrêts des Cours souveraines, recueillis par J. Chenu. *Paris*, 1602. *in-4*.

1534 Recueil d'arrêts des Cours souveraines de France, par Papon, augment. par Chenu. *Paris*, 1621. *in-4*.

1535 Recueil d'arrêts de divers Parlemens du Royaume. *in-4*.

1536 Arrets notables des différens Tribunaux du Royaume, recueillis par M. Augeard. *Paris*, 1710. *& suiv.* 3 vol. *in-4*.

1537 Recueil d'édits, arrêts & réglemens notables, par Filleau. *Paris*, 1730. 2. vol. *in-fol*.

1538 Arréts notables recueillis par Tournet. *Paris*, 1631. 2 vol. *in-fol*.

1539 Placitorum Summæ apud Gallos Curiæ Libri XII. per Joan. Lucium. *Lutet*. 1559. *in-fol*.

1540 CCXXXVII. Arrêts célébres du Parlement de Paris, par le Vest. *Paris*, 1612. *in-4*.

1541 Recueil d'arrêts & réglemens du Parlement de Paris, par des Maisons. *Paris*, 1667. *in-fol*.

1542 Recueil d'arrêts du Parlement de Paris, par Bardet, avec les notes de Berroyer. *Paris*, 1690. 2 vol. *in-fol*.

1543 Journal des Audiences du Parlement, par du Fresne, Jamet de la Guessiere & Nupied. *Paris*, 1678. *& suiv.* 5 vol. *in fol*.

1544 Journal du Palais, par Blondeau & Gueret. *Paris*, 1713. 2. vol. *in-fol*.

1545 Arrêt de la Cour prononcés en robbes rouges, recueillis par de Montholon. *Paris*, 1629. *in-4*.

1546 Recueil de plusieurs arrêts notables du Parlement de Paris, par Louet, augmenté par Brodeau. *paris*, 1712. 2. vol. *in-fol*.

1547 Arrêts de la Cour, recueillis par Bouguier. *Paris*, 1667. *in-4*.

1548 Arrêts & Réglemens des Procureurs tiers-reférendaires du Parlement de Paris. *Paris*, 1717. *in*-4.

1549 Stilus Parlamenti Parisiensis & Tholosani, cum scholiis Aufrerii. *Paris.* 1530 *in*-4.

1550 Recueil des Registres du Parlement, commençant à l'année 1400. & finissant en 1725. 14 *vol. in-fol. mf.*

1551 R. Choppinus de Domanio Franciæ. *Parif.* 1605. *in-fol.*

1552 Les Oeuvres de Coquille. *Paris*, 1666. 2 *vol. in-fol.*

1553 Oeuvres posthumes de Guy Coquille. *Paris*, 1650. *in*-4.

1554 Les Oeuvres de Bacquet, augmentées par de Ferriere. *Paris*, 1688. *in-fol.*

1555 Les Oeuvres de Gilles le Maistre, augmentées par Bernard. *paris*, 1675. *in*-4.

1556 Les Oeuvres de Loyseau. *Lyon*, 1701. *in-fol.*

1557 Les Oeuvres de le Bret. *Rouen*, 1689. *in-fol.*

1558 Somme rurale, ou le grand Coutumier général de practique, par Bouteillier, augmenté par Charondas le Caron. *Paris*, 1611. *in*-4.

1559 Melch. Goldasti Replicatio pro sacra Francorum majestate, illustrissimisque Imperii Ordinibus, adversus Jac. Gretserum. *Hanoviæ*, 1611. *in*-4.

1560 La Recherche des droits du Roi & de la Couronne, par de Cassan. *paris*, 1632. *in*-4.

1561 De la Souveraineté du Roi. *paris*, 1632. *in*-4.

1562 L'Ordre, Formalité & Instruction judiciaire dont les Grecs & Romains ont usé es accusations publiques, conferés au stile & usage de France, par Ayrault. *Lyon*, 1642. *in*-4.

1563 Traité des diverses Jurisdictions de France, par Chappuzeau. *Paris*, 1720. *in*-8.

1564 Traité de la Chambre des Comptes de Paris, par de Beaune. *Paris*, 1647. *in-8*.

1565 Les Aydes de France & leur regie, par de Roquemont. *Paris*, 1704. *in-12*.

1566 Traité des Aydes, par Affe. *Paris*, 1713. *in-12*.

1567 Commentaire fur le fait des Aydes, par Dubois. *Paris*, 1712. *in-12*.

1568 Recueil fur l'établiffement de la Jurifdiction Confulaire de la ville de Paris, *Paris*, 1668. & 1705. 2 *vol. in-4*.

1569 Les Inftituts du Droit confulaire, ou les élemens de la Jurifprudence des marchands, par Toubeau *Bourges*, 1700. *in-4*.

1570 Traité des fucceffions, par de Bouques & Defpeiffes. *Tolofe*, 1636. *in-8*.

1571 Traité de la repréfentation des filles en la fucceffion des fiefs fuivant la Coutume de Paris, par Duboys. *Paris*, 1660. *in-4*.

1572 De l'ufage des Fiefs & autres droits feigneuriaux, par de Salvaing. *Grenoble*, 1668. *in fol*.

1573 Maximes générales du Droit françois, par de l'Hommeau, avec les notes de Challine. *Paris*, 1665. *in-4*.

1574 Maximes générales du Droit françois, par de l'Hommeau, avec les notes de Challine. *Paris*, 1665. *in-4*.

1575 Traité des fiefs, par de Ferriere. *Paris*, 1680. *in-4*.

1576 Traité des donations, par Ricard. *Paris*, 1713. 2 *vol. in-fol*.

1577 { Traité des fucceffions, par le Brun. *Paris*, 1714. *in-fol*. Traité de la communauté, par le même. *Paris*, 1709. *in-fol*.

1578 Recueil de Queftions notables de Droit & de Coutumes, par Soefve. *Paris*, 1681. *in. fol*.

1579 Inftitution au Droit françois, (par Argou.) *Paris*,

*Paris*, 1692. 2. *vol. in*-12.

1580 Le nouveau Praticien, par de Ferriere. *Paris*, 1681. *in*-4.

1581 Nouvelle Introduction à la Pratique, par M. de Ferriere. *Paris*, 1724. 2 *vol. in*-12.

1582 Le Praticien françois, par Lange. *Paris*, 1694. *in*-4.

1583 Le Praticien universel, par Couchot. *Paris*, 1712. 6 *vol. in*-12.

1584 Traité du droit de Chasse, avec un recueil d'Ordonnances touchant la Chasse. *Paris*, 1681. *in*-12.

1585 Stile universel pour l'instruction des matiéres civiles, par Gauret, *Paris*, 1693. *in*-4.

1586 Stile universel pour l'instruction des matiéres criminelles, par Gauret. *Paris*, 1703. *in*-4.

1587 Stile du Conseil du Roy, par Gauret. *Paris*, 1700. *in*-4.

1588 Procès-verbal pour l'examen des Ordonnances civile & criminelle. *Louvain*, 1700. *in*-4.

1589 De l'origine du droit d'Amortissement, par de Lauriere. *Paris*, 1692. *in*-12.

1590 Dissertation sur le tenement de cinq ans, par de Lauriere. *Paris*, 1698. *in*-12.

1591 Glossaire du Droit françois, donné ci-devant par Ragueau, & augmenté par de Lauriere. *Paris*, 1704. 2 *tom. en* 1 *vol. in*-4.

1592 Traité des Institutions & des Substitutions contractuelles, par de Lauriere. *Paris*, 1715. 2. *vol. in*-12.

1593 Les Oeuvres de Henrys, avec les observations de Bretonnier. *Paris*, 1708. 2 *vol. in-fol.*

1594 Traitez du Douaire & de la Garde-noble bourgeoise, par de Renusson. *Paris*, 1699. *in*-4.

1595 Traité des Propres, par de Renusson. *Paris*, 1714. *in*-4.

1596 Traité de la subrogation de ceux qui succedent au lieu & place des créanciers, par de

Renuſſon. *Paris*, 1723. *in-4.*

1597 Obſervations & maximes ſur les matiéres criminelles, par Bruneau. *Paris*, 1715. *in-4.*

1598 La découverte des miſtéres du Palais. *Paris* 1700. *in-12.*

1599 Le parfait Notaire réformé ſuivant les nouvelles Ordonnances, par Caſſan, augmenté par Bruneau. *Paris*, 1723. *in-8.*

1600 La Science parfaite des Notaires, par de Ferriere. *Paris*, 1699. *in-4.*

1601 Stile des Huiſſiers & Sergens. *Paris*, 1716. *in-12.*

1602 Traité de la preuve par témoins en matiére civile, par Danty. *Paris*, 1715. *in-4.*

1603 Dictionnaire univerſel de Juſtice, Police & Finances, par Chaſles. *Paris*, 1725. *3 vol. in-fol.*

1604 Traité des Criées, Ventes & Adjudications par décret des immeubles, par Forget. *Paris*, 1604. *in-8.*

1605 Queſtions notables de Droit, par le Preſtre, avec les remarques de Gueret. *Paris*, 1695. *in-fol.*

1606 Le Guidon général des finances, par Hardy, avec les notes de Gelée. *Paris*, 1633. *in-8.*

1607 Dictionnaire des Finances. *Paris* 1727. *in-12.*

1608 Traité de la Police, par Delamare. *Paris*, 1705. & 1710. *2 vol. in-fol.*

1609 Inſtructions ſur les Procédures civiles & criminelles du Parlement. *Paris*, 1725. *in-12.*

1610 L'art de procéder en Juſtice, par Laſſerre. *Paris*, 1692. *in-8.*

1611 Traité des Conventions de ſucceder, ou ſucceſſions contractuelles, par Boucheul. *Poitiers*, 1727. *in-4.*

1612 Traitez de la repréſentation du double lien, & de la regle paterna paternis, materna maternis, par Guyné. *Paris*, 1727. *in-4.*

1613 Traité de l'appofition & levée des fcellez. *Paris*, 1710. *in-12*.

1614 Récueil des Réglemens concernant le Controlle des Exploits. *Paris*, 1732. *in-12*.

1615 Actions notables & Plaidoyers de Servin. *Paris*, 1640. *in-fol.*

1616 Avis & notes fur quelques Plaidoyers de Louys Servin, par le P. Richeome Jefuite. *Tournon*, 1617. *in-8.*

1616 * Ordonnances de Henri III. rendues fur les plaintes des Députez des Eftats affemblés à Blois. 1680. *in-8.* & *autres pieces*.

1617 Les Ouvertures des Parlemens, faites par les Roys tenant leur Lict de Juftice. *Lyon*, 1619. *in-8.*

1618 Récueil de Factums & Mémoires. 5. *vol. in-fol.*

1619 Récueil de Factums & Mémoires fur plufieurs queftions importantes, ( par Pierre Aubert. ) *Lyon*, 1710. 2 *vol. in-4.*

1620 Mémoire fur la queftion de préféance, pour les Ducs & Pairs, contre le Maréchal de Luxembourg, ( par de Riparfonds. ) *Paris*, 1693. *in-12.*

1621 Obfervations fur un Manufcrit intitulé : Traité du Peculat. 1666. *in-12.*

1622 Récueil des piéces contenues au Procès du Marquis de Gefvres. *Rotterd.* 1714. 2. *vol. in-12.*

1622 * Des monnoyes, augment & diminution du prix d'icelles, par Grimaudet. *Paris*, 1676. *in-8.*

# SCIENCES ET ARTS.

## PHILOSOPHIE.

### *Philosophes anciens & nouveaux.*

1623 J. B. du Hamel de consensu veteris & novæ philosophiæ. *Paris.* 1663. *in-4.*

1624 Réfléxions sur la Philosophie ancienne & moderne. *Paris,* 1676. *in-12.*

1625 Platonis opera ex versione Marcilii Ficini, & emendatione Grynæi. *Basilea* 1551. *in-fol.*

1626 Platonis opera græcè & lat. interprete Marcilio Ficino. *Lugd.* 1590. *in-fol.*

1627 Lud. de Morainvillier d'Orgeville, Examen Philosophiæ Platonicæ. *Maclovii,* 1650. *in-8.*

1628 Jamblichus de mysteriis Ægyptiorum &c. *Lugd.* 1649. *in-18.*

1629 Aristotelis opera gr. & lat. ex recensione Casauboni. *Geneva,* 1621. 2 *vol. in-fol.*

1630 Sebast. Bassonis Philosophiæ naturalis adversus Aristotelem libri XV. 1649. *in-8.*

1631 Collegii Complutensis disputationes in Aristotelis Dialecticam & Philosophiam naturalem. *Lugduni,* 1651. *in-fol.*

1632 Petri Barbay Comment. in Aristotelis philosophiam. *Paris.* 1675. & *suiv.* 4. *vol. in-12.*

1633 L. Annæi Senecæ Philosophi & M. Annæi Senecæ Rhetoris opera, ex recensione J. Lipsii & Andr. Schotti. *Amstelodami,* 1628. *in-12.*

1633 * Eadem, cum notis Variorum. *Lugd.* 1619. 2. *vol. in-8.*

1634 Boethi opera philosophica, *Basilea,* 1570. *in-fol.*

1635 Marsilii Ficini opera philosophica. *Parif.* 1641. *in-fol.*

1636 Philippi Mocenici & aliorum tractationes philosophicæ. *Genevæ*, 1688. *in-fol.*

1637 Pauli Voet prima Philosophia reformata. *Trajecti*, 1657. *in-4.*

1638 Thomæ Hobbes opera philosophica. *Amft.* 1668. 2 *vol. in-4.*

1639 Rich. Cumberland disquisitio philosoph. de legibus naturæ, adversus. Philof. Hobbianam. *Lond.* 1672. *in-4.*

1640 Campanellæ disputationes philosophicæ. *Pariſ. in-fol.*

1640 * Thom. Campanellæ apologia pro Galileo, ubi disquiritur utrum ratio philosophandi quam Galileus celebrat, faveat S. Scripturis, an adversetur. *Francof.* 1622. *in-4.*

1641 Roberti Flud Philosophia Mosaïca & alia opuscula. *Gouda*, 1638. & *Oppenhemii*, 1619. 2 *vol. in-fol. cum fig.*

1642 Thomæ Campanellæ Philosophia naturalis. *Pariſ.* 1638. *in-4.*

1643 Henr. Regii Philosophia naturalis. *Amft.* 1654. *in-4. cum figur.*

1644 Les principes de la Philosophie, par J. B. de la Grange. *Paris*, 1675. *in-12.*

1645 { Franc. Patricii discussiones Peripateticæ. *Basilea*, 1681. *in-fol.*
Wolffgangi Lazii commemorationes historicæ rerum græcarum. *Hanoviæ*, 1605. *in-fol.*

1646 Democritus reviviscens, five vita & Philosophia Democriti. *Hagæ-Comitis*, 1658. *in-12.*

1647 Joan. Gabrielis Boivin Philosophia Scoti, à prolixitate & obscuritate libera & vindicata. *Pariſ.* 1681. 2 *vol. in-12.*

1648 Ambrosii Victoris Philosophia christiana. *Pariſ.* 1661. 6 *vol. in-12.*

1649 Cafimiri Tolofati Philofophia peripatetica. Biterris, 1674. 3 vol. in-12.

Philofophus novus ; Dialogus primus & fecundus. Parif. 1701. & fuiv.

1650 Criticæ in Philofophum novum.

Differtation fur l'apparition des Efprits. Le Comte de Gabalis. in-12.

1651 Acta Philofophica Regia anni 1669. ab Henrico Oldenburgio anglicè confcripta, & in latinum verfa à Joanne Sterpino. Rothomagi, 1672. in-12.

Joan. Schefferi de natura Philofophiæ liber fingularis, cum præfatione Schurzfleifchii. Vittemberga, 1701.

1652 Philippi Zippelii Meditatio academica de Spirituum actionibus, contra Bekkerum. Francofurti, 1701. in-8.

1653 Libavii examen Philofophiæ novæ. Francof. 1615. in-fol.

1654 Philofophiæ curfus ad mentem Scoti, authore Poncio. Parif. in-fol.

1655 Joan. Clerici opera philofophica. Amft. 1702. 4 tom. en 1 vol. in-12.

1656 Oeuvres diverfes de Jean Locke. Rotterd. 1710. in-12.

1657 Abrégé de la Philofophie de Gaffendi, par F. Bernier. Lyon, 1678. 8 vol. in 12.

1658 Petri Gaffendi epiftolica exercitatio, adverfus Marinum Merfennum. Parif. 1630. in-8.

1659 Petri Gaffendi animadverfiones in Diogenem Laertium, de vita, moribus & placitis Epicuri. Lugd. 1649. in-fol.

1660 Francifci de Oviedo curfus philofophicus. Lugd. 1651. 2 tom. en 1 vol. in-fol.

1661 Les Principes de la Philofophie écrits en latin par René Defcartes, & traduits en françois. Paris, 1659. in-4.

1662 Les Méditations métaphyfiques de René

Defcartes traduites en françois. *Paris*, 1647. *in*-4.

1663 Difcours de la methode pour bien conduire fa raifon & chercher la vérité dans les fciences ; plus, la Dioptrique & les Metéores, par René Defcartes. *Paris*, 1658. *in*-4.

1664 Le Monde de René Defcartes, ou le traité de la lumiére. *Paris*, 1664. *in*-8.

1665 Les Paffions de l'ame, par René Defcartes. *Paris*, 1679. *in*-12.

1666 Voyage du Monde de Defcartes, par le P. Daniel. *Paris*, 1690. *in*-12.

1667 P. Petiti de Nova Ren. Cartefii Philofophiæ Differtationes. *Parif.* 1670. *in*-8.

1668 Anton. le Grand Iuftitutio Philofophiæ, fecundum principia Ren. Defcartes. *Londini*, 1678. *in*-4.

1669 Sentimens de René Defcartes oppofez à la Doctrine de l'Eglife. *Paris*, 1680. *in*-12.

1670 Récueil de piéces concernant la Philofophie de Defcartes. *Amft.* 1684. *in*-12.

1671 Ant. le Grand Apologia pro Renato Cartefio, contra Samuel. Parkerum. *Londini*, 1679. *in*-8.

1672 Differtations phyfiques fur le difcernement du corps & de l'ame, fur la parole & fur le fyftême de Mr. Defcartes. *Paris*, 1690.

1673 Dan. Huetii cenfura Philofophiæ Cartefianæ. *Parif.* 1694. *in*-12.

1674 Réponfe à la Cenfure dë la Philofophie de Defcartes par Mr. Huet, par Pierre Silvain Regis. *Paris*, 1691.

1675 Philofophia vetus & nova, ad ufum fcholæ accommodata, in Regia Burgundia olim ertractata. *Parif.* 1681. *in*-12.

1675 * Eadem. *Paris*, 1691. 6. *vol. in*-12.

1676 Syftême de Philofophie, par Pierre Sylvain Regis. *Lyon*, 1691. 7 *vol. in*-12.

1677 Inſtitutio philoſophica ad faciliorem veterum ac recentiorum Philoſophorum lectionem
comparata. *Pariſ.* 1695. 4 *vol. in-*12.

1678 Laurent. Duhan Philoſophus in utramque
partem. *Pariſ.* 1694. *in-*12.

1679 Guillelmi Dagoumer Philoſophia ad uſum
ſcholæ accommodata. *Pariſ.* 1702. 4 *vol. in-*12.

### Logique, Morale & Politique.

1680 Eſſay de Logique contenant les principes
des Sciences. *Paris,* 1678. *in-*12.

1681 La Logique, ou l'Art de penſer, par Paſcal.
*Paris,* 1683. *in* 12.

1682 Traité de la volonté, de ſes principales actions, de ſes paſſions & de ſes égarémens. *Pa-*
*ris,* 1684. *in-*12.

1683 Traité des premieres vérités, & de la ſource
de nos jugemens, par le P. Buffier. *Paris,*
1724. *in-*12.

1684 Principes du raiſonnement, ou ſuite du traité des premieres vérités, par le Pere Buffier.
*Paris,* 1724. *in-*12.

1684 * Theophraſti notationes morum, gr. & lat.
cum comm. Is. Caſauboni. *Lugd.* 1612. *in-*8.

1685 Les Caractéres de Theophraſte traduits du
grec, par la Bruyere. *Paris,* 1694. *in-*12.

1686 Epicteti Enchiridion gr. & lat. *Pariſ.* 1653.
*in-*18.

1687 Thomæ Angli Inſtitutiones ethicæ, ſive ſta-
tera morum. *Londini,* 1660. *in-*12.

1688 Arn. Geulincs Ethica. *Lugd. Bat.* 1675.
*in-*12.

1689 Trois Livres de la Sageſſe, par Pierre Char-
ron. *Leyde, Elzevier, in-*12.

1690 Traité de Morale. *Cologne,* 1683. *in-*12.

1691 Réfléxions, Sentences & Maximes morales,
(de M. de la Rochefoucaud) avec des notes politiques & hiſtoriques, par Amelot de la Houſſaie. *Paris,* 1725. *in-*12.

1692 L'Art de se connoître soi-même, par Abadie. *Rotterdam*, 1692. *in-*12.

1692 * De l'usage des passions, par le P. Senault. *Paris*, 1633. *in-*18.

1693 Le Spectateur, ou le Socrate moderne. *Amsterd.* 1719. *& suiv.* 5 *vol. in-*12.

1694 L'Art de connoître les hommes, par de la Chambre. *Paris*, 1663. *in-*12.

1694 * Les Caracteres des passions, par de la Chambre. *Amsterd.* 1658. 4. *vol. in-*12.

1695 Les Caracteres de l'homme sans passions, selon les sentimens de Seneque. *Paris*, 1682. *in-*12.

1696 Traité du jeu, par Jean Barbeyrac. *Amst.* 1709. 2 *vol. in-*8.

1697 Réflexions sur ce qu'on appelle bonheur & malheur en matiere de loteries. *Amsterd.* 1696. *in-*8.

1698 Nouvelles Maximes sur l'éducation des enfans.

1699 La Pratique de l'éducation des Princes, par Varillas. *Amst.* 1686.

1700 Elémens philosophiques du Citoyen : Traité politique, où les fondemens de la societé civile sont découverts, par Th. Hobbes. *Amsterd.* 1649. *in-*8.

1701 Politique tirée des paroles de l'Ecriture sainte, par M. Bossuet. *Paris*, 1714. 2 *vol. in-fol.*

1702 Cellotius de Hierarchia & Hierarchis. *Rotom.* 1641. *in-fol.*

1703 Les six Livres de la Republique de Jean Bodin. *paris*, 1580. *in-*8.

1704 Joan. Angelii Werdenhagen Synopsis in Rempublicam Joan. Bodini. *Amsterodami,* 1695.

1705 Discours sur le gouvernement, trad. de l'anglois d'Algernon Sidney, par Samson. *La Haye,* 1712. *in-*12. 3. *vol.*

1706 Tutte le opere di Nic. Machiavelli. 1550. in-4.

1707 Nicolai Machiavelli Princeps ; accedit Ant. Possevini judicium de Nicol. Machiavelli & Joan. Bodini scriptis. *Lugd. Bat.* 1643.

1708 Discours d'Etat sur les moyens de bien gouverner, contre Nic. Machiavel. *Leyde,* 1691. in-8.

1709 Joan. Mariana de rege & regis institutione, & de ponderibus & mensuris. *Moguntia,* 1605. in-8.

1710 Recueil de maximes véritables & importantes pour l'institution du Roi. *Paris.* 1653. in-12.

1711 Traité de la Cour, ou Instruction des Courtisans. *Leyde,* 1649. in-12.

1711 * L'Homme de Cour, trad. de l'espagnol de de Balthasard Gracien, par Amelot de la Houssaie. *Paris,* 1684. in-12.

1712 Le parfait Courtisan, du Comte Baltazar, traduit par Gabriel Chappuis. *Paris,* 1585. in-8.

1713 La Fortune des gens de qualité, par M. de Cailliere. *Paris,* 1663. in-12.

1714 Considérations politiques sur les coups d'Etat, par Gabriel Naudé. *Rome,* 1679. in-12.

1715 Traité de la guerre, ou Politique militaire. *Paris,* 1668. in-12.

1716 Mémoires touchant les Ambassadeurs, par L. M. P. *Cologne,* 1676. in-12.

1717 { Traité du Juge compétent des Ambassadeurs, traduit du latin de M. de Bynkershoek, par Jean Barbeyrac. *La Haye,* 1723. in-8.

Avis aux Négociateurs sur les nouveaux plans de partage. *Londres,* 1712. in-8.

1718 Les Oeuvres de Savary, contenant le parfait Négociant, & les Pareres. *Paris,* 1721. 2 vol. in-4.

1719 { Dictionnaire universel de Commerce, par Savary. *Paris,* 1723. 2 vol. in-fol.

Supplement au Dictionnaire universel

de Commerce, par Savary. *Paris*, 1730. *in-fol.*

1720 Traité du Commerce par Ricard, augmenté par Defaguliers. *Amfterd.* 1721. *in-4.*

1721 Intérêts & Maximes des Princes & des Etats Souverains, ( par Henry Duc de Rohan.) *Cologne*, 1667. *in-12.*

1722 Nouveaux Intérêts des Princes de l'Europe, ( pat Gatien de Courtilz.) *Cologne*, 1690. *in-12.*

1723 Le Politique du tems., ou Traité de la puiffance, autorité & devoir des Princes, &c. *La Haye*, 1650. *in-12.*

1724 Mémoires & Négociations fecretes de diverfes Cours de l'Europe, par de la Torre. *La Haye*, 1721. & *fuiv.* 5. *vol. in-12.*

## Metaphyfique & Phyfique.

1725 Campanelli res metaphyficæ. *Parif.* 1638. *in-fol.*

1726 Ben. Pererius è Soc. Jefu de communibus rerum naturalium principiis & affectionibus. *Parif.* 1685. *in-4.*

1727 Thomæ Angli Euclides Metaphyficus, five de principiis fapientiæ. *Londini*, 1658. *in-12.*

1728 Andreæ Kefleri Metaphyfica. *Witteberga*, 1657.

1729 Joan. Guilleminot de principiis rerum cognitarum, & de cognitione brutorum. *Parif.* 1679. *in-12.*

1730 Joan. Bapt. du Hamel de mente humana libri IV. *Parif.* 1672. *in-12.*

1731 Le Syftême de l'ame, par de la Chambre. *Paris*, 1665. *in-12.*

1732 De Naturalifmo, cùm aliorum, tùm maximè Joan. Bodini, aut. Diacmanno. *Lipfia*, 1684. *in-12.*

1733 Medicina mentis, five Ars inveniendi præcepta generalia. *Lipfiæ*, 1695. *in-4*.

1734 De la Recherche de la vérité, par le P. Mallebranche. *Paris*, 1678. *in-4*.

1735 Réponfe de l'auteur de la Recherche de la
vérité au livre de M. Arnaud des vrayes & des
fauffes idées. *Roterd.* 1684. *in-12*.

1736 Effai philofophique concernant l'entende-
ment humain, traduit de l'anglois de Locke,
par Pierre Cofte. *Amft.* 1700. *in-4*.

1737 Réfutation d'un nouveau fyftême de Métaphyfique propofé par le P. Mallebranche. *Paris*, 1715. 3 *vol. in-12*.

1738 Joan. Pici Mirandulani de ludificatione dæmonum libri tres, editi per Carol. Weinrichium.
*Argentorati*, 1612. *in-8*.

1739 Le Monde enchanté, par Balthafar Bekker.
*Amfterd.* 4 *vol. in-12*.

1740 Hift. des Diables de Loudun, avec la condamnation d'Urbain Grandier. *Amfterd.* 1693.
*in-12*.

1741 Cornelii Agrippæ occulta Philofophia.
1533. *in-fol*.

1742 Ricius de arte cabaliftica. *Bafileæ*, 1687.
*in-fol*.

1743 Petri Moreftelli artis caballifticæ, five fapientiæ divinæ Academia. *Parif.* 1721. *in-8*.

1744 Bened. Pererii Valentini de Magia libri
tres. *Lugd.* 1592. *in-8*.

1745 D. Paulus Grillandus de fortilegiis: accedit
Francifci Ponzinibii tractatus de Lamiis. *Francofurti ad Mœnum*. 1592. *in-8*.

1746 Magiæ omnifariæ, five univerfæ naturæ
Theatrum, autore D. Strozzio Cigogna. *Colonia*, 1607. *in-8*.

1747 Thom. Campanella de fenfu rerum & Magia. *Parif.* 1637. *in-4*.

1748 Opus Geomantiæ completum in tres libros
divifum. *Lugd.* 1625.

1749 Auguſtinus Niphus de auguriis & diebus criticis. *Marpurgi*, 1614. *in-4.*

1750 Petri Bungi numerorum Myſteria. *Pariſ.* 1618. *in-4.*

1751 Joan. Bapt. Portæ de Phyſiognomia libri IV. *Rothomagi*, 1601. *in-8.*

1752 Joſeph. de Tertiis de gradu horoſcopante. *Pariſ.* 1690. *in-8.*

1753 Le Tombeau de l'Aſtrologie judiciaire, par le P. de Billy Jeſuite. *Paris*, *in-4.*

1754 La Phyſique occulte, ou Traité de la Baguette divinatoire, par l'Abbé de Vallemont. *La Haye*, 1722. *in-12.*

1755 Lettres qui découvrent l'illuſion des Philoſophes ſur la baguette, & qui détruiſent leurs ſyſtêmes. *Paris*, 1893. *in-12.*

1756 La Superſtition du tems reconnue aux Taliſmans, contre un livre intitulé : Les Taliſmans juſtifiés, par le P. Fr. Placet. *Paris*, 1668. *in-12.*

1757 Traité ſur la magie, le ſortilége, les poſſeſſions, obſeſſions & maléfices. *Paris*, 1732. *in-12.*

1758 Lettres de M. de S. André, au ſujet de la magie, des maléfices & des ſorciers. *Paris*, 1725. *in-12.*

1759 Recueil de Lettres au ſujet des maléfices & du ſortilege, par Boiſſier. *Paris*, 1731. *in-12.*

1760 Diſcours touchant les merveilleux effets de la pierre divine du Sr Landy. *Paris*, 1689. *in-12.*

1761 Les Livres de Hierôme Cardanus, de la ſubtilité, &c. traduits du latin par Richard le Blanc. *Rouen*, 1642. *in-8.*

1762 Jul. Scaligeri exotericarum Exercitationum liber quintus-decimus, de ſubtilitate, ad Hieron. Cardanum. *Lutet.* 1657. *in-4.*

1763 Eſſais de Phyſique, par M. Perrault, *Paris*, 168.. & ſuiv. *in-12.* 4 *vol.*

1764 Traité de Phyſique, par Jacques Rohault, 1681. *in-12* 2 *vol.*

M

1765 Oeuvres posthumes de Rohault. *Paris*, 1682. *in*-4.

1766 De l'ame des bêtes, par A. D*** *Lyon*, 1680. *in*-12.

1767 Traité de la connoissance des animaux, par de la Chambre. *Paris*, 1664. *in*-12.

1768 Roberti Boyle Experimenta physico-mechanica. *Oxoniæ*, 1661. *in*-8.

1769 P. Petiti de extensione animæ & rerum incorporearum natura libri duo. *Paris*, 1665. *in*-8.

1770 Is. Vossius de motu marium & ventorum. *Hagæ*, 1663. *in*-4.

1771 Hist. des vents, où il est traité de leurs causes & de leurs effets, par François Bacon, traduite par Jean Baudouin. *Paris*, 1650. *in*-8.

1772 Systême du monde suivant les trois hypothèses. *Paris*, 1675.

1773 Nicolai Copernici Astronomia instaurata, cum notis Nicolai Mulerii. *Amst*. 1617. *in*-4.

1773 * Adrianus Metius de genuino usu utriusque globi. *Amst*. 1626. *in*-8.

1774 Essais de Physique prouvés par l'expérience & confirmés par l'Écriture-Sainte. *Paris*, 1684. 2 tom. en 1 vol. *in*-12.

1775 Traité des élemens & des méteores, par J. B. de la Grange. *Paris*, 1679. *in*-12.

1776 Traité des hygrometres, ou machines pour mesurer la sécheresse & l'humidité de l'air, par Foucher. *Paris*, 1686. *in*-12.

1777 Traité de mécanique sur la propriété des corps pesans, par de la Hire. *Paris*, 1695. *in*-12.

1778 Recherches intéressantes sur l'origine, la formation, &c. des vers à tuyau, par M. Massuet. *Amst*. 1733. *in*-12.

1779 Recherches sur la nature du feu de l'enfer & du lieu où il est situé, trad. de l'anglois de Swinden. *Amst*. 1728. *in*-8. *avec figur*.

# HISTOIRE NATURELLE.

1780 C. Plinii secundi historiarum Naturæ libri XXXVII. *Parif.* 1532. *in-fol.*

1681 C. Plinii secundi historiæ naturalis libri XXXVII. *Lugd. Bat.* 1635. 3 *vol. in-12.*

1782 Maffarii Caftigationes & Annotationes in nonum Plinii de naturali hiftoria librum. *Bafil.* 1537. *in-4.*

1783 Honor. Fabri Tractatus de plantis, de generatione animalium & de homine. *Parif.* 1666. *in-4.*

1784 J. B. du Hamel de meteoris & foffilibus. *Parif.* 1660. *in-4.*

1785 Guil. Gilbertus de magnete, magnetifque corporibus. *Londini*, 1600. *in-fol.*

1786 Nicol. Cabei Philofophia magnetica. *Ferraria*, 16 9. *in fol.*

1787 Joan. de Laet de gemmis & lapidibus; præmittitur Theophrafti liber de lapidibus, gr. & lat. *Lugd. Bat.* 1647. *in-8.*

1788 Recherches curieufes fur la nature du corail & fur la fangfue, par Boccone. *Paris*, 1671. *in-12.*

1789 Traité des eaux de Bourbon l'Archambaud, par J. Pafcal. *Paris*, 1699. *in-12.*

1790 L. Junii Moderati Columellæ de re ruftica, libri XII. *Lugd.* 1541. *in-8.*

1791 Stirpium Icones & Sciagraphia, aut. Dominico Chabræo. *Geneva*, 1668. *in-fol. cum fig.*

1792 Hiftoire génerale des plantes, traduite du latin de Dalechamps, par des Moulins. *Lyon*, 1615. 2 *vol. in-fol.*

1793 Botanicon Parifienfe, ou Dénombrement des plantes qui fe trouvent aux environs de Paris, par Vaillant. *Leide*, 1727. *in-fol. avec fig.*

1794 Hift. des plantes qui naiffent aux environs de

Paris, par Pitton de Tournefort. *Par.* 1698. *in-12.*

1795 Abrégé de l'histoire des plantes usuelles, par J. B. Chomel. *Paris,* 1715. *& suiv.* 3 *vol. in-12.*

1796 L'Agriculture & Maison rustique, par Ch. Etienne & Jean Liebaut. *Rouen,* 1666. *in-4.*

1797 Traité de la maniere de semer dans toutes les saisons de l'année. *Paris,* 1689. *in-12.*

1798 Abrégé pour les arbres nains & autres. *Paris,* 1689.

1799 Le Jardinier françois, qui enseigne à cultiver les arbres & herbes potageres. *Paris,* 1718. *in-12.*

1800 Le Théatre d'agriculture & Ménage des champs, par de Serres. *Rouen,* 1655. *in-4.*

1801 Instruction pour les Jardins fruitiers & potagers, par de la Quintinie. *Paris,* 1700. *in-4. tom.* 1.

1802 Le Jardinier solitaire, ou entretiens entre un Curieux & un Jardinier solitaire. *Paris,* 1712. *in-2.*

1803 Le Menage des champs & de la ville, où le nouveau Jardinier françois. *Paris,* 1715. *in-12.*

1804 Observations sur l'agriculture & le jardinage, par Angrade Rue-neuve. *Paris,* 1721. 2 *vol. in-12.*

18o5 Nouveau Traité de la culture des jardins potagers. *Paris,* 1707. *in-12.*

1806 Amusemens de la campagne, ou nouvelles Ruses innocentes. *Paris,* 1709. 2 *vol. in-12.*

1807 Remarques nécessaires pour la culture des fleurs. *Paris,* 1704. *in-12.*

1808 Nouveau Traité pour la culture des fleurs. *Paris,* 1704. *in-12.*

1809 Le Jardinier-Fleuriste, ou la culture universelle des fleurs, arbres, &c. par Louis Liger. *Paris,* 1704. 2 *vol. in-12.*

1810 Dictionnaire œconomique, contenant la maniere d'augmenter son bien, &c. par Cho-

Paris, 1732. 2 vol. in-fol.

Hist. du tabac, principalement de celui en poudre, par de Prade. Paris, 1677. in-12.

Traité de la panacée, par Jacq. Massard. Grenoble, 1619. in-12.

3 Joan. Jonstoni Historia naturalis de quadrupedibus, serpentibus, piscibus & avibus. Amst. 1657. 2 vol. in-fol. cum figuris.

1814 Hist. des insectes, par Jean Swammerdam. Utrecht, 1680. in-4.

1815 Metamorphoses naturelles, ou histoire des insectes, par Jean Goedart. Amst. 1700. 3 vol. in-8.

1816 Traité des mouches à miel. Paris, 1696.

1817 Nouveau Traité des serins de Canaries, par Hervieux. Paris, 1713. in-12.

1818 Le Spectacle de la nature, ou Entretiens sur les particularitez de l'histoire naturelle. Paris, 1635. & suiv. 3 vol. in-12.

# MEDECINE.

1819 Aphorismorum Hippocratis libri octo. Paris. 1551. in-18.

1820 Gabrielis Naudæi Quæstiones Iatro-philologicæ. Genevæ, 1647. in-8.

1821 De conservanda bona valetudine, opusculum scholæ Salernitanæ, studio Joan. Curionis & Jac. Crellii. Francof. in-8.

1822 Dandinus de corpore animato, sive Commentarius Peripateticus in Aristotelis de anima libros. Paris. 1611. in-fol.

1823 Raymundi Lullii Arbor scientiæ. Lugd. 1637. in-4.

1824 Jac. Primirosii Destructio Medicinæ Vopisci Fortunati Plempii in Academia Lovanista medicinæ Professoris. Roterd. 1677. in-4.

1825 Fortunati Plempii Munitio fundamentorum

Medicinæ, adversus Jac. Primirofium. *Amftel.* 16,9. *in-4.*

1826 Jac. Primirofii de vulgi erroribus in Medicina libri IV. *Roterodami*, 1668. *in-12.*

1827 Henr. Regii Medicina. *Trajecti*, 1657. *in-4.*

1828 Bathol. Caftelli Lexicon medicum græco-
latinum, ftudio Adriani Ravefteini. *Rotterod.*
1657. *in-8.*

1829 Durerus de fymmetria partium in rectis for-
mis humanorum corporum. *Norimbergæ*, 1534.
*in-fol.*

1830 Francifci de le Boë Idea nova totius Medicinæ. *Amftel.* 167:. *in-8.*

1831 Fr. de le Boë Sylvii opera medica. *Amftel.*
1679. *in-4.*

1832 Le Medecin charitable de Philippe Guibert.
*Tolofe*, 1655. *in-8.*

1833 Le Medecin des pauvres, par Dubé. *Paris,*
1693. *in-12.*

1834 Recueil des remedes faciles & domeftiques,
par M. Fouquet. *Dijon*, 1999. 2 *vol. in-12.*

1835 Dictionnaire des drogues, par Lemery. *Paris*, 1733. *in-4.*

1836 Hiftoire générale des drogues, par Pomet.
*Paris*, 1694. *in-fol. avec figures.*

1837 Dictionnaire Pharmaceutique, par de Meu-
ve. *Paris*, 1678. 2 *vol. in-8.*

1838 Nouveaux Inftituts de Medecine de Michel
Etmuller. *Lyon*, 1693. *in-8.*

1839 Pratique fpeciale de Medecine de Michel Etmuller. *Lyon*, 1698. *in-8.*

1840 Pratique générale de Medecine de tout le
corps humain, par Michel Etmuller. *Lyon*,
1699. 2 *vol. in-8.*

1841 La Pharmacopée raifonnée de Schroder,
commentée par Michel Etmuller. *Lyon*, 1698.
2 *vol. in-8.*

1842 Nouvelle Chirurgie médicale & raifonnée

de Michel Etmuller. *Lyon*, 1691. *in-12*.

1843 L'Anatomie du corps humain, traduite du latin de Diemerbroeck, par Proft. *Lyon*, 1695. *in-4*.

1844 Traité des vertus medicinales de l'eau commune, par M. Hecquet. *Paris*, 1726. *in 12*.

1845 Le Chirurgien dentifte, ou Traité des dents, par Pierre Fauchard. *Paris*, 1728. 2 *vol. in-12*.

1846 Nouvelle découverte & les admirables effets des fermens dans le corps humain, par Jean Pafcal, *Paris*, 1681. *in-12*.

1847 L'Anatomie de l'homme, fuivant la circulation du fang & les dernieres découvertes. *Paris*, 1698. *in-8*.

1848 Guill. Harveji Exercitationes anatomicæ de motu cordis & circulatione fanguinis. *Roterod.* 1671.

1849 Differtation fur la nourriture des os, par Lemery. *Paris*, 1704. *in-12*.

1850 Réflexions fur les caufes des maladies, par M. d S. André. *Paris*, 1687. *in-12*.

1651 Theoph. Bombaft dicti Paracelfi operum medico - chimicorum tomus genuinus nonus. *Francof.* 1605. *in-4*.

1852 Mart. Rulandi Lexicon Alchemiæ. *Francof.* 1612. *in-4*.

1853 Harmonie myftique, ou accord des Philofophes chymiques, par le Sr l'Agneau. *Paris*, 1636. *in-8*.

1854 Traité de la Chymie, par Chriftophle Glafer. *Lyon*, 1670. *in-8*.

1855 Nouvelle Chymie raifonnée de Michel Etmuller. *Lyon*, 1693.

1856 Elemens de Botanique, par Pitton de Tournefort. *Paris*, 1664. 3 *vol. in-8. avec figures*, *manque le tome 2*.

1857 Les admirables Qualitez du Kinkina confirmées par plufieurs expériences. *Paris*, 1705. *in-12*.

1858 Traitez nouveaux & curieux du caffé, du thé & du chocolat, par Ph. Silvestre du Four. *Lyon*, 1685. *in-12*.

1859 Le Cuisinier royal & bourgeois. *Paris*, 1711. *in-12*.

1860 L'Ecole parfaite des Officiers de bouche. *Paris*, 1729. *in-12*.

1861 Le Cuisinier françois, par de la Varenne. *Troyes*, 1705. *in-8*.

1862 Nouvelle Instruction pour les confitures, les liqueurs & les fruits. *Paris*, 1724. *in-12*.

# MATHEMATIQUES.

1863 Joan. Henr. Alstedii elementale Mathematicum. *Francof.* 1611. *in-4*.

1864 Gyges Gallus, autore Firmiano. *parif.* 1638. *in-4*.

1865 Systema Cosmicum, autore Galilæo Galilæi Lynceo. *August. Treboc. in-4*.

1866 Andreæ Argoli Tabulæ primi mobilis. *Pictavii*, 1697. 2 *vol. in-4*.

1867 Traité de la construction & des usages des instrumens de Mathématique, par Bion. *Paris*, 172. *in-4. avec figures*.

1868 Dictionnaire mathématique, par Ozanam. *Paris*, 1691. *in-4*.

1869 Elemens de Mathématique, ou Traité de la grandeur en général, par le P. Bernard Lamy. *Paris*, 1704. *in-12*.

1870 Pensées critiques sur les Mathématiques. *Paris*, 1733. *in-12*.

1871 Recréations mathématiques & physiques, par Ozanam. *Paris*, 1725. 4 *vol. in-8*.

1872 Expériences de Physique, par Pierre Polinier. *paris*, 1734. 2 *vol in-12*.

1873 Adr. Metii Alcmariani Arithmetica & Geometria. *Lugd. Bat.* 1640. *in-4. cum figur*.

1874 L'Arithmétique des ouvriers & marchands mife en fa perfection, par N. Sion. *Paris*, 1699. *in*-12.

1875 Le Livre néceffaire, par Barrême. *Paris*, 1708. *in*-12.

1876 Le Livre facile des comptes faits, par Barrême. *Paris*, 1706. *in*-12.

1877 L'Arithmétique rendue facile à la pouvoir apprendre fans maître. *Paris*, 1725. *in*-12.

1878 L'Arithmétique en fa perfection, par le Gendre. *Paris*, 1723. *in*-12.

1879 Chriftophori Clavii Soc. Jefu Euclidis elementorum libri XV. *Francof.* 1607. 2 *vol. in*-8.

1880 Les Elemens d'Euclide, par Franc. Defchalles. *Paris*, 1690. *in*-12.

1881 Geometria à Renato Defcartes gallicè edita, & à Francifco à Schooten in latinam linguam verfa & commentariis illuftrata. *Lugd. Bat.* 1649. *in*-4.

1882 Nouveaux Elemens de Géometrie. *Paris*, 1677. *in*-4. *avec figur.*

1883 Les Elemens de Géometrie, par le P. Bernard Lamy. *Paris*, 1695. *in*-12.

1884 Elemens de Géométrie pour M. le Duc de Bourgogne, par de Malezieu. *Trevoux*, 1705. *in*-4.

1885 Elemens de Géometrie pour M. le Duc de Bourgogne, par de Malezieu. *Paris*, 17 9. *in*-8.

1886 M. A. Maloxonii Tractatu de cometis. *Leodii*, *in*-8.

1887 Sexti Julii Frontini Stratagemata. *Parif.* 1680. *in*-24.

1888 Lazari Bayfii Annotationes in lib. II. de captivis & poftliminio reverfis, in quibus tractatur de re navali; ejufdem annotat. in tractatum de auro & argento; Anton. Thylezii Libellus de coloribus. *Parif.* 1536. *in*-4. *cum figur.*

1889 L'Art de naviguer de Pierre de Medine, tra-

de Caftillan en françois, par Nicolas de Nicolaï *Lon.* 1561. *in-*4.

1890 L'Art de naviger, démontré par principes &
confirmé par plufieurs obfervations tirées de l'expérience. *Paris*, 1677. *in-*4. *avec figures.*

1891 La Théorie de la manœuvre des vaiffeaux.
*Paris*, 1689. *in-*8.

1892 Le Manuel des Pilotes, par Guillaume de
Glos. *Honfleur*, 1678. *in-*12.

1893 Inftruction des Pilotes, par le Cordier. *Ha-
vre de Grace*, 1687. *in-*8.

1894 L'Art de bâtir les vaiffeaux, avec le Portu-
lan de la mer méditerranée, ou le vrai Guide des
Pilotes coftiers. *Amft.* 1719. *in-*4. *avec figures.*

1895 L'Art des armées navales, ou Traité des
évolutions navales, par le P. Hofte. *Lyon*, 1727.
*in-fol.* avec figur.

1896 Hift. de la navigation & du commerce des
Indes occidentales. *Paris*, 1722. 2 *vol. in-*12.

1897 Les Arts de l'homme d'épée, ou le Dictionnaire du Gentilhomme. *Paris*, 1682. 3 *tom. en*
1 *vol.*

1898 Traitez de mécanique, de l'équilibre, des
folides & des liqueurs, par le P. Lamy. *Paris*,
1679. *in-*12.

1899 Effets de la force de la contiguité des corps,
par le P. Chérubin d'Orleans. *Paris*, 1679. *in-*12.

1900 La Statique, ou la Science des forces mou-
vantes, par le P. Gafton-Pardies. *Paris*, 1688.
*in-*12.

1901 La Perfpective curieufe du P. Niceron. *Paris*, 1652. *in-fol.* avec fig.

1902 Les ufages du quadrant à efguille aymantée,
par J. Tarde. *Paris*, 1638. *in-*4.

1903 L'Ufage du compas de proportion, par D.
Henrion, augmenté par Deshayes. *Paris*, 1682.
*in-*8.

1904 L'Horographie curieufe, par le Pere Pierre
Bobynet. *La Flèche*, *in-*8.

## ARTS.

1905 Un paquet de diverſes Eſtampes.
1906 Un paquet de Palais & Edifices d'Angleterre.
1907 Un paquet de Theſes.
1908 Un paquet de portraits.
1909 Un paquet d'anciennes Eſtampes.
1910 Un porte-feuille contenant des Karouſels & autres pieces.
1911 Un Livre pour deſſiner, & les Médailles de Louis XV.
1912 Pluſieurs Eſtampes & Livre à deſſiner.
1913 Eſtampes diverſes.
1914 Recueil de Cartes & autres pieces.
1915 Un volume de Cartes de de Liſle.
1916 Fêtes & Cérémonies.
1917 Colonnes Trajanes, pluſieurs épreuves.
1918 Recueil de divers bâtimens de France.
1919 Le Cabinet Romain, par de la Chauſſe.
1920 Sept Brochures du Blaſon & Livre à deſſiner.
1921 Trois volumes, la Geneſe & vûes de villes.
1922 Cinq volumes, Portraits, Habillemens, Plans de villes & Figures facétieuſes.
1923 Habillemens de pluſieurs nations repréſentés au naturel, en 137 figures. *Leide, in-4. oblong.*
1924 Habillemens des nations du Levant, contenus en 100. Eſtampes *in-ſol.*
1925 Les Hommes illuſtres qui ont vécu dans le XVII. ſiécle, les Potentats, Ambaſſadeurs, &c. qui ont aſſiſté aux Conférences de Munſter & d'Oſnabrug, deſſinés par Van Hule, & gravés par les plus habiles maîtres. *Amſt.* 1717. *in-ſol. avec figures.*
1926 M. Vitruvii de Architectura libri X. 1523. *in-8.*
1927 Architecture pratique qui comprend le détail du toiſé & du devis des ouvrages de maſſon

nerie, charpenterie, &c. par Bullet. *Paris*, 1691. *in*-8.

1928 Architecture françoise des bâtimens particuliers, par Louis Savot. *Paris*, 1685. *in*-8.

1929 L'Architecture françoise, par Louis Savot. *Paris*, 1642. *in*-8.

1930 Des principes de l'Architecture, de la Sculpture & de la Peinture, par Felibien. *Paris*, 1690. *in*-4.

1931 Traité de mignature pour apprendre à peindre aisément sans maître. *Paris*, 1711. *in*-12.

1932 Joan. Baptistæ Porta Neapolitani de occultis litterarum notis libri IV. *Montisbelligardi*, 1693 *in*-8.

1933 L'Art de jetter les bombes, par Blondel. *La Haye*, 1685. *in*-12.

1934 Traité de l'Artillerie & la maniere de jetter les bombes. *Paris*, 1690.

1935 Introduction à la Fortification, par de Fer. *Paris*. 1690. *in-fol. oblong, avec figures.*

1936 Les Travaux de Mars, ou l'Art de la guerre, par Mauesson Mallet. *Paris*, 1685. 3 *vol. in*-8. *avec figur.*

1937 L'Art du feu, ou de peindre en émail, par J. Philippe Ferrand. *Paris*, 1721. *in*-12.

1938 Traité des feux d'artifice pour le spectacle, par Frezier. *Paris*, 1706. *in*-12.

1939 La Venerie royale, par Robert de Salnove. *Paris*, 1672. *in*-12.

1940 De l'Art de la verrerie, par Haudiquer de Blancourt. *Paris*, 1697. *in*-12.

1941 La Maison des jeux académiques. *Paris*, 1698. *in*-12.

1942 Le Jeu des échets, traduit de l'italien de Gioachino Greco Calabrois. *paris*, 1669. *in*-12.

1943 Academie univerfelle des jeux. *Paris*, 1715. *in*-12.

1944 Hieronimus Mercurialis de arte gymnaftica. *Paris*, 1577. *in*-4.     BELLES

# BELLES LETTRES.

## GRAMMAIRES
## ET DICTIONNAIRES.

1945 ROberti Bellarmini Inftitutiones linguæ hebraïcæ. *Parif.* 1622. *in-8.*

1946 Linguæ hebraïcæ opus grammaticum, autore Thoma Dufour, mon. Bened. *Parif.* 1642. *in 8.*

1947 Sanctis Pagnini Thefaurus linguæ fanctæ, five Lexicon hebraïcum auctum ac recognitum opera J. Mercerii. *Colon.* 1614. *in-fol.*

1948 Joh. Buxtorfii Lexicon, hebraïcum & chaldaïcum. *in-8. manque le frontifpice.*

1949 Joh. Buxtorfii Manuale hebraïcum. *Bafil.* 1613. *in-18.*

1950 Joh. Quinquarborei Inftitutiones linguæ hebraïcæ, cum notis Vignalii. *Lutetiæ,* 1621. *in-8.*

1951 Jac. Gufletii Commentarii linguæ hebraïcæ. *Amfter.* 1702. *in-fol.*

1952 Gulielmi Robertfon manipulus linguæ fanctæ. *Cantabr.* 1683. *in-8.*

1953 Johan. Buxtorfii Thefaurus Grammaticus linguæ hebreæ. *Bafil.* 1663. *in-8.*

1954 Joan. Buxtorfius de abbreviaturis hebraïcis. *Bafileæ,* 1613. *in-8.*

1955 Jacobi Altingi fundamenta punctationis linguæ fanctæ. *Francof.* 1701. *in-8.*

1956 J. Buxtorfii Lexicon chaldaïcum, talmudicum & rabbinicum. *in-fol. manque le frontifp.*

1957 Chriftoph. Crinefii Lexicon fyriacum. *Witteberga,* 1612. *in-4.*

1958 Mart. Troftii Lexicon fyriacum. *Corthenis, Anhaltinorum,* 1623. *in-4.*

N

1959 Joan. Buxtorfii Grammatica chaldaïca & fyriaca. *Bafil.* 1650. *in-12.*

1960 Schola fyriaca, autore Joan. Leufden. *Ul-traj.* 1671. *in-12.*

1961 Chrift. Cellarii Sciagraphia philologiæ facræ, difficiliores quæftiones & linguarum orien-tal. ufum delineans, & alia ejufd. opufcula. *Ienæ,* 1698. *& fuiv. in-4.*

1962 Thom. Erpenii Rudimenta linguæ arabicæ. *Lutet.* 1638. *in-8.*

1963 Jac. Golii Lexicon arabico-latinum. *Lugd. Bat.* 1653. *in-fol.*

1964 { De linguarum orientalium præftantia, aut. Guil. Beveridgio. *Lond.* 1638.
Ejufd. Beveridgii grammatica fyriaca. *Londini,* 1658.
Nortoni Knatchbull animadverfiones in libros N. Teftamenti. *Lond.* 1659. *in-8.*

1965 Jacobi Billii Locutiones græcæ. *Parif.* 1578. *in-8.*

1966 De præcipuis græcæ dictionis idiotifmis. *Parif.* 1627. *in-12.*

1967 Joan. Fungeri Originationes, feu Etymolo-gici τεχνλωπȣ Florilegium. *Lugd.* 1628. *in* 4.

1968 J. Scapulæ Lexicon græco-latinum. *Geneva,* 1628. *in-fol.*

1969 Ph. Labbe è Soc. Jefu græca Profodia. *Parif.* 1671. *in-8.*

1970 Palæographia græca, five de ortu & progref-fu literarum græcarum, ftudio D. de Montfau-con Bened. *Parif.* 1708. *in-fol. cum figur.*

1971 Méthode pour apprendre la langue grecque, par MM. de Port-royal. *Paris,* 1682. *in* 8.

1972 Laurentius Valla de elegantia latinæ linguæ. *Lugd. Gryph.* 1538. *in-8.*

1973 M. Valèrrius Flaccus & Sext. Pompeius Feftus de verborum fignificatione. *Venet.* 1560. *in-8.*

1974 Auctores latinæ linguæ in unum corpus redacti, cum notis Dyonisii Gothofredi, 1695. *in-4.*

1975 Méthode pour apprendre la langue latine, par MM. de Port-royal. *Paris, 1656. in-8.*

1976 Du Cange Glossarium latinitatis. *Francof. 1710. 3 vol. in-fol.*

1977 Ambr. Calepini Dictionarium octo-lingue. *Lugd. 1681. 2 vol. in-fol.*

1978 Apparatus poeticus. *in-4. manque le frontisp.*

1979 Thresor de l'histoire des langues de cest univers, par Duret. *Cologny, 1613. in-4.*

1980 Thresor des langues françoise & espagnole, par Oudin. *Paris, 1621. in-4.*

1981 Grammaire & Dictionnaire françois & espagnol, par Maunory. *Paris, 1701. in-12.*

1982 Observations de Menage sur la langue françoise. *Paris, 1675. 2 vol. in-12.*

1983 Nouvelles observations, ou guerre civile des François sur la langue. *Paris, 1688. in-12.*

1984 Remarques sur la langue françoise par Vaugelas, avec les notes de T. Corneille. *Paris, 1687. 2 vol. in-12.*

1985 Nouvelles remarques de Vaugelas sur la langue françoise, avec les observations de Alemand. *Paris, 1690. in-12.*

1986 Défense de la langue françoise pour l'inscription de l'Arc de triomphe, par Charpentier. *Paris, 1683. in-12.*

1987 Traité de la Grammaire françoise, par l'Abbé Regnier Desmarais. *Paris, 1706. in-4.*

1988 Dictionnaire françois, par P. Richelet, *Geneve, 1680. in-4.*

1989 Dictionnaire universel françois & latin. *Trevoux, 1721. 5 vol. in-fol.*

1990 Dittionario Toscano dal Signor Adriano Politi. *Venetia, 1629. in-8.*

1991 Le Guidon de la langue italienne, par Nathanael Duëz. *Rouen, 1673. in-8.*

1992 Dictionnaire italien & françois, par Nath. Duëz. *Venise, 1662. in-4.*

1993 Le Maître italien, par de Veneroni. *Paris*, 1700. *in-*12.

1994 L'art de parler allemand, par Leopold. *Paris*, 1690. 2 *vol. in-*12.

1995 Nath. Duëz Dictionarium germanico-gallico-latinum. *Amsterd.* 1664. *in-*4.

1996 Grammaire espagnole abregée. *Paris*, 1694. *in* 12.

1997 Nouvelle Grammaire flamande. *Amsterd.* 1688. *in-*12.

1998 Grammaire angloise & françoise, par Petter l'aîné. *Londres*, 1655. *in-*8.

1999 Grammaire angloise & françoise, par Festeau. *Londres*, 1672. *in-*8.

2000 Dictionnaire anglois & latin, par William Clerk. *Londres*, 1608. *in-*8.

2001 Recherches sur la diversité des langues & religions, par Brerewood. *Paris*, 1640. *in-*8.

# RHETORIQUE.

2002 Syntaxes artis mirabilis, autore Petro Gregorio. *Lugd.* 1638. *in-*8.

2003 Samuelis Werenfelsi Dissertatio de logomachiis eruditorum; accedit Diatribe de meteoris orationis. *Amstel.* 1702. *in-*8.

2004 Ioh. Vorstius de latinitate falsò suspecta. *Lipsiæ*, 1703. *in-*12.

2005 L'éloquence de la chaire & du barreau, par l'Abbé de Bretteville. *Paris*, 1698. *in-*12.

2006 La Rhétorique ou l'Art de parler, par le P. Lamy. *Paris*, 1688. *in-*12.

2007 Isocratis orationes & epistolæ gr. & lat. interprete Wolfio. *Flexiæ*, *in-*8.

2008 M. Fabii Quintiliani Institutiones oratoriæ. 1604. *in-*8.

2009 XII. Panegyrici veteres, ex recensione Livineii Belga. *Antuerp.* 1699. *in-*8.

2010 M. Tullii Ciceronis opera omnia. *Lugd.* 1609. 7 *vol. in*-18.

2011 M. Tullii Ciceronis orationes, cum notis Freigii. *Basil.* 1683. 3 *vol. in*-8. *manque le premier vol.*

2012 M. Tullii Ciceronis de Philosophia volumen secundum. *Lugd. Gryph.* 1574. *in*-8.

2013 Selecta M. Tullii Ciceronis opera, ad usum scholarum, *Bellovaci,* 1703. *in*-12.

2014 M. T. Ciceronis liber de claris Oratoribus. *Paris.* 1687. *in*-4.

2015 M. Tullii Ciceronis Epistolæ familiares, cum annotationibus Pauli Manutii. *Antuerp.* 1630. *in*-8.

2016 M. Tullii Ciceronis Epistolæ ad Atticum, Brutum, & Quintum Fratrem, ex castigatione Boulierii. *Lugd.* 1561. *in*-18.

2017 M. Tullii Ciceronis volumen tertium, à Jo. Michaële Bruto emendatum. *Lugd. Gryph.* 1676. *in*-18.

2018 Nizolii Apparatus in Ciceronem. *in*-4.

2019 La Rhetorique d'Aristote traduite du grec par Bauduyn de la Neufville. *Paris,* 1669. *in*-12.

2020 La Comparaison de Platon & d'Aristote, avec les sentimens des Peres sur leur doctrine. *Paris,* 1671. *in*-12.

2021 Cosmi Medicæi Ducis Hetruriæ funebris oratio. *Lutet.* 1674. in-8.

2022 Bern. Stephonii Sabini è Soc. Jesu Orationes Romæ habitæ: *Sammieli,* 1616. *in*-18.

2023 Galliarum Senatui Panegyricus dictus in Collegio Ludovici Magni, à Jacobo de la Baune. *Paris.* 1685. *in*-4.

2024 Oraisons funebres de M. Bossuet. *Paris,* 1680. *in*-12.

2025 Oraisons funebres de M. Flechier Evéque de Nîmes. *Paris,* 1690. *in*-12.

2026 Discours sur l'Académie françoise. *Paris,* 1654. *in*-12.

2027 Remarques sur deux discours prononcés à l'Academie françoise sur le rétablissement de la santé du Roy. *Paris*, 1688. *in-*12.

2028 Recueil des Harangues prononcées par MM. de l'Academie françoise. *Paris*, 1714. 3 *vol. in-*12.

2029 Recueil de pieces d'éloquence & de poësie, présentées à l'Academie françoise pour le prix des années 1677. 1679. & 1691. *Paris*, 1691. *& suiv.* 2 *vol. in-*12.

## POETIQUE.

2030 Homeri opera, græc. & lat. 1567. *& suiv.* 2 *vol. in-*18.

2031 Clavis homerica. *Roterod.* 1673. *in-*8.

2032 Remarques sur Virgile & sur Homere, & sur le stile poëtique de l'Ecriture Ste. *Paris*, 1705. *in* 12.

2033 Vetustissimorum autorum Georgica, Bucolica & Gnomica gr. & lat. *in-*18.

2034 M. Accii Plauti Comœdiæ, cum notis Variorum. *Lugd. Bat. in-*8.

2035 M. Terentii Varronis opera. *Parif.* 1585. *in-*8.

2036 P. Terentii Comœdiæ, cum notis Farnabii. *Amste.* 1681. *in-*12.

2037 P. Terentii Comœdiæ expurgatæ. *Rotomagi,* 1680. *in-*12.

2038 Catullus, Tibullus, Propertius. *Amstel. Elzevir.* 1651. *in* 24.

2039 P. Virgilii opera, cum notis Abraami & Farnabii. *Parif.* 1668. *in-*12.

2040 Virgilius triumphans, operâ Alexandri Roffæi. *Roterod.* 1661. *in-*12.

2041 P. Virgilii Maronis appendix, cum comment. Scaligeri. *Lugd.* 1573. *in-*8.

2042 Q. Horatii poemata, cum scholiis J. Bond. *Parif.* 1625. *in-*12.

2043 P. Ovidii Nasonis Epistolæ. *Antuerp.* 1578. *in-*18.

2044 P. Ovidii Nasonis Metamorphoseon libri xv. cum notis Giselini. *Antuerp.* 1675. *in-18.*

2045 P. Ovidii Metamorphoseon libri xv. ab obscenitate expurgat. *Parif.* 1620. *in-12.*

2046 L. Annæi Senecæ Tragœdiæ. *Amstel.* 1645. *in-24.*

2047 M. Annæus Lucanus de bello civili, cum notis Variorum. *Lugd.* 1670. *in-12.*

2048 Silius Italicus de secundo bello Punico. *Antuerp.* 1611. *in-24.*

2049 Statii Papinii opera. *Lugd. Gryph.* 1547. *in-18.*

2050 M. Valerii Martialis Epigrammata. *Amstel.* 1644. *in-12.*

2051 Juvenalis & Persii Satyræ, cum comm. Britannici & notis Pithoei & alior. *Parif.* 1613. *in-4.*

2052 Cl. Claudiani opera. *Parif.* 1635. *in-24.*

2053 Ausonii opera, ex recognitione Scaligeri. *Antuerp.* 1605. *in-24.*

2054 L. Apuleii opera, cum comment. Beroaldi & Stenvechi. *Lugd.* 2 *vol in-8.*

2055 T. Petronii Satyricon, cum notis Variorum. *Lugd.* 1618. *in-8.*

2056 Petri Bembi opera, ex recensione Augustini Curionis. *Basilea*, 1567. *in-8.*

2057 Renati Rapini è Societ. Jesu Carmina. *Parif.* 1681. 2 *vol. in-12.*

2058 Petri Lengleti Carmina. *Parif.* 1676. *in-8.*

2059 Jac. Vallii è Soc. Jesu Poemata. *Lugd.* 1688. *in-12.*

2060 Car. Ruæi è Societ. Jesu Carmina. *Luteto.* 1688. *in-12.*

2061 Sidronii Hosschii è Soc. Jesu Elegiæ. *Lugd.* 1688. *in-12.*

2062 Joan. Commirii Carmina. *Parif.* 1689. *in-12.*

2063 J. B. Santolii opera poetica. *Parif.* 1694. *in-12.*

2064 Oeuvres de Clement Marot, *La Haye*, 1702. 2 *vol. in-12.*

2065 Oeuvres de Théophile. *Paris*, 1662. *in-12.*

2066 Oeuvres de Brebeuf. *Paris*, 1664. 2 *vol. in-12.*

2067 Les œuvres de Malherbe, avec les observations de Ménage & les remarques de Chevreau. *Paris*, 1722. 3 *vol. in-12.*

2068 Oeuvres du Sr de Saint Aman. *Rouen*, 1668. *in-12.*

2069 Oeuvres de Regnier, avec des remarques. *Londres*, 1730. *in-8.*

2070 Fables choisies mises en vers par de la Fontaine. *Paris*, 1723. *in-12.*

2071 Oeuvres de Pavillon. *Paris*, 1720. *in-8.*

2072 Oeuvres de Boileau Despreaux, avec des éclaircissemens historiques donnés par lui-méme. *Amsterd.* 1721. 4 *vol. in-12. avec figur.*

2073 Vers du Ballet royal dansé par leurs Majestez dans la tragedie d'Hercule. *Paris*, 1662. *in 4.*

2074 Oeuvres de Pierre & Thomas Corneille. *Paris*, 1682. 9 *vol. in-12.*

2075 Observations sur le Cid. *Paris*, 1637. *in-8.*

2076 Oeuvres de Moliere. *Amsterd.* 1691. 6 *vol. in-12.*

2077 Recueil des Opera & Ballets. *Amsterd.* 1690. 5 *vol. in-12.*

2078 Contes & Nouvelles en vers, par de la Fontaine. *Amsterd.* 1695. *in-12.*

2079 Oeuvres de Scarron. *Paris*, 1717. 10 *vol. in-12.*

2080 Recueil de pieces galantes de Mad. La Suze & de M. Pelisson. *Trevoux*, 715. 4 *vol. in-12.*

2081 Parodies Bachiques, mêlées de Vaudevilles. *Paris*, 1700. *& suiv.* 3 *vol. in-12.*

2082 Nouveau Recueil de Chansons choisies notées. *La Haye*, 1726. 3 *vol. in-12.*

2083 Airs de Cour de differens auteurs. *Paris*, 1615. *in-8.*

2084 Les Chats, par M. de Montcrif. *Paris*, 1727. *in-8.*

2085 Arcadia di Jacopo Sannazaro. *Venetia*, 1578.
  *in*-24.
2086 Il Petrarca. *Venetia*, 1592. *in*-12.
2087 L'Aminte du Taffe, en italien & en françois.
  *Paris*, 1666. *in*-12.
2088 Il Paftor fido, en italien & en françois, traduit par de Marandé. *Paris*, 1661. *in*-12.
2089 Le Berger fidéle, en italien & en françois,
  *Lyon*, 1699. *in*-12.

# MYTHOLOGIE ET ROMANS.

2090 Natalis Comitis Mythologia. *Francof.* 1681.
  *in*-8.
2091 Hift. poëtique du P. Gautruche. *Paris*, 1714.
  *in*-12.
2092 Explication hiftorique des fables, par l'Abbé Banier. *La Haye*, 1713. 2 *vol. in*-12.
2093 Oeuvres de Rabelais. *Amfterd.* 1659. 2 *vol.*
  *in*-12.
2094 Jugement & Obfervations fur les œuvres de
  Rabelais, ou le véritable Rabelais réformé. *Pa-*
  *ris*, 1697. *in*-12.
2095 Avantures de Telemaque. *La Haye*, 1705.
  2 *tom. en un vol. in*-12 *avec figur.*
2096 La Telemacomanie, ou cenfure & critique
  du Roman intitulé, les Avantures de Telemaque, &c. *Eleuterople*, 1700. *in*-12.
2097 { Le Cibifme.
       Le Songe de Pafquin.
       Le Couronnement de Guillemot.
       Le Feftin de Guillemot.
       La Chambre des Comptes d'Innocent
         XI. *Rome*, 1688. *& fuiv. in*-12.
2098 Hiftoire de D. Quixotte de la Manche. *Am-*
  *fterd.* 1696. 5 *vol. in*-12.
2099 Faveurs & Difgraces de l'Amour, ou les
  Amans heureux & malheureux. *La Haye*, 1726.
  3 *vol. in*-12. *avec figur.*

2100 La Vie & les Avantures de Robinſon Cru-
ſoë, traduit de l'anglois. *Amſterd.* 1720. *3 vol.*
*in-1 2. avec figur.*

2101 Hiſtoire de Gil Blas de Santillane, par M. le
Sage. *Rouen*, 1721. *& ſuiv. 3 vol. in-1 2.*

## PHILOLOGUES ET POLYGRAPHES.

2102 Pierii Valeriani opera. *Baſileæ*, 1567. *in-fol.*
*manque le frontiſpice.*

2103 Valerii Maximi dictorum factorumque memorabilium exempla. *Pariſ.* 1580. *in-1 8.*

2104 Anton. Mureti variæ lectiones. *Venet.* 1559.
*in-4.*

2105 Nicol. Fabri opuſcula, cum ejuſdem vita,
ſcriptore Fr. Balbo. *Pariſ.* 1614. *in-4.*

2106 Tanaquilli Fabri epiſtolæ, quarum pleraque
ad emendationem ſcriptorum veterum perti-
nent. *Salmurii*, 1659. *in-4.*

2107 D. Gottlob Frid. Seligmanni Exercitationes
academicæ hiſtorico-philoſophico-theologicæ,
è Muſeo Henr. Pippingii. *Dreſdæ*, 1611. *in-8.*

2108 Pauli Colomeſii opera theologica, critica
& hiſtorica, edente Joanne Alberto Fabricio.
*Hamb.* 1709. *in-4.*

2109 Deſ. Eraſmi adagia, cum animadverſionib.
Henrici Stephani. *Pariſ.* 1579. *in-fol.*

2110 Deſ. Eraſmi colloquia, cum notis Nicol.
Mercier. *Pariſ.* 1661. *in-1 2.*

2111 Deſid. Eraſmus de conſcribendis epiſtolis.
*Lugd.* 1557. *in-8.*

2112 Iſaac. Voſſii obſervationes variæ. *Lond.* 1685.
*in-4.*

2113 Syntagma variarum Diſſertationum quas
viri doctiſſimi ſuperiore ſæculo elucubrarunt, ex
muſeo Geor. Grævii. *Ultraj.* 1702. *in-4.*

2114 Joan. Clerici ars critica. *Amſtel.* 1712. *3 vol.*
*in-8.*

2115 Réflexions sur l'usage de la critique, par le P. Honoré de Sainte Marie. *Paris*, 1713. *in-*4.

2116 A. Gellii noctes Atticæ. *Lugd.* 1665. *in-*8.

2117 J. Marianæ Tractatus VII. *Colon. Agrippo* 1609. *in-fol.*

2118 La doctrine curieuse des Beaux Esprits de ce tems, ou prétendus tels, combattue & renversée par Fr. Garassus Jesuite. *Paris*, 1624. *in-*4.

2119 Pensées ingenieuses des anciens & des modernes, *Paris*, 1698. *in-* 2.

2120 Traité des études monastiques, par D. Mabillon. *paris*, 1692. 2 *vol. in-*12.

2121 Méthode pour enseigner & étudier les poëtes, les historiens, les philosophes & les grammairiens, par le P. Thomassin. *Paris*, 1681. 2 *vol. in-*8.

2122 Méthode pour étudier la Géographie, par l'Abbé Lenglet du Fresnoy. *Paris*, 1716. 4 *vol. in-*12. *avec figur.*

2123 Joan. Bodini Methodus ad facilem Historiarum cognitionem *Geneva*, 1610. *in-*8.

2124 Méthode pour étudier l'Histoire, par l'Abbé Lenglet du Fresnoy. *Paris*. 1713. 2 *vol. in-*12. La même augmentée, 1735. 9 *vol. in-*12. *avec figur.*

2125 La Maniere de bien penser dans les ouvrages d'esprit, par le P. Bouhours. *Paris*, 1691. *in-*12.

2126 Joan. Vossius de philosophia & philosophorum Sectis. *Hagæ*, 1658. *in-*4.

2127 Joan. Vossius de Historicis latinis. *Lugd. Bat.* 165 . *in-*4.

2128 Joan. Vossii ars historica, sive de Historiæ natura & Historiæ scribendæ præceptis. *Lugd. Bat.* 623. *in-*4.

2129 De l'Histoire, par le P. le Moyne Jesuite. *Paris*, 1670. *in-* 2.

2130 De l'utilité des voyages, par Baudelot de

Dairval. *Paris*, 1686. *vol. in-12.*

2131 Jani Nicii Erithræi Pinacotheca imaginum illuftrium virorum, qui autore fuperftite diem fuum obierunt. *Colon. Agrip.* 1643. *in-8.*

2132 Differtion apologétique pour Robert d'Arbriffelles, contre P. Bayle. *Anvers*, 1701. *in-8.*

2133 Aur. Theodofii Macrobii opera, ex recenfione Ifaci Pontani. *Lugd. Bat.* 1697. *in-8.*

2134 Apothefeos tam exterarum Gentium, quàm Romanorum Deorum, libri tres. *Bafileæ,* 1658. *in-8.*

2135 Recueil de plufieurs pieces fur la philofophie, la religion, &c. par Mrs Leibnitz, Clarke, Newton & autres. *Amfterd.* 1720. 2 *vol. in-12.*

2136 Thom. Crenii fafcis exercitationum philologico-hiftoricarum. *Lugd. Bat.* 1697. 5 *vol. in-8.*

2137 Academie des Sciences & des Arts, par Bullart. *Bruxelles*, 1682. 2 *vol. in-fol. avec figur.*

2138 Gallia erudita, feu manuductio ad cognitionem rerum notatu dignarum, quarum fummaria in Ephemeridibus ab anno 1665. ad annum 1687. recenfentur, ftudio Cornelii à Beughem. *Amftel.* 1683. *in-12.*

2139 Joan. Georgii Neumanni primitiæ Differtationum academicarum. *Wittembergæ,* 1700. *in-8.*

2140 Jofephi Langii Polyanthea, cum annotat. Fr. Sylvii. *Lugd.* 1659. *in-fol.*

2141 Alexander ab Alexandro. *Parif.* 1570. *in-8.*

2142 Luciani Samofatenfis opera, gr. lat. cum notis Gilberti Cognati & Joan. Sambuci. 4 *vol. in-8.*

2143 Satiræ duæ : Hercules tuam fidem, & Virgula divina. *Lugd. Bat.* 1617. *in-18.*

2144 Joan. Harduini opera felecta. *Amftel.* 1709. *in-fol.*

2145 Petr. Poiret de eruditione folida, fuperficiaria & falfa. *Amft.* 1692. *in-12.*

2146 L'Introduction au Traité de la conformité des merveilles anciennes avec les modernes, ou Traité préparatif à l'apologie pour Herodote, (par Henry Eſtienne.) 1580. *in-8.*

2147 Il Divortio celeſte, cagionato dalle diſſolutezze delle Spoza Romana. *Villa-franca,* 1643. *in-12.*

2148 Diſſertation ſur S. Denys l'Areopagite, où l'on fait voir que ce Saint eſt l'auteur des ouvrages qui portent ſon nom. *Paris,* 1702. *in-8.*

2149 Diſſertation ſur le prétendu bonheur des plaiſirs des ſens, contre P. Bayle. *Cologne,*1687. *in-8.*

2150 Faſciculus epiſtolarum latinè & gallicè, in quibus Molinæus ſatisfacere conatur D. J. Claudio. *Eleutheropoli.* 1676. *in-12.*

2151 Is. Caſauboni Epiſtolæ; adjecta eſt epiſtola de morbi ejus mortiſque cauſa. *Hagæ,*1638. *in-4.*

2152 Lettres de M. Arnaud d'Andilly. *Paris,*1662. *in-18.*

2153 Diſſertations ſur diverſes matieres de religion & de philologie, (par M. Huet,) recueillies par l'Abbé de Tilladet. *Paris,* 1712. 2 *vol. in-12.*

2154 Recueil des plus beaux endroits des ouvrages des plus célébres Auteurs, par Corbinelli. *Paris,* 1696. 5 to. en 3 *vol. in-12.*

2155 Oeuvres de Fr. de la Mothe le Vayer. *Paris,* 1669. 15 *vol. in-12.*

2156 L'Art de plaire dans la converſation. *Paris,* 1689. *in-12.*

2157 Lettres choiſies de Balzac. *Leide,*1652. *in-12.*

2158 Oeuvres diverſes de Balzac. *Paris,* 1658. *in-12.*

2159 Le Mercure de Gaillon, ou Recueil des pieces curieuſes, tant hierarchiques que politiques. *Gaillon,* 1634. *in-4.*

2160 Les Oeuvres de Voiture. *Rouen,*1658. *in-12.*

O

2161 Réplique de Girac à Coftar; fuite de la défenfe de Voiture. *Leide*, 1660. *in-8*.

2162 Apologie pour tous les grands hommes foupçonnés de magie. *Paris*, 1625. *in-8*.

2163 Entretiens fur la métaphyfique & fur la Religion, par le P. Mallebranche. *Rotterd.* 1688. *in-12*.

2164 Paradoxes de Meinier contre les Mathématiciens qui abufent la jeuneffe. *Paris*, 1652. *in-12*.

2165 Recueil des factums du procès entre l'Abbé de Freutiere & quelques Membres de l'Academie françoife. *Amft.* 1694. 2 *vol. in-12*.

2166 Lettres choifies de M. Simon. *Rotterd.* 1701. *& fuiv.* 3 *vol. in-12*.

2167 Les Oeuvres de S. Evremond. *Londres*, 1706. 5 *vol. in-12*.

2168 Differtations fur les œuvres de S. Evremond. *Paris*, 1718. *in-12*.

2169 Amitiez, Amours & Amourettes, par le Pays. *Paris*, 1685. *in-12*.

2170 Oeuvres de l'Abbé de S. Réal. *Paris*, 1724. 4 *vol. in-12*.

2171 Lettres Perfanes. *Amfterd.* 1721. 2 *to. en* 1 *vol. in-12*.

2172 Differtations du P. Souciet Jefuite, tom. 3. contenant l'hiftoire de Pythodoris Reine du Pont, &c. *Paris*, 1736. *in-4*.

2173 Scaligerana. *Colon.* 1667. *in-12*.

2174 Perroniana & Thuana. *Colon.* 1691. *in-12*.

2175 Valefiana, ou Penfées morales & Poëfies latines de M. de Valois. *Paris*, 1694. *in-12*.

2176 Sorberiana, five Excepta ex ore Sam. Sorbiere. *Tolofa*, 1694. *in-12*.

2177 Vafconiana, ou Recueil des bons mots des Gafcons. *Lyon*, 1630. *in-12*.

2178 Huetiana, ou Penfées diverfes de M. Huet Evêque d'Avranches. *Paris*, 1722. *in-12*.

2179 Naudæana & Patiniana, ou Singularitez re-

marquables prises des conversations de MM.
Naudé & Patin. *Paris*, 1701. *in-12.*

2180 Santeuilliana , ou les bons mots de M. de
Santeuil. *La Haye* , 1717. *in-12.*

2181 Parrhasiana, ou Pensées diverses sur des matieres de critique, d'histoire , &c. par Théodore
Parrhase. *Amst.* 1701. 2 *vol. in-12.*

2182 J. Lipsii saturnalium sermonum libri duo.
*Lutet.* 1685. *in-8.*

2183 Cinq Dialogues à l'imitation des Anciens ,
par Oratius Tubero , ( la Mothe la Vayer.)
*Mons* , 1671. *in-12.*

2184 Actions publiques de Franc. Ogier. *Paris* ,
1656. 2 *vol. in-4.*

2185 Pensées diverses de P. Bayle à l'occasion de
la cométe qui parut au mois de Décembre 1680.
*Rotterd.* 1704. 4 *to. en* 2 *vol.*

2186 Réponse aux questions d'un Provincial , par
P. Bayle. *Rotterd.* 1604. *& suiv.* 5. *vol. in-12.*

2187 Mélange critique de litterature , par Ancillon. *Basle* , 1698. 3 *vol. in-12.*

2188 Mélanges d'histoire & de litterature , par de
Vigneuil-Marville. *Paris*, 1713. 3 *vol. in-12.*

2189 Lettres du Chevalier de Méré. *Paris*, 1682.
2 *vol. in* 12.

2190 Les Moines empruntés, par P. Joseph (Pierre Faydit. ) 1698. 2 *to. en* 1 *vol. in-12.*

2191 Les Entretiens d'Ariste & d'Eugene , par le
P. Bouhours. *Paris*, 1671. *in-4.*

2192 Sentimens de Cleante sur les entretiens d'A-
riste & d'Eugene. *Paris* , 1671. 2 *vol. in-12.*

2193 Voyage litteraire, par deux Bénédictins de
la Congr. de S. Maur. *Paris*, 1717. & 1724. 2
*vol. in-4. avec fig.*

2194 Trente volumes ou environ, dépareillés , &
livres classiques.

# HISTOIRE.

## GEOGRAPHES ET VOYAGES.

2195 **D**Ictionnaire geographique & hiſtorique, par Thomas Corneille. *Paris,* 1708. 3 *vol. in-fol.*

2196 Strabonis Geographia, gr. & lat. *Baſilea,* 1549. *in-fol.*

2197 MunſteriCoſmographia. *Baſil.* 1554. *in-fol. cum figur.*

2198 Anonymi Ravennatis de Geographia libri V. cum notis D. Placidi Porcheron monach. Bened. è Congreg. S. Mauri. *pariſ.* 1688. *in-8.*

2199 Th. Burnetii Telluris Theoria ſacra, originem & mutationes orbis quas jam ſubiit aut ſubiturus eſt complectens. *Amſt.* 1699. *in-4.*

2200 Mémoires geographiques de tous les pays du monde, par Duval. *Paris,* 1651. *in-12.*

2201 Mich. Anton. Baudrand Geographia. *pariſ.* 1682. 2 *vol. in-fol.*

2202 Guillielmi Sanſon Diſquiſitionesgeographicæ in Geographiam antiquam Mich. Ant. Baudrand. *Pariſ.* 1683. *in-12.*

2203 Notitia orbis antiqui, ſive Geographia plenior, autore Cellario. *Cantabr.* 1703. 2 *vol. in-4. cum fig.*

2204 Recueil de Cartes geographiques, par Samſon. *in-fol.*

2205 La Geographie déchifrée ; Mémoires chronologiques ; Calendrier topographique & hiſtorique ; les Cartes du monde. *in-12.*

2206 Hiſt. de la découverte des Canaries, miſe en lumiere par de Bethancourt. *Paris,* 1630. *in-8.*

2207 Les Voyages de le Maire aux Iſles Canaries, Cap-verd, Senegal & Gambie. *Paris,* 1695. *in-12.*

2208 Relation du Voyage de Perſe & des Indes orientales, trad. de l'anglois de Th. Herbert, avec les révolutions arrivées à Siam en 1647. trad. du flamand de Jeremie Van-Vliet. *Paris,* 1663. *in-4.*

2209 Les Voyages de Vincent le Blanc aux Indes orientales, en Perſe, &c. rédigés ſur ſes mémoires, par Bergeron. *Troyes,* 1658. *in-4.*

2210 Hiſtoire de la navigation de Jean Hugues de Linſchot aux Indes orientales, avec les annotations de Paludanus ſur les plantes & épiceries. *Amſterd.* 1638. *in-fol. avec des figures & des cartes geographiques.*

2211 Voyage de Pyrard aux Indes orientales, Maldives, Moluques & au Bréſil, avec les obſervations geographiques de Duval. *Paris,* 1679. *in-4.*

2212 Voyages & Miſſions du Pere Alexandre de Rhodes en la Chine & autres royaumes de l'Orient. *Paris,* 1653. *in-4.*

2213 Relation d'un Voyage fait aux Indes orientales. *Paris,* 1677. *in-12.*

2214 Voyage de Siam, par le P. Tachard. *in-12. avec figur. manque le frontiſpice.*

2215 Nouvelles Relations du Levant, contenant pluſieurs remarques touchant la Religion, les mœurs & la politique de divers peuples. *Paris,* 1667. *in-12.*

2216 Recueil de Voyages de Thevenot. *Paris,* 1681. *in-8. avec figur.*

2217 Voyages de Dalmatie, de Grece & du L

vant par Wheler, trad. de l'anglois. *Amfterd.*
1689. 2 *vol. in-12. avec fig.*

2218 Voyage d'Italie, de Dalmatie, de Grece &
du Levant, par Spon & Wheler. *Amft.* 1679.
*in-12. avec figur.*

2219 Lettres fur une differtation d'un voyage de
Grece, publié par Spon medecin antiquaire,
avec des remarques fur les médailles. *Paris,*
1679. *in-12.*

2120 Relation du Voyage d'Evert Isbrand envoyé
par le Czar à la Chine, avec une lettre fur l'é-
tat préfent de la Mofcovie. *Amft.* 1699. *in-12.*

2221 Relation d'un voyage du Levant, par Pitton
de Tournefort. *Lyon,* 1717. 3 *vol. in-8. avec fig.*

2222 Journal d'un voyage aux Indes orientales,
fait par une efcadre de fix vaiffeaux commandés
par M. du Quefne. *Rouen.* 1721. 3 *vol. in-12.*
*avec figur.*

2223 Voyage de l'Arabie heureufe. *Paris,* 1716.
2 *vol. in-12. avec figur.*

2224 Voyage & avantures de François le Guat en
deux Ifles défertes des Indes orientales. *Amft.*
1708. 2 *vol. in-12. avec fig.*

2225 Recueil des Voyages qui ont fervi à l'établiffement & aux progrès de la Compagnie des Indes orientales, formée dans les provinces des
Pays-bas. *Amft.* 1702. 4 *vol. in-12. avec fig.*

2226 Voyage de Gautier Schouten aux Indes occidentales, trad. du Hollandois. *Amfterd.* 1707.
2 *vol. in-12. avec fig.*

2227 Les Voyages de Tavernier en Turquie, en
Perfe & aux Indes. *Paris,* 1713. 6 *vol. in-12.*
*avec fig.*

2228 Nouvelle Relation de l'intérieur du ferail
du Grand Seigneur, par Tavernier. *Paris,*
1680. *in-12.*

2229 Journal du voyage de Chardin en Perfe &
aux Indes orientales. *Amft.* 1686. *in-12.*

2230 Voyages du Chevalier Chardin en Perfe & autres lieux de l'Orient. *Paris*, 1723. 10 *vol. in-*12. *avec figur.*

2231 Journal du Voyage de Siam fait en 1685. & 1686. par l'Abbé de Choify. *Paris*, 1687. *in-*12.    2 . 14

2232 Voyage de Siam des Peres Jefuites, envoyés par le Roy aux Indes, à la Chine, avec leurs obfervations aftronomiques. *Amft.* 1689. 2 *vol. in-*12. *avec figur.*    3 . 15

2233 Voyages de François Bernier, contenant la defcription des Etats du grand Mogol. *Amft.* 1710. 2 *vol. in-*12. *avec figur.*    3 . 10.

2234 Voyages de Nicolas de Graaf aux Indes orientales & en d'autres lieux de l'Afie. *Amft.* 1719. *in-*12. *avec figur.*    2 . 2.

2235 Voyage aux Ifles de l'Amerique, par le Pere Labat. *Paris*, 1722. 6 *vol. in-*12. *avec figur.*    17 . 6.

2236 Nouvelle découverte d'un Pays fitué dans l'Amerique, entre le nouveau Mexique & la Mer glaciale, par le Pere Hennepin Recollect. *Utrecht*, 1697. *in-*12. *avec figur.*    3

2237 Recueil de divers Voyages faits en Afrique & en l'Amerique, qui n'ont point été publiez. *Paris*, 1674. *in-*4.

2238 Relation d'un Voyage fait en 1695. 1696. & 1697. aux côtes d'Afrique, détroit de Magellan, &c. par une efcadre des Vaiffeaux du Roy, commandée par M. de Gennes, faite par Froger. *Paris*, 1698. *in-*12. *avec figur.*    3 . 16

2239 Les Voyages de Thomas Gage dans la nouvelle Efpagne. *Amft.* 1699. 3 *tom. en* 2 *vol. in-*12. *avec figur.*

2240 Hift. de la Conquête du Perou, trad. de l'efpagnol d'Auguftin de Zarate. *Amft.* 1700. 2 *vol. in-*12. *avec figur.*    7 . 6.

2241 Hift. de la Conquête du Mexique, par Fernand Cortez, trad. de l'espagnol de Don Antoine de Solis. *La Haye*, 1692. 2 *vol. in-12. avec figur.*

2242 Journal du dernier Voyage de M. de la Sale dans le Golfe du Mexique, par Joutel. *Paris*, 1713. *in-12.*

2243 Relation d'un Voyage de Moscovie, Tartarie & Perse depuis l'an 1633. jusqu'en 1639. trad. de l'allemand d'Olearius. *Paris*, 1656. *& suiv.* 2 *vol. in-4.*

2244 Description des côtes de l'Amerique septentrionale, par Denys. *Paris*, 1672. 2 *tom. en* 1 *vol. in-12.*

2245 Journal du Voyage fait à la Mer du Sud en 1684. par Raveneau de Lussan. *Paris*, 1689. *in-12.*

2246 Voyages du Baron de la Hontan dans l'Amerique septentrionale. *La Haye*, 1704. 2 *vol. in-12. avec figur.*

2247 Nouveau Voyage vers le Septentrion. *Amst.* 1708. *in-12.*

2248 Recueil de Voyages au Nord. *Rouen*, 1716. 4 *vol. in-12. avec figur.*

2249 Nouvelle relation de l'Afrique occidentale, par le P. Labat. *Paris*, 1728. 5 *vol. in-12. avec figur.*

2250 Voyages de François Coreal aux Indes occidentales, trad. de l'espagnol. *Paris*, 1722. 2 *vol. in-12. avec figur.*

2251 Les Voyages de Jean Struys. *Lyon*, 1682. 3 *vol. in-12. avec figur.*

2252 Voyage autour du monde, par Dampier. *Amst.* 1698. 5 *vol. in-12. avec figur.*

2253 Voyage du tour du monde, trad. de l'italien de Gemelli Careri. *Paris*, 1719. 6 *vol. in-12. avec figur.*

2254 Voyages de Thevenot en Europe, Asie & Afrique. *Amst.* 1727. 5 *vol. in-12. avec figur.*

2255 Voyage de l'Isle de Ceylan, par Robert Knox. *Amsterd.* 1693. 2 *tom. en* 1 *vol. in-*12. *avec figur.*

2256 Voyage de la France équinoxiale en l'Isle de Cayenne, par Biet. *Paris*, 1664. *in-*4.

2257 Voyage d'un pays plus grand que l'Europe, avec les *réflexions des entreprises du sieur de la Salle sur les Mines de sainte Barbe, &c. Utrecht*, 1698. *in-*12. *avec figur.*

2258 Voyages de de Monconys. *Paris*, 1695. 4 *vol. in-*12. *avec figur.*

2259 Histoire des Sevarambes. *Amsterd.* 2 *tom. en* 1 *vol. in-*12.

2260 Les Avantures de Sadeur dans la découverte de la Terre Australe. *aris*, 1705. *in-*12.

2261 Descript. historique du Royaume de Macaçar. *Paris*, 1688. *in-*12.

2262 Relation du Voyage du Royaume d'Issiny, par le Pere Loyer Jacobin. *Paris*, 1723. *in-*12. *avec figur.*

2263 Histoire de la Virginie, trad. de l'anglois. *Orleans*, 1707. *in-*12. *avec figur.*

2264 Hist. de la Conquête des Isles Moluques, par les Espagnols, les Portugais & les Hollandois, trad. de l'espagnol d'Argensola. *Amst.* 1706. 3 *vol. in-*12. *avec figur.*

2265 Voyage de Guinée, par Bosman. *Utrecht*, 1705. *in-*12. *avec figur.*

2266 Joan. Bisselii Palæstinæ seu Terræ sanctæ Topothesia. *Dilinga*, 1679. *in-*12.

2267 Joan. Cotovici Itinerarium Hierosolymitanum & Syriacum; accedit Synopsis Reipublicæ Venetæ. *Antuerp.* 1619. *in-*4. *cum figur.*

2268 La Terre sainte, ou description des saints Lieux & de la Terre de promission, par le Pere Roger Recollect. *Paris*, 1664. *in-*4.

2269 Relation d'un Voyaye en Egypte, par Vansleb, en 1672 & 1673. *Paris*, 1677. *in-*12.

2270 Relation d'un Voyage de Constantinople, par Grelot. *Paris*, 1680. *in*-4. *avec figur.*

2271 Voyage du Mont-Liban, trad. de l'italien de Jerôme Dandini, *Paris*, 1685. *in*-12.

2272 Le Bouclier de l'Europe, ou la Guerre sainte, avec une Relation des Voyages faits dans la Turquie, la Thebaïde & la Barbarie, par Coppin. *Lyon*, 1686. *in*-4.

2273 Voyage d'Alep à Jerusalem, trad. de l'anglois de Henri Maundrell. *Utrecht*, 1705. *in*-12.

2274 Relat. histor. d'un Voyage fait au Mont de Sinaï & à Jerusalem, par Morison. *Toul*, 1704. *in*-4.

2275 Voyage de Syrie & du Mont-Liban, par de la Roque. *Paris*, 1722. 2 *vol. in*-12. *avec figur.*

2276 Description de l'Isle de Formosa en Asie, dressée sur les Mémoires de George Psalmanaazaar. *Amst.* 1708. *in*-12. *avec figur.*

2277 Troisiéme Voyage de Paul Lucas fait en 1714. dans la Turquie, l'Asie, la Sourie, la Palestine, l'Egypte, &c. *Rouen*, 1719. 3 *vol. in*-12. *avec figur.*

2278 Voyage de Joly à Munster en Westphalie, en 1646. & 1647. *Paris*, 1670. *in*-12.

2279 Les Voyages & observations du sieur la Boullaye le Gouz, en Italie, Grece, Arabie, &c. *Paris*, 1653. *in*-4.

2280 Le Voyageur d'Europe, par Jouvin. *Paris*, 1672. 3 *vol in*-12. *avec figur.*

2281 Relation de plusieurs Voyages faits en Hongrie, Servie, Bulgarie, &c. trad. de l'anglois de Brown. *Paris*, 1674. *in*-4. *avec figur.*

2282 Relation d'un Voyage en Angleterre, par Sorbiere. *Cologne*, 1666. *in*-12.

2283 Réponse aux faussetés qui se lisent dans la Relation du Voyage de Sorbiere en Angleterre. *Amst.* 1675. *in*-12.

2284 Nouveau Voyage d'Italie, par de Seine. *Lyon*, 1699. 2 *vol. in*-12.

2285 Voyages de Misson. *La Haye*, 1698. 3 vol. *in-12. avec fig.*

2286 Remarques de M. Addisson sur divers endroits d'Italie, pour servir de IV. vol. aux Voyages de Misson. *Paris*, 1722. *in-12. avec fig.*

2287 Hispaniæ & Lusitaniæ Itinerarium. *Amstel.* 1656. *in-12. cum figur.*

2288 Journal d'un Voyage d'Espagne. *Paris*, 1669. *in-4.*

2289 Voyages du P. Labat en Espagne & en Italie. *Paris*, 1730. 8 vol. *in-12. avec fig.*

2290 Journal d'un Voyage de France & Italie, fait par un Gentilhomme François en 1660. & 1661. *Paris*, 1667. *in-8.*

2291 Voyages de du Mont en France, en Italie, en Allemagne, à Malthe & en Turquie. *La Haye*, 1699. 5 vol. *in-12. avec figur.*

2292 Le Voyage de France dressé pour la commodité des François & étrangers. *Paris*, 1687. *in-12.*

2293 Nouveau Voyage de France. *Paris*, 1724. *in-12. avec figur.*

2294 Relations historiques des Voyages de Charles Patin en Allemagne, Angleterre, Hollande, &c. *Lyon*, 1674. *in-12.*

2295 Voyage de Burnet en Suisse, en Italie & en quelques endroits d'Allemagne & de France, ès années 1685. & 1686. *Rotterd.* 1687.

2296 Voyage de Bachaumont & Chappelle. *Utrecht*, 1697. *in-12.*

# CHRONOLOGIE

## ET HISTOIRE UNIVERSELLE.

2297 Freculphi episc. Lexov. Chronicorum libri duo, quorum prior ab initio mundi ad Christi nativitatem, posterior ad Francorum & Longobardorum regna res geftas continet. 1597. *in-8.*

2298
{
Adonis Viennenfis archiepifcopi, Breviarium chronicorum ab origine mundi ad
annum 880. *Parif.* 1561. *in-8.*

S. Gregorius Turonicus de gloria Martyrum & de gloria Confefforum. *Parif.*
1563. *in-8.*

Idatii Chronicon & Fafti confulares, ftudio Jac. Sirmondi Soc. Jefu. *Parif.*
1619.
}

2299
{
Anaftafii Bibliothecarii Sedis apoftolicæ
Collectanea, edita per Jac. Sirmondum.
*Parif.* 1620.

Appendix Codicis Theodofiani, novis
Conftitutionibus cumulatior, opera
Jac. Sirmondi. *Parif.* 1631. *in-8.*
}

2300 Jac. Gordoni opus chronologicum, à mundi exordio ad ann. 1617. *Auguftoriti Pictonum,*
1617. *in-fol.*

2301 Jac. Coccæi Epiftola de mundi fyftemate.
*Amft.* 1660. *in-4.*

2302 Joan. Marshami Canon chronicus, egyp-
tiacus, hebraicus, græcus, & difquifitiones. *Lipfia,* 1676. *in-4.*

2303 Bucherius de doctrina temporum. *Antuerp.*
1634. *in-fol.*

2304 Dion. Petavii è Soc. Jefu Rationarium temporum. *Parif.* 1633. 2 *vol. in-12.*

2304 * Idem. *Parif.* 1636. *in-8.*

2305 Le Difciple des temps , ou libre réplique
touchant l'origine de Job , contre la doctrine
des temps du P. Petau , par d'Auzoles Lapeyre.
*Paris,* 1631. *in-12.*

2306 Chronicon Hebræorum majus & minus hebraicè; cum verf. & notis Joannis Meyeri: accedunt ejufd. differt. de hift. facræ origine & in-
tegritate, adv. Rich. Simonium. *Amft.* 1699.
*in-4.*

2307

2307 Martini Poloni Chronicon. *Antuerp.* 1674. *in*-8.

2308 L'Antiquité des tems, rétablie & défendue contre les Juifs & les nouveaux Chronologistes, ( par Paul Pezron. ) *Paris*, 1688. *in*-12.

2309 Défense de l'antiquité des tems, par le même. *Paris*, 1691. *in*-4.

2310 Histoire du Calendrier romain, contenant son origine & les changemens qui lui sont arrivés, par Blondel. *La Haye*, 1684. *in*-8. avec 2 figures.

2311 Henricus Noris Cardin. de anno & epocha Syro-Macedonum ; acced. dissertationes de paschali Latinorum cyclo annorum LXXXIV. ac Ravennate annorum XCV. *Lipsiæ*, 1696. *in*-4.

2312 Observations sur le Kalendrier romain, spécialement sur la célébration de la Pasque. *Paris*, 1667. *in*-12.

2313 Suite du traité histor. de l'ancienne Pâque des Juifs. *Paris*, 1694. *in*-12.

2314 Abrégé de l'Histoire universelle, par le Bret. *Paris*, 1679. 3 *vol. in*-12.

2315 Discours sur l'Histoire universelle, par M. Bossuet. *Paris*, 1709. 2 *vol. in*-12.

2316 Mémoires pour servir à l'Histoire universelle de l'Europe depuis 1600. jusqu'en 1716. avec des réflexions critiques. *Paris*, 1693. 4. *vol. in*-12.

2317 Petri Megerlini Theatrum divini regiminis à mundo condito ad nostrum sæculum, delineatum in tabula mathematico-historica. *Basileæ*, 1683. *in*-4.

2318 Introduction à l'histoire des principaux Etats d'Europe, trad. de l'allemand de Puffendorf, par Rouxel. *Amst.* 1710. 4 *vol. in*-12. *avec figur.*

2319 Paulii Jovii Historiæ sui temporis. *Lugd.* 1561. 3 *vol. in*-18.

2320 Adolphi Brachelii Historiæ nostri temporis

continuatæ ad annum 1654. *Amst.* 1659. 2 *vol.*
*in-*12.

2321 Hist. abrégée du siécle courant depuis 1600.
jusqu'à présent. *Paris*, 1687. *in-*12.

2322 L'Espion dans les Cours des Princes Chrétiens. *Cologne*, 1710. 6 *vol. in-*12. *avec fig.*

# HISTOIRE ECCLESIASTIQUE.

2323 Joan. Harduini Chronologia Vet. Testam.
*Paris.* 1699. *in-*4.

2324 Usserii Annales Veteris & Novi Testamenti.
*Bremæ*, 1686. *in-fol.*

2325 Sulpicii Severi Historia sacra, edente Dru-
sio. *Arnhemiæ*, 1607. *in-*8.

2326 Eusebii, Socratis, Theodoreti, &c. Historia
ecclesiastica, græcè & latinè. *Geneva*, 1612.
*in-fol.*

2327 Eusebii, Socratis, Sozomeni, Theodoreti &
aliorum Historia ecclesiastica, gr. & lat. ex versione & cum notis Valesii. *Paris.* 1673. 3 *vol.*
*in-fol.*

2328 Nicephori Callisti Historia ecclesiastica, ex
versione & cum scholiis Joan. Langi. *Paris.* 1562.
*in-fol.*

2329 Nicephori Callisti Historia ecclesiastica, gr.
& lat. interprete Frontone Ducæo, *Paris.* 1730.
2 *vol. in-fol.*

2330 Hist. de l'Eglise, par M. Godeau. *Brusseles*,
1697. 6 *vol. in-*12.

2331 Cæsaris Baronii Card. Annales ecclesiastici.
*Antuerp.* 1612. & *suiv.* 12 *vol. in-fol.*

2332 Henr. Spondani Annales ecclesiastici ex Baronio, in epitomen redacti. *Paris.* 1689. 2 *vol.*
*in-fol.*

2333 Henr. Spondani Continuatio annalium Baronii. *Paris.* 1659. 2 *vol. in-fol.*

2334 Henr. Spondani Annales sacri à mundi creatione ad ejufdem reparationem. *Parif.* 1639. *in-fol.*

2335 Anton. Pagi Critica in annales Baronii. *An-* *tuerp.* 1705. 4 *vol. in-fol.*

2336 Friderici Spanhemii opera, Hiftoriam facram & ecclefiafticam complectentia. *Lugd.B'at.*1701. 3 *vol.in-fol.*

2337 Joh. Henrici Hottingeri Hiftor. ecclefiaftica Novi Teftamenti. *Tiguri*, 1651. 9 *vol. in-*8.

2338 Ecclefiaftica Hiftoria per Centurias, ex op- timis Hiftoricis & Patribus congefta, per ali- quot ftudiofos viros Magdeburgenfes. *Bafilea*, 1559. *& fuiv.* 6 *vol. in-fol.*

2339 Timanni Geffelii Hiftoria facra & ecclefia- ftica, ab anno mundi ad annum Chrifti 1125. *Traject. ad Rhenum*, 1659. 2 *vol. in-*4.

2340 Chriftoph. Sandii Nucleus Hiftoriæ eccle- fiafticæ, exhibitus in hiftoria Arianorum. *Co- loniæ*, 1676. *in-*4.

2341 Hiftoria geftorum in Ecclefia memorabilium, ab anno 1517. ad ann. 1546. aut. de la Bizar- diere. *Parif.* 1700. *in-*12.

2342 
- Hift. Symboli apoftolici, cum obfervat. criticis, ex anglico in latinum tranfla- ta. *Lipfia*, 1706.
- J. Nicolai Tractatus de Synedrio Ægip- tiorum, illorumque legibus infigniori- bus. *Lugd. Bat.* 1706.
- Compendium de primo & fecundo Ada- mo, five de falute per illum amiffa, per hunc recuperata. *Amft.* 1700.
- Hadrianus Beverlandus de fornicatione ca- venda. *Lond.* 1698. *in-*8.

2343 P. Natalis Alexandri Hiftoria ecclefiaftica. *Parif.* 1689. 32 *vol. in-*8.

2344 Hiftoire ecclefiaftique, par M. Fleury. *Paris*, 1713. *& fuiv.* 20 *vol. in-*4.

2345 Hift. ecclefiaftique, par M. Fleury, avec la

Continuation. *Paris*, 1724. *& suiv.* 32 *vol. in-12.*

2346 {
Les mœurs des Chrétiens, par M. Fleury. *Bruxelles*, 1700. *in-12.*
Les mœurs des Israëlites, par le même. *Bruxelles*, 1700. *in-12.*
}

2347 Hist. de l'Eglise, par l'Abbé de Choisi. *Paris*, 1727. 11 *vol. in-12.*

2348 Mémoires pour servir à l'Histoire ecclesiastique des VI. premiers siecles, par M. le Nain de Tillemont. *Paris*, 1693. *& suiv.* 15 *vol. in-4.*

2349 Mémoires chronologiques & dogmatiques, pour servir à l'Histoire ecclesiastique depuis 1600. jusqu'en 1716. 1720. 4 *vol. in-12.*

2350 Sam. Basnagii Annales ecclesiastici, à Cæsare Augusto ad Phocam usque. *Roterd.* 1706. 2 *vol. in-fol.*

2351 Histoire de l'Eglise, par Basnage. *Rotterd.* 1699. 2 *vol. in fol.*

2352 Table chronographique de l'état du Christianisme jusqu'en 1651. par le P. Gaultier Jesuite. *Lyon*, 1651. *in-fol.*

2353 Mémoires de l'Eglise, par de la Rocque. *Paris*, 1693. *in 4.*

2354 Edm. Richerii Historia Conciliorum. *Colon.* 1681. 3 *vol. in-4.*

2355 Sguropuli Historia Concilii Florentini. *Hagæ*, 1660. *in-fol.*

2356 Hist. du Concile de Bâle, par l'Enfant. *Amst.* 1731. 2 *to. en 1 vol. in-4. avec fig.*

2357 Nouvelle Histoire du Concile de Constance, par Bourgeois du Châtenet. *Paris*, 1718. *in-4.*

2358 Petri Suavis Polani Historia Concilii Tridentini. *Augusta Trinobantum*, 1620. *in-fol.*

2359 Pallavicini Hist. Concilii Tridentini, contra falsam Paoli Suavis Polani narrationem. *Antuerp.* 1677. 3 *vol. in-4.*

2360 Lettres & Mémoires de François de Vargas,

touchant le Concile de Trente. *Amst.* 1700. *in-8.*

2361 Lettres anecdotes & Mémoires historiques du Nonce Visconti Ministre secret du Pape Pie IV. au Concile de Trente, par Aymon. *Amst.* 1719. 2 *vol. in-12.*

2362 Historia Pelagiana , & Dissertatio de Synodo V. œcumenica, autore Henrico de Noris. *Lovanii* , 1702. *in-fol.*

2363 { De diluvii universalitate Dissertatio prolusoria. *Genevæ* , 1667. Abr. Mylius de origine animalium & migratione populorum. *Genevæ*, 1667. *in-12.*

2364 Eclaircissemens sur la Doctrine & sur l'Histoire ecclesiastique des deux premiers siécles. *Mastricht* , 1695. *in-8.*

2365 Ant. Gallonius de cruciatibus Martyrum, cum figuris in ære incisis per Anton. Tempestam. *Paris.* 1659. *in-4.*

2366 Acta primorum Martyrum , studio D. Ruinart. Mon. Bened. è Congr. S. Mauri. *Paris.* 1689. *in-4.*

2366 * Eadem. *Amst.* 1713. *in-fol.*

2367 Les Vies des Saints, par M. Baillet. *Paris* 1704. & *suiv.* 17 *vol. in-8.*

2368 Passio SS. Perpetuæ & Felicitatis, cum notis Holstenii. *Paris.* 1664. *in-8.*

2369 Hagiologium Lugdunense , sive de sanctis Lugduni præsidibus. *Lugd.* 1662. *in-fol.*

2370 La Vie de S. Athanase, par Hermant. *Paris* , 1672. 2 *vol. in-8.*

2371 La Vie de S. Cyprien. *Paris* , 1717. *in-4.*

2372 La Vie de S. Irenée. *Paris*, 1723. 2 *vol. in-12.*

2373 La Vie de S. Ignace Fondateur de la Compagnie de Jesus. *Paris* , 1679. 2 *vol. in-12.*

2374 La Vie de Dom Barthelemi des Martyrs. *Paris* , 1679. *in-8.*

2375 De Maria Magdalena , Triduo Christi, &

una ex tribus Maria. *Parif.* 1519. *in-4.*

2376 Diſſertation pour la défenſe des deux Saintes, Marie-Magdelaine & Marie de Bethanie
Sœurs de Saint Lazare, contre ceux qui n'en
font qu'une ſeule perſonne. *Paris,* 1695. *in-12.*

2377 Joan. Launoii duplex Diſſertatiō, una de
autore vitæ S. Maurilii Andegav. Epiſcopi ; altera hiſtoriam Renati Andegav. Epiſcopi hiſtoriam attingens. *Parif.* 1663. *in-8.*

2378 Diſſertatio de verbis Uſuardi, quæ in Mar-
tyrologio Eccleſiæ Pariſienſis referuntur in feſto
Aſſumptionis B. Mariæ, aut. Claudio Joly.
*Senonis,* 1669. *in-12.*

2379 L'Hiſtoire de la Robe ſans couture de N. S.
J. C. qui eſt réverée dans le Monaſtere d'Argen-
teuil, avec un abregé de l'hiſt. de ce Monaſtere,
par G. Gerberon. *Paris,* 1677. *in-12.*

2380 Traité hiſtor. de l'établiſſement & des prérogatives de l'Egliſe de Rome, par Maimbourg.
1688. *in-12.*

2381 Platina de vita & moribus ſummorum Pontificum. *Parif.* 1530. *in-8.*

2382 Le Vite de gl'Imperatori & Pontefici Romani, da Franc. Petrarcha. *Geneva,* 1625. *in-4.*

2383 Dav. Blondellus de Joanna Papiſſa. *Amſt.*
1657. *in-8.*

2384 Traité contre l'éclairciſſement donné par
Blondel, en la queſtion, ſi une femme a été
aſſiſe au Siege Papal de Rome entre Leon IV.
& Benoît III. par Cougnard. *Saumur,* 1655.
*in-8.*

2385 La Cour de Rome la ſainte, ou traité des
Cérémonies qui s'obſervent à Rome ès actions
célebres & publiques, &c. par Vavre. *Paris,*
1623. *in-8.*

2386 Conclavi de Pontefici Romani. 1668. *in-12.*

2387 Conclave fatto per la Sede vacante d'Aleſ-
ſandro VII. nel quale fu creato Pontefice il

Cardinale Giulio Rospigliosi, detto Clemente IX. 1669. *in-12.*

2388 Relation du Conclave de 1670. par Amelot de la Houssaie. *Paris*, 1676. *in-18.*

2389 Histoire du Pontificat de S. Gregoire le Grand, par le Pere Maimbourg. *Paris*, 1686. 2 *vol. in-12.*

2390 Hist. du Pontificat de S. Leon le Grand, par le P. Maimbourg. *Paris*, 1697. 2 *vol. in-12.*

2391 L'Hist. de la Vie du Pape Sixte. V. trad. de l'italien de Gregorio Leti. *Paris*, 1690. 2 *tom.* en 1 *vol. in-12.*

2392 Joan. Sleidani de statu Religionis & Reipublicæ Commentarii, Carolo Quinto Cæsare. 1557. *in-8.*

2393 Ecclesiæ Gallicanæ in Schismate status. *Paris.* 1594. *in-8.*

2394 Récueil des nullitez survenues dans l'institution prétendue réguliere de la Congregation de la Doctrine Chrétienne en France, par G. de Tregouin. *Paris*, 1645. *in-4.*

2395 Récueil de Piéces touchant l'Hist. de la Compagnie de Jesus, composée par le P. de Jouvancy. *Liege*, 1716. *in-12.*

2396 D. Urbani Papæ VIII. suppressio prætensæ Congregationis Jesuitissarum. *Juxt. ex. Bruxel.* 1631. *in-4.*

2397 Hist. de la Congrégation des Filles de l'Enfance, établie à Toulouse en 1652. & supprimée en 1686. *Amst.* 1734. 2 *vol. in-12.*

2298 Martyrologium Germanicæ Ecclesiæ cum comment. Frider. Beckii. *Aug. Vindel.* 1687. *in-4.*

2399 Melch. Goldasti Monarchia S. Romani Imperii. *Hanoviæ*, 1611. 3 *vol. in-fol.*

2400 Ecclesia Africana sub Primate Carthaginensi, per Eman. à Scheltrate. *Antuerp.* 1680. *in-4.*

2401 Joan. Comenii Historia Fratrum Bohemorum. *Halæ*, 1702. *in-4.*

2402 Historia Monothelitarum, atque Honorii Controversia. *Parif.* 1678. *in-8.*

2403 Histoire des Eglises Vaudoises, par Leger. *Leyde*, 1669. *in-fol. avec figur.*

2404 Histoire des Vaudois, par Paul Perrin. *Geneve*, 1619. *in-8.*

2405 Hist. des mouvemens arrivés dans l'Eglise au sujet d'Origene & de sa doctrine, par le P. Doucin Jesuite. *Paris*, 1700. *in-12.*

2406 Barthol. Germon de veteribus Hæreticis ecclesiasticorum codicum corruptoribus. *Parif.* 1713. *in-8.*

2407 Gabr. Prateoli Elenchus Hæreticorum omnium, ab orbe condito ad nostra usque tempora. *Colon.* 1605. *in-4.*

2408 Arnoldi Meshovii Historia Anabaptisticæ. *Colonia*, 1517. *in-4.*

2409 Histoire des Anabaptistes, concernant leur doctrine, les troubles qu'ils ont causés & ce qui s'est passé à leur égard depuis 1521. jusqu'à present. *Amsterd.* 1700. *in-12. avec figur.*
Histoire secrette de la Reine Zarah, ou la Duchesse de Malborough démasquée, trad. de l'anglois. *Oxford.* 1711. *in-12.*

2410 Jac. Usserii Britannicarum Ecclesiarum antiquitates. *Londini*, 1687. *in-fol.*

2411 Relation de l'état de la Religion, trad. de l'anglois du Chevalier Edwin Sandis. *Geneve*, 1626. *in-8.*

2412 Critique du neuviéme Livre de l'Histoire de Varillas, où il traite des Révolutions arrivées en Angleterre en matiere de Religion, trad. de l'anglois de Burnet. *Amst.* 1686. *in-8.*

2413 Hist. des Edits de pacification & des moyens que les P. R. ont employé pour les obtenir, (par P. Soulier.) *Parts*, 1682. *in-8.*

2414 Syſtema hiſtorico-chronologicum Eccleſiarum Slavonicarum, opera Regenvolſcii. *Trajecti.* 1652. *in*-4.

2415 Hiſtoire des Révolutions arrivées en Europe en matiere de Religion, par Varillas. *Paris,* 1686. 8 *vol. in*-12.

2416 Lettres de M. le Grand à M. Burnet, touchant l'hiſt. des Variations, l'hiſt. de la Réformation & l'hiſt. du Divorce de Henry VIII. & de Catherine d'Arragon. *Paris,* 1691. *in*-12.

2417 Réponſe de M. Varillas à la Critique de M. Burnet, ſur les deux premiers tomes de l'hiſt. des Révolutions arrivées en Europe en matiere de Religion. *Paris,* 1687. *in*-8.

2418 Hiſt. des Croiſades, par le P. Maimbourg. *Paris,* 1680. 4 *vol. in*-12.

2419 Hiſt. des Iconoclaſtes, par le P. Maimbourg. *Paris,* 1683. 2 *vol. in*-12.

2420 Hiſt. du Schiſme des Grecs, par le P. Maimbourg. *Paris,* 1677. *in*-4.

2421 Hiſt. de l'Arianiſme, par le P. Maimbourg. *Paris,* 1673. *in*-4. tom. 2.

2422 Hiſt. de l'Arianiſme, par le P. Maimbourg. *Paris,* 1683. 3 *vol. in*-12.

2423 Hiſt. du Schiſme d'Occident, par le P. Maimbourg. *Paris,* 1698. *in*-4.

2424 Hiſt. du Lutheraniſme, par le P. Maimbourg. *Paris,* 1680. *in*-4.

2425 Hiſt. du Calviniſme, par le P. Maimbourg. *Paris,* 1682. *in*-4.

2426 Hiſtoire du Calviniſme & celle du Papiſme miſes en parallele, ou Apologie des Réformés, contre le P. Maimbourg. *Rotterd.* 1683. 2 *tom.* en 1 *vol. in*-4.

2427 Critique generale de l'Hiſt. du Calviniſme de Maimbourg. *Villefranche,* 1683. 2 *vol. in*-12.

2428 Nouvelles Lettres de l'auteur de la Critique generale de l'Hiſtoire du Calviniſme de Maimbourg. *Villefranche*, 1685. 2 *vol. in-12.*

2429 Hist. du Socinianisme. *Paris*, 1723. *in-4.*

2430 Differtation fur le martyre de la Legion Thébéene, par Jean Dubourdieu Miniftre de Montpellier. *Amft.* 1705. *in-12.*

2431 Hift. des Variations des Eglifes proteftantes, par M. Boffuet. *Paris*, 1688. 2 *vol. in-4.*

2432 Défenfe de l'Hift. des Variations, contre la réponfe de Bafnage, par M. Boffuet. *Paris*, 1691. *in-12.*

2433 Hiftoire du progrez & de la décadence de l'Hérefie moderne, par Florimond de Remond, (Louis Richeome.) *Paris*, 1629. 2 *tom. en* 1 *vol. in-4.*

2433 * La même. *Rouen*, 1648. *in-4.*

2434 Hiftoire de l'Edit de Nantes. *Delft*, 1693. 5. *vol. in-4.*

2435 Réfutation des trois Differtations de M. de Launoy, contre les Miffions Apoftoliques dans les Gaules au premier fiécle, par Jean Boudennet. *Paris*, 1653. *in-4.*

2436 Melch. Leydeckeri Hift. Janfenifmi. *Traject.* 1695. *in-8.*

2437 J. B. Cotelerii monumenta Ecclefiæ Græcæ. *Paris*, 1677. 3 *vol. in-4.*

2438 Hiftoire de l'Eglife grecque & de l'Eglife armenienne, trad. de l'anglois du Chevalier Ricaut, par de Rofemond. *Amft.* 1710. *in-12.*

     Dialogues du Baron de la Hontan & d'un Sauvage de l'Amérique, contenant une defcription des mœurs & des coutumes de ces Peuples Sauvages. *Amft.* 1704. *in-12. avec figur.*

2439 Relation de l'Inquifition de Goa. *Paris*, 1688. *in-12. avec figur.*

2440 L'Hiftoire & la Religion des Juifs, pour fervir de Continuation à l'Hiftoire de Jofeph, par

Bafnage. *Rotterd. 1707. 6 vol. in-12 avec fig.*

2441 Réflexions fur l'Hiftoire des Juifs. *Geneve,* 1721. 2 *vol. in-12.*

2442 Cérémonies & Coutumes des Juifs, trad. de l'italien de Leon de Modéne, par de Simonville, ( Rich. Simon. ) *Paris,* 1681. *in-12.*

2443 Hift. critique de la créance & des coutumes des nations du Levant, par de Moni, ( Richard Simon.) *Francfort,* (*Holl.*) 1693. *in-12.*

2444 J. Henrici Othonis Hiftoria Doctorum Mifnicorum. *Oxon.* 1672. *in 24.*

2445 Traité fur quelques points de la Religion des Chinois, par le P. Longobardi. *Paris,* 1701. *in 12.*

2446 Gerard. Croefii Hiftoria Quakeriana, five de vulgò dictis Quakeris. *Amft.* 1695. *in-12.*

# HISTOIRE ANCIENNE.

2447 Herodoti Halicarnaffei Hiftoriarum libri IX. gr. & lat. interprete Valla, ex recenfione Henrici Stephani, cum fpicilegio Sylburgii. *Geneve,* 1618. *in-fol.*

2448 Dionyfii Halicarnaffei Antiquitates romanæ, latinè. *Bafilea,* 1532. *in-fol.*

2449 Caii Suetonii opera, cum notis Boxhornii. *Lugd. Bat.* 1645. *in-24.*

2450 Lævini Torrentii Commentarii in Suetonii XII. Cæfares. *Antuerp.* 1578. *in-8.*

2451 C. Julii Cæfaris Commentarii. *Lugd. apud Griphium,* 1538. *in-8.*

2452 Titi Livii opera, ex recenfione Gronovii. *Tolofa,* 1663. 3 *vol. in-12.*

2453 J. Tolandi Adeifidaemon, five T. Livius à fuperftitione vindicatus. *Haga Comitis,* 1709. *in-12.*

2454 P. Cornelii Taciti opera. *Parif.* 1611. *in-18.*

2455 P. Cornelii Taciti Annales. *Lugdun. apud Gryph.* 1551. *in-18.*

2456 Herodiani Historiarum libri VIII. græcè, cum interpret. latina. *Ingolstadii*, 1617. *in-8*.

2457 Varii Historiæ romanæ Scriptores, partim græci, partim latini, in unum corpus redacti. 1568. *Henr. Steph. in-8*.

2458
{ Trebellius Pollio & Flavius Vopiscus, cum notis J. B. Egnatii.
Aurelius Victor, Pomponius Lætus & J. B. Egnatius de principibus Romanorum. *Pariſ.* 1644. *in-8*. }

2459 Justini Historiarum libri XLIV. cum notis Is. Vossii. *Lugd. Bat.* 1640. *in-24*.

2460 Histoire Romaine, par Coeffeteau. *Paris*, 1679. *in-4*.

2461 C. Sallustii opera, cum scholiis Aldi Manutii. *Geneva*, 1615. *in-18*.

2462 Justus Lipsius de magnitudine romana. *Pariſ.* 1698. *in-8*.

2463 Ammiani Marcellini opera, cum annotationibus Henr. Valesii. *Pariſ.* 1681. *in-fol*.

2464 Petr. Cantellus de romana Republica, sive de re militari & civili Romanorum ad explicandos Scriptores antiquos. *Ultraj.* 1707. *in-12*.

2465 Antonii Papi, Ord. Minorum, Dissertatio hypatica de Consulibus Cæsareis. *Lugd.* 1682. *in-4*.

2466 Historiæ Augustæ Scriptores, cum notis Variorum. *Lugd. Bat.* 1661. *in-8*.

2467 Hist. des Empereurs, par le Nain de Tillemont. *Paris*, 1690. & *suiv.* 5 *vol. in-4*.

2468 Vitæ Pompeii magni & Cæsarum, usque ad Alexandrum Mammeæ filium, ex Dione Nicæo excerptæ, & in epitomes formam redactæ, per Joannem Xiphilinum, græcè, interprete Guillielmo Blanco. *in-8*.

2469 Hist. des révolutions de la République romaine, par l'Abbé de Vertot. *Paris*, 1727. 3 *vol. in-12*.

2473 Joan. de Laet Notæ ad differtationem Hug.
Grotii de origine gentium Americanarum. *Amft.*
1643. *in-*12.

2471 Thomæ Hyde Hiftoria Religionis veterum
Perfarum. *Oxonii*, 1700. *in-*4.

# HISTOIRE D'ITALIE,

## D'ALLEMAGNE , DE FLANDRES , DE HOLLANDE , D'ESPAGNE , D'AN-GLETERRE, DE DANEMARCK, &c.

2472 Kircheri Latium , five Latii veteris & novi
defcriptio. *Amftel.* 1671. *in-fol. cum figur.*

2473 Defcrittione di Roma antica e moderna. *in
Roma* , 1643. *in-* 8. *cum figur.*

2474 Relation de Rome, tirée d'un des plus beaux
cabinets de Rome. *Paris*, 1662. *in-*12.

2475 Les Délices de l'Italie. *Paris*, 1707. 4 *vol.
in-*12. *avec figur.*

2476 Rome ancienne & moderne, par de Seine.
*Leide*, 1713. 9 *vol. in-*12. *avec figur.*

2477 Le Gouvernement de Rome, où il eft traité
de la Religion, de la Juftice & de la Police, par
le Sr de S. Martin. *Caen*, 1652. *in-*8.

2478 Relation de la Cour de Rome , faite l'an
1661. au Confeil du Pregadi, par Angelo Cor-
raro Ambaffadeur de Venife auprès du Pape
Alexandre VII. *Leide* , 1663. *in-*12.

2479 Mémoires des intrigues de la Cour de Rome depuis 1669. jufqu'en 1676. *Paris*, 1677.
*in-*12.

2480 L'Etat du Siege de Rome, avec une idée du
gouvernement , des manieres & des maximes
politiques de la Cour de Rome. *Cologne*, 1707.
3 to. en 1 *vol. in-*12.

2481 Hift. particolare delle cofe paffate tra il fom-
mo Pontefice Paolo V. e la Republica di Vene-

Q

tia, dal Padre Paolo. *in Mirandola*, 1675. *in-12.*

2482 Hiſtoire du Gouvernement de Veniſe, par Amelot de la Houſſaie. *Paris*, 1676. 2 *vol. in-12.*

Examen de la liberté originaire de Veniſe, trad. de l'italien. *Ratiſbone.* 1677. *in-12.*

2483 Relation de l'Etat de Gennes, par le Moine. *Paris*, 1675. *in-12.*

2484 L'Italie françoiſe, ou les éloges des Princes & Seigneurs de ce pays affectionnés à la Cour de France, par J. B. l'Hermite dit Triſtan. *Paris*, 1664. *in-4.*

2485 Divers Mémoires concernant les dernieres guerres d'Italie. *Paris*, 1669. 2 *vol. in-12.*

2485* Relation des mouvemens de la ville de Meſſine, depuis l'an 1671. juſqu'à préſent. *Paris*, 1675. *in-12.*

2486 Défenſe de la Monarchie de Sicile contre les entrepriſes de la Cour de Rome. 1716. *in-12.*

2487 Deſcription du royaume de Sardaigne, avec pluſieurs pieces curieuſes concernant les intérêts des Princes par rapport à ce royaume. *La Haye*, 1725. *in-12. avec figur*

2488 Diſſertatio de ratione ſtatûs in Imperio Romano-Germanico, aut. Hippolito à Lapide. *Freiſtadii*, 1647. *in-12.*

2489 Etat préſent de l'Empire d'Allemagne, trad. du latin de Severinus de Monſembano. *Paris*, 1675. *in-12.*

2490 Hiſt. d'Allemagne ancienne & nouvelle, par de Prade. *Paris*, 1684. 2 *vol. in-12.*

2491 Hiſtoire de l'Empire, par Heiſs. *La Haye*, 1685. 2 *vol. in-8.*

2492 L'Etat préſent de l'Empire, avec une critique de l'Hiſtoire de Heiſs. par l'abbé de Vayrac. 1711. *in-12.*

2493 Manifeſtes de quelques Princes de l'Empire

sur l'état présent de l'Allemagne. *Paris*, 1675. *in*-12.

2494 Histoire de l'élection & couronnement du Roi des Romains, trad. de l'italien de Camini, par le Secq. *Paris*, 1613. *in*-8.

2495 Mémoires & Négociations secretes du Comte d'Harrach Ambassadeur de l'Empereur à la Cour de Madrid, par de la Torre. *La Haye*, 1720. 2 *tom. en* 1 *vol. in*-12.

2496 La Vie de Christophle Bernard Van Galen, Evêque de Munster. *Leyde*, 1679. *in*-12. *avec figur.*

2497 Pompe funebre du Prince Albert Archiduc d'Autriche, dessinée par Francquart, & gravée par Corneille Galle. *Bruxel.* 1729. *avec figur.*

2498 Manifeste de l'Electeur de Baviere, & la Lettre de l'Electeur de Cologne à l'Empereur, du 19 Mars 1702. en latin & en françois. 1705. *in*-8.

2499 Les Délices de la Suisse, par Gottlilb Kypeller. *Leyde*, 1714. 4 *vol. in*-12. *avec figur.*

2500 L'Etat présent des Provinces-Unies des Païsbas, trad. de l'anglois du Chevalier Temple. *Paris*, 1674. 2 *to. en* 1 *vol. in*-12.

2501 Remarques sur l'état des Provinces-Unies du Chevalier Temple. *Utrecht*, 1697. *in*-12.

2502 Histoire des Comtes de Hollande & du gouvernement des Provinces-Unies. *Paris*, 1676. *in*-12.

2503 Histoire de Hollande, par de la Neuville. *Paris*, 1693. 4 *vol. in*-12.

2504 Mémoires pour servir à l'hist. de Hollande, par Aubery. *La Fléche*, 1680. *in*-8.

2505 Hist. de la guerre de Hollande, & de ce qui y est arrivé de plus remarquable depuis 1672. jusqu'en 1677. *Colog.* 1689. 2 *to. en* 1 *vol. in*-12.

2506 Mémoires du Comte de Montbas sur les affaires de Hollande. *Utrecht*, 1673. *in*-12.

2506 * Mémoires de Jean de Witt grand Penfionnaire de Hollande, trad. en françois. *La Haye*, 1709. *in-12.*

2507 Hift. de la vie & de la mort de Corneille & Jean de Witt. *Utrecht*, 1709. 2 *vol. in-12. avec figures.*

2508 Hift. de Guillaume I. Prince d'Orange. *Amft.* 1689. *in-12.*

2509 Les Délices de la Hollande. *La Haye*, 1710. 2 *vol. in-12. avec figur.*

2510 Les Délices de la Hollande, compofés par Jean de Parival, & augmentés par Savinien d'Alquié. *Amft.* 1669. *in-18. avec figur.*

2511 Les Délices de Leide. *Leide*, 1712. *in-12. avec figur.*

2512 Les Délices des Pays-Bas. *Bruffelle*, 1711. 3 *vol. in-8. avec figur.*

2513 Le Jardin de Hollande planté & garni de fleurs, de fruits & d'orangeries. *Amfterd.* 1721. *in-12.*

2514 Hifpanicæ dominationis arcana. *Lugd. Bat.* 1653. *in-12.*

2515 Abregé de l'hift. générale d'Efpagne. *Paris*, 1689. 3 *vol. in-12.*

2416 Relation de l'état & du gouvernement d'Efpagne. *Cologne*, 1666. *in-12.*

2517 Mémoires de la Cour d'Efpagne. *La Haye*, 1691. 2 *to. en* 1 *vol. in-12.*

2518 Etat préfent de l'Efpagne ; l'origine des Grands, avec un Voyage d'Angleterre. *Vilefranche*, 1717. *in-12.*

2519 Relation des différends arrivés en Efpagne entre D. Jean d'Autriche & le Cardinal Nitard. *Cologne*, 1677. 2 *to. en* 1 *vol. in-12.*

2520 Hiftoire de la Cour de Madrid dès l'avénement de Philippe V. à la Couronne, avec des confidérations fur l'état préfent de la Monarchie efpagnole. *Cologne*, 1719. *in-12.*

2521 La Guerre d'Espagne, de Baviere & de Flandres, ou Mémoires du Marquis d***. *Cologne,* 1710. 2 *vol. in-12.*

2522 Historia de las guerras civiles de Grenada. *Paris.* 1660. *in-8.*

2523 Relation de ce qui s'est passé en Espagne à la disgrace du Duc d'Olivarez. *Amst.* 1660. *in-12.*

2524 Les Délices de l'Espagne & du Portugal, par Don Juan Alvarez de Colmenar. *Leide,* 1707. 5 *vol. in-12. avec figur.*

2525 Dom Carlos, Nouvelle historique. *Amsterd.* 1673. *in-12.*

2526 Lettres de Filtz-Moritz , trad. de l'anglois par de Garnesai. *Roterdam,* 1718. *in-12.*

2527 Histoire du ministere du Cardinal Ximenez, par Marsollier. *Toulouse ,* 1993. *in-12.*

2528 La Conduite de la Grande Bretagne & de l'Espagne, où l'on démontre les motifs qui ont engagé Sa Majesté Catholique à s'emparer de la Sardaigne, & à entreprendre la conquête de la Sicile, trad. de l'anglois. *Amst.* 1720. *in-12.*

2529 Hist. du Cardinal Alberoni, trad. de l'espagnol. *La Haye,* 1719. *in-12.*

2530 Relation des troubles arrivés dans la Cour de Portugal en 1667. & 1668. *Paris,* 1674. *in-12.*

2531 Relation de la Cour de Portugal sous D. Pedre II. trad de l'anglois. *Amst.* 1702. 2 to. en I vol. *in-12.*

2532 Guil. Camdeni Britannia , sive regnorum Angliæ, Scotiæ & Hiberniæ Descriptio. *Francof.* 1616. *in-8.*

2533 Matthæi Paris Historia major , edente Willelmo Wats. *Paris.* 1644. *in-fol.*

2534 Abregé de l'Histoire d'Angleterre , par Vanel *paris,* 1689. 4 *vol. in-12.*

2535 Glb. Burnet Historia reformationis Ecclesiæ Anglicanæ. *Geneve,* 1689. *in-fol.*

2536 Mémoires de ce qui s'est passé dans la Chré-

tienté depuis le commencement de la guerre en
en 1672. jusqu'à la paix conclue en 1679. par
le Chevalier Temple , trad. de l'anglois. *La
Haye*, 1692. *in-12.*

2537 L'état préfent de l'Angleterre, trad. de l'anglois de Chamberlayne. *Amft.* 1669. *in-12.*

2538 Hift. des révolutions d'Angleterre, par le P.
d'Orleans Jefuite. *Paris*, 1689. *in-12.*

2539 Hift. des révolutions d'Angleterre, par le P.
d'Orleans Jefuite. *Paris*, 1724. *4 vol. in-12.
avec figur.*

2540 Recueil de diverfes pieces fur les affaires
d'Angleterre & autres. *in-8.*

2541 Geog. Batei Elenchus motuum nuperorum
in Anglia, anno 1663. *Londini*, 1663. *2 to. en
1 vol. in-8.*

2542 Les Mémoires d'Edmond Ludlow, contenant ce qui s'eft paffé de plus remarquable fous
le regne de Charles I. jufqu'à Charles II. trad.
de l'anglois. *Amft.* 1699. *3 vol. in-8. avec fig.*

2543 Hiftoire de la rébellion d'Angleterre, par
de Clarendon. *La Haye*, 1704. *6 vol. in-12.*

2544 Apologie pour le ferment de fidélité que le
Roi d'Angleterre requiert de tous fes Sujets tant
ecclefiaftiques, que feculiers. *Londres*, 1609.
*in-8.*

2545 La-Vie d'Elizabeth Reine d'Angleterre, trad.
de l'italien de Gregorio Leti. *Amft.* 1714. *2 vol.
in-12.*

2546 ΕΙΚΟΝΟΚΛΑΣΤΗΣ, ou Réponfe au livre
intitulé : ΕΙΚΩΝ ΒΑΣΙΛΙΚΗ : ou le Pourtrait
de fa Sacrée Majefté durant fa folitude & fes
foufrances, trad de l'anglois de Milton. *Lond.*
1652. *in-12.*

2547 Joan. Miltonii pro fe defenfio, contra Alex.
Morum autorem libelli cui titulus : Regii fanguinis clamor ad cœlum adverfus parricidas An-
glicanos. *Londini*, 1655. *in-12.*

2548 Defensio regia pro Carolo I. ad Carolum II. magnæ Britanniæ regem. 1649. *in-12.*

2549 Joan. Miltonii pro populo Anglicano defensio, contra Salmasii defensionem regiam. *Lond.* 1651. *in-12.*

2550 Histoire de Guillaume III. Roi d'Angleterre, contenant ce qui s'est passé depuis sa naissance jusqu'à la réduction de l'Irlande. *Amst.* 1703. 2 *vol.*

2551 Abrégé de la Vie du Duc de Marlborough & du Prince Eugene de Savoye, trad. de l'anglois. *Amst.* 1714. *in-12.*

2552 La Conduite du Prince de Marlborough dans la présente guerre, trad. de l'anglois. *Amst.* 1714. *in-12.*
Histoire du Maréchal de Fabert, Lieutenant-General des Armées du Roy. 1698. *in-12.*

2553 Relation de trois Ambassades du Comte de Carlisle, de la part de Charles II. Roi d'Angleterre, vers le Czar de Moscovie, Charles Roi de Suede & Frederic III. Roi de Dannemarck, depuis l'année 1663. jusqu'en 1664. *Rouen,* 1670. *in-12.*

2554 Histoire du Droit héréditaire de la Couronne de la grande Bretagne, écrit en faveur du Prince de Galles, trad. de l'anglois. *La Haye,* 1714. 2 *tom. en* 1 *vol in.*8.

2555 La Vie d'Anne Stuart Reine d'Angleterre, trad. de l'anglois. *Rotterd.* 1716. *in-12.*

2556 Etat présent de la grande Bretagne, par Miege. *Amst.* 1708. *in-12.*

2557 Les Intérêts de l'Angleterre mal entendus dans la guerre présente, trad. de l'anglois. *Amst.* 1703. *in-12.*

2558 Mémoires pour servir à l'Histoire d'Angleterre, sous les Regnes de Charles II. & de Jacques II. trad. de l'anglois de Burnet. *La Haye,* 1725. 3 *vol. in-12.*

2559 La Vie du General Monk Duc d'Albemarle, &c. trad. de l'anglois de Thomas Gumble. *Londres*, 1672. *in-12.*

2560 Les Délices de la grande Bretagne & de l'Irlande. *Leide*, 1707. 8 *tom. en 9 vol. in-12. avec figur.*

2561 Hiſtoire naturelle d'Irlande, trad. de l'anglois de Gerard Boate. *Paris*, 1666. *in-12.*

2562 Défenſe du Dannemark, ou examen d'un libelle qui a pour titre : Relation de l'état de Dannemarck, comme il étoit en l'an 1692. trad. de l'anglois. *Cologne*, 1696. *in-12.*

2563 Etat préſent du Royaume de Dannemark, avec des remarques ſur ſon Gouvernement deſpotique. *Paris*, 1714. *in-8.*

2564 Joannes Kirchmannus de Regibus vetuſtis Norvagicis , & de profectione Danorum in Terram ſanctam circa annum 1187. *Amſtel.* 1684. *in-8.*

2565 Petri Burgi commentarii de bello ſuecico , quibus Guſtavi Adolphi Suecorum regis in Germaniam expeditio, uſque ad ipſius mortem comprehenditur. *Leodii* , 1643. *in-12. cum figur.*

2566 L'état préſent de la Suede, trad. de l'anglois de Robinſon. *Amſt.* 1720. *in-12. ex. d.*

2567 Hiſtoire de Suede ſous le Regne de Charles XII. par de Limiers. *Amſt.* 1721. 12 *tom. en 6 vol. in-12. avec figur.*

2568 Mémoires ſur l'origine des guerres qui travaillent l'Europe depuis cinquante ans , par Limage de Vauciennes. *Paris*, 1677. 2 *vol. in-12.*

2569 Deſcription de la Livonie , avec une Relation de l'origine, du progrès & de la décadence de l'Ordre Teutonique. *Utrecht*, 1705. *in-12.*

2570 La Religion ancienne & moderne des Moſcovites. *Cologne*, 1698. *in-8. avec figur*

2571 Relation de l'état préſent de la Ruſſie, trad. de l'anglois. *Paris*, 1679. *in-12.*

2572 Hift. de Mofcovie, contenant l'abrégé chronologique des Czars ou Empereurs qui y ont
regné. *Amft.* 1719. 2 *tom. en* 1 *vol. in-*12.

2573 Nouveaux Mémoires fur l'état préfent de
la grande Ruffie ou Mofcovie. *Paris,* 1725. 2
*vol. in-*12.

2574 Mémoires du regne de Pierre le Grand Empereur de Ruffie, par Iwan Neftefuranoi. *Amft.*
1728. 4 *vol. in-*12.

2575 Mémoires du regne de Catherine Imperatrice
de Ruffie. *La Haye,* 1728. *in-*12.

2576 L'origine du foulevement des Cofaques contre la Pologne, par Linage de Vauciennes. *Pa-*
*ris,* 1674. *in-*12.

2576 * Acta Conventûs Thorunienfis, celebrati
anno 1645. *Varfovia,* 1646. *in-*4.

2577 Relation hiftorique de la Pologne, par de
Hauteville. *Paris,* 1686. *in-*12.

2578 Hift. de la Sciffion de Pologne arrivée le 27.
Juin 1697. au fujet de l'élection d'un Roy, par
de la Bizardiere. *Paris,* 1699. *in-*12.

2579 Hift. des Diettes de Pologne, par de la Bizardiere. *paris,* 1697. *in-*8.

2580 Mémoires fur les dernieres Révolutions de
Pologne, où on juftifie le retour du Roi Au-
gufte. *Cologne, in-*8.

2581 Hiftoire & defcription du Royaume de Hongrie. *Paris,* 1692. *in-*12.

2582 Hiftoire du Comte de Tekeli, où l'on voit
ce qui s'eft paffé de plus confiderable en Hongrie, depuis fa naiffance jufqu'à préfent. *Co-*
*logne,* 1693. *in-*12.

## HISTOIRE DE FRANCE.

2583 Antiquité de la Nation & de la Langue des
Celtes, par le P. Pezron. *Paris,* 1704. *in-*12.

2584 Franc. Hotomani Franco-Gallia. *Parif.*
1573. *in-*8.

2585 In Pharum Galliæ antiquæ Phil. Labbe Diſquiſitiones geographicæ, aut. Nicol. Sanſon. *Pariſ.* 1647. *2 vol. in-12.*

2586 Les recherches de la France, par Etienne Paſquier. *Paris*, 1610. *in-4.*

2587 Les recherches de la France, par Eſtienne Paſquier, avec les autres ouvrages, & les Lettres de Nic. Paſquier, fils d'Eſtienne. *Amſterd.* 1723. *2 vol. in-fol.*

2588 Inſtruction ſur l'Hiſtoire de France & Romaine, par le Ragois. *Paris*, 1722. *in-12.*

2589 Les œuvres de Fauchet premier Préſident en la Cour des Monnoyes. *Paris*, 1610. *in-4.*

2590 Aimoini monachi Hiſtoria Francorum. *Pariſ.* 1567. *in-8.*

2591 Annalium & Hiſtoriæ Francorum Scriptores coætanei XII. ex bibliotheca P. Pithoei. *Francofurti*, 1594. *in-8.*

2592 Paulus Æmilius de rebus geſtis Francorum. *Pariſ. Vaſcoſan*, 1648. *in-8.*

2593 Recueil des Rois de France, leur Couronne & Maiſon, par du Tillet. *Paris*, 1618. *in-4.*

2594 La mer des Chroniques, ou Mirouer hiſtorial de France, traduit du latin de Robert Gaguin. *Paris*, 1532. *in-fol. gothique.*

2595 Hiſtoire de l'origine de la III. race des Rois de France, compoſée par M. le Duc d'Epernon, & publiée par de Prade. *Paris.*, 1680. *in-12.*

2596 Abrégé de l'Hiſt. de France, par de Mezeray. *Amſterd.* 1682. *6 vol. in-12. avec figur.*

2597 Abrégé de l'Hiſt. de France, par de Mezeray. *Paris*, 1690. *3 vol. in-4.*

2598 Hiſtoire de France, par le P. Daniel. *Paris*, 1722. *7 vol. in-4. avec figur.*

2599 Memoires hiſtoriques & critiques ſur divers points de l'Hiſt. de France, par de Mezeray. *Amſterd.* 1732. *2 to. en 1 vol. in-12.*

2600 Traitez concernant l'Hiſtoire de France;

çavoir , la condamnation de Templiers , l'hi-
ſtoire du ſchiſme , les Papes tenant le ſiege en
Avignon , & quelques procès criminels , par
Dupuy. *Bruxel.* 1702. *in-*12.

2601 Annales de la Monarchie Françoiſe , par de
Limiers. *Amſterd.* 1724. 3 *tom. en* 1 *vol. avec
figures.*

2602 Memoires pour ſervir à l'Hiſt. de France, contenant ce qui s'eſt paſſé de plus remarquable
dans ce Royaume depuis 1515. juſqu'en 1611.
*Cologne ,* 1719. 2 *vol. in-*8. *avec figur.*

2603 Les monumens de la Monarchie Françoiſe ,
par Dom. Bern. de Montfaucon Benedict. de la
Congr. de S. Maur. *Paris ,* 1729. *& ſuiv.* 5 *vol.
in-fol. avec figur. brochés.*

2604 L'Héritiere de Guyenne. *Rotterd.* 1692. *in-*
12.

2605 Diſcours & rapport véritable de la Confe-
rence tenue entre les Députez du Duc de
Mayenne avec les Députez des Princes, Prélats,
&c. étant du parti du Roy de Navarre. *Troyes ,*
1593. *in* 8.

2606 Memoire de Jean Sire de Joinville , témoin
de la vie de S. Louis ; avec la genealogie de la
Maiſon de Bourbon. *Paris ,* 1666. *in-*12.

2607 Hiſt. des démêlez du Pape Boniface VIII.
avec Philippe le Bel , par Baillet. *Paris ,* 1718.
*in-*12.

2608 Les Chroniques de Froiſſard. *Paris ,* 1514.
6 *vol. in-*4. *gothique.*

2609 La conjuration de Conchine. *Paris ,* 1618.
*in-*8.

2610 Les Memoires de Philippe de Commines ,
ſur les principaux faits de Louis XI. & Charles
VIII. Rois de France. *Rouen ,* 1634. *in-*12.

2611 Recueil général des Etats tenus en France
ſous les Rois Charles VI. Charles VIII. Charles IX. Henry III. & Louis XIII. *Paris ,* 1651.
*in-*4.

2612 La vie de François de Lorraine Duc de Guise. *Paris*, 1681. *in*-12.

2613 Memoires d'Etat par M. de Villeroy. *Amst.* 1725. 7 *vol. in*-2.

2614 Hist. de Charles IX par Varillas. *Cologne*, 1684. 2 *vol in*-8.

2615 Memoires de la Reine Marguerite de Valois. *Paris*, 1663. *in*-12.

2615* Les mêmes. *La Haye*, 1715. 2 *tom. en* 1 *vol. in*-8.

2616 Mémoires de Sully. *Amst.* 1725. 12. *vol. in*-12.

2617 De justa Henrici tertii abdicatione è Francorum regno. *Parif.* 1689. *in*-4.

2618 Memoires très-particuliers pour servir à l'histoire de Henry III. Roy de France & de Pologne, & de Henry IV. Roy de France & de Navarre. *Paris*, 1667. *in*-12.

2619 Recueil de diverses pieces servant à l'histoire de Henry III. Roi de France & de Pologne. *Cologne*, 1666. *in*-12.

2620 Hist. des derniers troubles de France sous les Rois Henry III. & Henry IV. *Lyon*, 1697. *in*-8.

2621 Memoires de la regence de la Reine Marie de Medicis. *Paris*, 1666. *in*-12.

2622 Memoires concernant les affaires de France sous la regence de Marie de Medicis. *La Haye*, 1720. 2 *tom. en* 1 *vol. in*-12.

2623 Discours merveilleux de la vie, actions & desportemens de la Reine Catherine de Medicis. 1663. *in*-12.

2624 Memoires du Duc de Rohan sur les choses arrivées en France depuis la mort de Henry IV. jusqu'à la paix faite avec les Reformés en 1629. avec le Voyage de l'auteur en Italie, Allemagne, &c. *Paris*, 1661. *in*-12.

2625 Recueil de pieces curieuses pendant le regne du Connétable de Luynes. 1632. *in*-8.

2626 Memoires du Maréchal de Bassompierre. *Cologne*,

Cologne, 1665. 3 vol. in-12.

2627 Recueil de divers Memoires, Harangues, &c. Paris, 1623. in-4.

2628 Memoires du Sieur de Pontis. Paris, 1715. 2 vol. in-12.

2629 La Vie du Vicomte de Turenne, par du Buisson. Cologne, 1687. in-12.

2630 Hist. de Louis de Bourbon, Prince de Condé. Cologne, 1693. 2 to. en 1 vol. in-12.

2631 Memoires du Duc de Rohan sur les choses advenues en France, depuis la mort d'Henry le Grand jusques à la paix faite avec les Réformés, en l'an 1629. 1646. in-4.

2632 Hist. de Louis XIII. par Bernard. Paris, 1646. in-fol.

2633 Les triomphes de Louis XIII. contenant les plus grandes actions de ce Prince, représentées en un poëme latin de Charles Beys, trad. en françois par Jean Nicolaï, avec les portraits des Rois, Princes & Géneraux d'armée contemporains; le tout imprimé & gravé par les soins de Valdor. Paris, 1649. in-fol. avec figur.

2634 Hist. du regne de Louis XIII. par Dupin. Paris, 1716. 9 vol. in-12.

2635 La Vie du Cardinal de Richelieu, par le Clerc. Amsterd. 1714. 2 vol. in-12.

2636 Journal du Cardinal de Richelieu, depuis 1630. jusqu'en 1644. avec ses Memoires contenant ce qui s'est passé à la Cour pendant son administration, les procès de MM. de Marillac, de Montmorency, de S. Preuil, de Cinqmars & de Thou. 1650. & suiv. 3 vol. in-12.

2637 Hist. du ministere du Cardinal de Richelieu, sous le regne de Louis XIII. Paris, 1664. 3 vol. in-12.

2638 Testament Politique du Card. de Richélieu. Amsterd. 1688. in-12.

2639 Le véritable Pere Josef Capucin, nommé

au Cardinalat, contenant l'hist. anecdote du Cardinal de Richelieu. *S. Jean de Maurienne*, 1704. *in-12.*

2640 Memoires de Montresor, contenant diverses pieces durant le ministere du Cardinal de Richelieu. *Cologne*, 1664. 2 *vol. in-12.*

2641 Memoires de M. de Montchal archev. de Toulouse, contenant des particularitez du ministere du Cardinal de Richelieu. *Rotterd.* 1718. 2 *to. en* 1 *vol. in-12.*

2642 Anecdotes du ministere du Cardinal de Richelieu & du regne de Louis XIII. trad. de l'italien du Mercurio de Siri. *Amsterd.* 1717. 2 *vol. in-12.*

2643 Memoires du Comte D. R. contenant ce qui s'est passé de plus particulier sous le ministere des Cardinaux de Richelieu & Mazarin. *La Haye*, 1691. *in-12.*

2644 Les affaires qui sont aujourd'hui entre les Maisons de France & d'Autriche. M. DC. XLVIII. *Paris*, 1662. *in-12.*

2645 La Carte de la Cour, par Gueret. *& autres pieces. Paris*, 1663.

2646 Recueil historique contenant diverses pieces curieuses de ce temps. *Cologne*, 1666. *in-12.*

2647 Memoires pour servir à l'hist. d'Anne d'Autriche, épouse de Louis XIII. par Me de Motteville. *Amsterd.* 1723. 5 *vol. in-12.*

2648 Relation des Negociations faites à Rome, pour la promotion au Cardinalat des Sujets proposés par la France depuis 1644. jusqu'en 1654. *Paris*, 1676. *in-12.*

2649 Histoire du Maréchal de Toiras sous le regne de Louis XIII. *Paris*, 1666. *in-12.*

2650 Memoires de la minorité de Louis XIV. par de Varillas. *Villefranche*, 1689. 2 *tom. en* 1 *vol. in-12.*

2651 Memoires de la minorité de Louis XIV. *Amsterd.* 1723. 2 *vol. in-12.*

2652 Hist. du regne de Louis XIV. par de Limiers. *Amsterd.* 1718. 10 *to. en* 12 *vol. avec figur.*

2653 Hist. de la Monarchie Françoise sous le regne de Louis le Grand, par de Riencourt. *Paris,* 1690. 2 *vol. in-*12.

2654 Memoires & Réflexions sur les principaux évenemens du regne de Louis XIV. par L. M. D. L. F. *Rotterd.* 1716. *in-*8.

1655 Memoires de l'Abbé de Choisy, pour servir à l'Hist. de Louis XIV. *Utrecht.* 1727. 2. *to. en* 1 *vol. in-*12.

2656 Eloge & discours sur la reception du Roy en sa ville de Paris après la réduction de la Rochelle. *Paris,* 1629. *avec figur.*

2657 L'Histoire du Tems, ou récit de ce qui s'est passé dans le Parlement depuis le mois d'Août 1647. jusqu'au mois de Novembre 1648. *imprimé en* 1649. *in-*4.

2658 Memoires de feu M. Omer Talon, Avocat Géneral au Parlement de Paris. *La Haye,* 1732. 8 *vol. in-*12.

2659 Memoires de la Duchesse de Nemours. 1709. *in-*12.

2660 Memoires de Mlle de Montpensier. *Amsterd.* 1730. 3 *vol. in-*12.

2661 Histoire du Cardinal Mazarin, par Aubery. *Paris,* 1688. 2 *vol. in-*12.

2662 Histoire du ministere du Cardinal Mazarin, décrite par Galeazzo Gualdo. *Amsterd.* 1671. 3 *vol. in-*12.

2663 Histoire du Traité de paix conclu entre l'Espagne & la France en 1659. *Cologne,* 1665. *in-*12.

2664 Memoires du Cardinal de Retz. *Amsterd.* 1717. 4 *vol. in-*12.

2665 Memoires de Joly, pour servir de suite aux Memoires du Cardinal de Retz. *Rotterd.* 1718. 2 *vol. in-*12.

2666 Annales de la Cour & de Paris, pour les années 1697. & 1698. *Amſterd.* 1716. 2 *vol. in-*12.

2667 Lettres du Card. Mazarin, où l'on voit le ſe-
cret de la négociation de la paix des Pyrenées.
*Amſterd.* 1694. 2 *vol. in-*2.

2668 Hiſtoire des Négociations de Nimégue. *Paris*, 1680. 2 *vol. in* 12.

2669 La Vérité défendue des vains ſophiſmes de
la France. 1668. *in-*12.

2670 Traité de la Politique de France, par M. P.
H. ( Paul Hay Marquis du Châtelet. ) *Cologne*,
1669. *in-*12.

2671 Traité de la Politique de France, par M. P.
H. avec des réflexions du Sieur l'Ormegregny.
( Pierre du Moulin. ) *Cologne*, 1677. *in-*12.

2672 Le Politique du tems, ou le Conſeil fidéle
ſur les mouvemens de la France. *Charleville*,
1671. *in-*12.

2673 Recueil de diverſes pieces curieuſes pour ſervir à l'Hiſtoire. *Cologne*, 1664. *in-*12.

2674 Memoires pour ſervir à l'Hiſt. du tems. *Cologne*, 1676. *in-*12.

2675 Recueil des Traités de paix entre la France
& l'Eſpagne. *in-*12.

2676 Memoires & inſtructions pour ſervir dans les
négociations & affaires concernant les droits du
Roy de France. *Paris*, 1665. *in-*12.

2677 Actes & Memoires des négociations de la
paix de Nimégue. *Amſterd.* 1679. *& ſuiv.* 5 *vol.
in-*12.

2678 Les fauſſes démarches de la France ſur la négociation de la paix. *in·*12.

2679 { Négociations de paix faites à Francfort.
Remarques ſur la reddition de Dunker-
que entre les mains des Anglois.
Traité de paix entre la France, l'Angleterre, l'Écoſſe & l'Irlande. *Paris*, 1659.
*in-*12 *ex. d.*

2680 Memoires de M. de Lyonne au Roy, inter-

ceptez par ceux de la garnison de Lille. 1668,
*in-12.*

2681 Deux vol. de Mazarinades. *in-4.*

2682 Hist. de Henriette d'Angleterre, par la Comtesse de la Fayette. *Amsterd.* 1720. *in-12.*

2683 Memoires d'Artagnan. *Cologne*, 1700. 3 *vol. in-12.*

2684 Testament politique de Jean-Bapt. Colbert. *La Haye*, 1694. *in-12.*

2685 Lettres & Memoires sur la conduite de la présente guerre & sur les négociations de paix. *to.* 1. *La Haye*, 1712. *in-8.*

2686 La conduite des Alliez & du dernier ministere, en commençant & en continuant la guerre, trad. de l'anglois. *Liege*, 1712. *in-8.*

2687 La vie de M. le Duc d'Orleans, Régent du Royaume pendant la minorité de Louis XV. *Londres*, 1736. 2 *vol. in-12. avec figur.*

2688 Memoires de la régence de M. le Duc d'Orleans durant la minorité de Louis XV. *La Haye*, 1730. 3 *vol in-12. avec figur.*

2689 Testament politique de M. de Louvois. 1695. *in-12.*

2690 Représentation du procédé tenu en l'instance devant le Roy, par MM. de Courtenay, pour la conservation de l'honneur & dignité de leur Maison. *Paris*, 1613. *in-8.*

2691 Factum de M. Fouquet, pour réponse aux objections formées contre led. Sieur. 1666. *in-12.*

2692 Topographia Galliæ, sive descriptio & delineatio famosissimorum in regno Galliæ locorum, redacta per Mart. Zeillerum. *Francof.* 1655. 4 *vol. in-fol. cum figur.*

2693 Description historique & geographique de la France, ancienne & moderne, enrichie de cartes geographiques, ( par l'Abbé de Longuerue.) 1722. *in-fol.*

2694 Description de la France, par Piganiol de la

Force. *Paris*, 1718. 6 *vol. in-12. avec figur.*

2695 Les délices de la France, ou description des Provinces & Capitales d'icelle depuis la paix de Riſwich. *Amſterd.* 1699 2 *vol. in-12 avec figur.*

2696 Dénombrement du Royaume, par Généralitez, Elections, Paroiſſes & feux. *Paris*, 1709. 2 *vol. in-12.*

2697 Les antiquitez & recherches des villes, châteaux & places plus remarquables de la France, par André du Chêne, *Paris*, 1647. *in-8.*

2698 La Géneralité de Paris diviſée en ſes vingt-deux Elections, par Dancoſſe. *Paris*, 1710. *in-12.*

2699 Le Theatre des antiquités de Paris, par du Breuil. *Paris*, 1639. *in-4.*

2700 Deſcription de Paris, par Brice. *Paris*, 1717. 3 *vol. in-12. avec figur.*

2701 Hiſtoire & Recherches des antiquités de Paris, par Sauval. *Paris*, 1724. 3 *vol. in-fol.*

2702 Hiſtoire de la ville de Paris, par Dom Felibien, augmenté par Dom Lobineau Benedictin de la Cong. de S. Maur. *Paris*, 1725. 5 *vol. in-fol. avec figur.*

2703 Deſcription des tableaux du Palais Royal. *Paris*, 1727. *in-12.*

2704 Deſcription de Verſailles, par Felibien. *Paris*, 1696. *in-12.*

2705 Deſcription de Verſailles & de Marly, par Piganiol de la Force. *Paris*, 1730. 2 *vol. in-12. avec figur.*

2706 Recueil des ſtatues, fontaines, vaſes & autres ornemens de Verſailles, gravés par Thomaſſin, avec l'explication en françois, en latin, en italien & en hollandois. *La Haye*, 1724. *in-4.*

2707 Traité de la majorité de nos Rois & des régences du Royaume, (par Dupuy.) *Amſterd.* 1722. 2 *vol. in-8.*

2708 Traité des droits de la Reine T. C. ſur divers

Etats de la Monarchie d'Espagne, ( par Ant.
Bilain. ) 1667. *in-12.*

2709 Bouclier d'Etat & de Juftice, ( par le Baron
de Lifola.) 1657. *in-12.*

2710 Traité des monnoyes de France par le Blanc,
avec une differtation fur quelques monnoyes de
Charlemagne, &c. *Amflerd.* 1692. *in-4. avec fig.*

2711 Le détail de la France fous le regne préfent,
( par de Bois-Guillebert. ) 1707. 2 *to.* en 1 *vol.*
*in-12.*

2712 {
Hiftoire de l'ancien Gouvernement de la
France, par M. le Comte de Boulainvilliers. *La Haye*, 1727. 3 *vol. in-12.*
Memoires préfentés à M. le Duc d'Orleans régent de France, contenant les
moyens de rendre ce Royaume très-
puiffant, par le Comte de Boulainvilliers. *La Haye*, 1727. 2 *vol. in-12.*

2713 Etat de la France, par le Comte de Boulainvilliers. *Londres*, 1727. 3 *vol. in-fol.*

2714 Le fecret des Finances de France, par N.
Froumenteau. 1581. *in-8.*

2715 Effay hiftorique, concernant les droits & prérogatives de la Cour des Pairs de France : Manufcrit trouvé parmi ceux de Pierre Dupuy.
1721. *in-4.*

2716 Des Parlemens de France, par Bernard de la
Rocheflavin. *Bordeaux*, 1717. *in-fol.*

2717 De l'établiffement du Parlement de Paris.
*in-fol mf.*

2718 Petri Rebuffi privilegia Univerfitatum &
Collegiorum. *Francof.* 1575. *in-4.*

2719 Cæf. Egaffii Bulæi Hiftoria Univerfitatis Parifienfis. *Parif.* 1665. 6 *to.* en 5 *vol. in-fol.*

2720 Privileges de l'Univerfité de Paris, fuppôts,
officiers & ferviteurs d'icelle, octroyez par les
Rois de France. *Paris*, 1629. *in-8.*

2721 Supplément contenant l'inftitution & fonda-

tion des Univerfitez de France, &c. (par Ant.
Bruneau.) *Paris*, 1686. *in-12*.

2722 Hift. ecclefiaftique de la Cour, ou les Antiquités de la Chapelle du Roy, par du Peyrat.
*Paris*, 1645. *in-fol*.

2723 Hift. de l'Eglife de Chartres, par Sablon.
*Chartres*, 1683. *in-12*.

2724 Hift. de l'Eglife de Saint Diez, par M. Som-
mier Archevêque de Cefarée. *Saint Diez*, 1726.
*in-12*.

2725 Differt. hiftorique & critique fur l'origine &
l'ancienneté de l'Abbaye de S. Bertin, & fur fa
fupériorité fur l'Eglife de S. Omer. *Paris*, 1737.
*in-12*.

2726 Differtation fur la tranflation du corps de
S. Firmin III. Evêque d'Amiens, par de Leftocq.
*Amiens*, 1711. *in-12*.

2727 Juftification de la tranflation de S. Firmin le
Confeffeur troifiéme Evêque d'Amiens, par de
Leftocq. *Amiens*, 1714. *in-12*.

2728 Projet d'une Dixme royale, par M. de Vauban. 1708. *in-12*.

2729 Réflexions fur le traité de la Dixme royale
du Maréchal de Vauban. 1716. *in-12*.

2730 Memoires de M. Defmarets fur l'adminiftration des finances, & autres pieces. *in-8*.

2731 Syftême d'un nouveau gouvernement en
France, par M. de la Jonchere. *Amfterd*. 1720.
*4 to. en 2 vol. in-12*.

2732 Réponfe à la critique du fyftême d'un nouveau gouvernement en France, propofé par M.
de la Jonchere. 1721. *in-12*.

2733 Hift. de la Milice françoife, par le P. Daniel.
*Paris*, 1721. 2 *vol. in-4. avec figur*.

2734 Traité de la Chancellerie, avec un recueil
des Chanceliers & Gardes des Sceaux de France. *Paris*, 1610. *in-8*.

2735 Hiftoire du Confeil du Roy, par Guillard.
*Paris*, 1718. *in-4*.

2736 Etat de la France. *Paris*, 1698. 3 *vol. in-12.*

2737 L'Etat de la France. *Paris*, 1718. 3 *vol. in-12.*

2738 Memoires de Roger de Rabutin, Comte de Buffi. *Paris*, 1696. 3 *vol. in-12.*

2739 Hiftoire du Conneftable de Lefdiguieres, par Videl. *Paris*, 1666. 2 *vol. in-12.*

2240 La Vie de Charles V. Duc de Lorraine & de Bar. *Amfterd.* 1691. *in-12.*

2741 L'Hift. de Philipe Emanuel de Lorraine Duc de Mercœur. *La Haye*, 1692. *in-12*

2742 Memoires du Marquis de Beauvau, pour fervir à l'hiftoire de Charles IV. Duc de Lorraine. *Cologne*, 1690. *in-12.*

2743 Memoires du Comte de Forbin. *Amfterdam*, 1730. 2 *vol. in-12.*

2744 Memoires hiftoriques, politiques, critiques & litteraires, par Amelot de la Houffaye. *Amfterdam*, 1722. 2 *vol. in-12.*

2745 Hift. de la derniere révolte des Catalans, & du fiége de Barcelone. *Lyon*, 1714. *in-12.*

2746 Hift. de la derniere pefte de Marfeille, Aix, Arles, & Toulon. *Paris*, 1732 *in-12.*

2747 Journal hiftorique fur les matiéres du tems, commençant en Janvier 1725. & finiffant en Décembre 1737. *Paris*, 1725. & *fuiv.* 26 *vol. in-8.*

# HISTOIRE ORIENTALE,

## TURQUE, ASIATIQUE, AFRICAINE, AMERICAINE, &c.

2748 Des Hiftoires Orientales, & principalement des Turkes ou Turchikes, & Schitiques ou Tartarefques, & autres qui en font defcendues, par Guillaume Poftel. *Paris*, 1575. *in-18.*

2749 Henr. Hottingeri hiftoria Orientalis. *Tiguri*, 1660. *in-4.*

2750 Bibliothéque Orientale, contenant tout ce

qui regarde la connoiſſance des Peuples de l'O-
rient. *Paris*, 1697. *in-fol.*

2751 Hiſt. des Arabes, avec la vie de Mahomet, par
le Comte de Boulainvilliers. *Amſt.* 1731 *in-12.*

2752 Hiſtoire de la religion des Turcs, par Bau-
dier, *in-4. manque le frontiſpice.*

2753 Hiſt. de l'état préſent de l'Empire Ottoman.
trad. de l'anglois de Ricaut, par Briot. *Paris,*
1670. *in-12.*

2754 Le miroir de l'Empire Ottoman, ou l'état
préſent de la Cour & de la milice du Grand Seigneur. *Paris*, 1678. 2 *vol. in-12.*

2755 Abrégé de l'Hiſt. des Turcs, par Du Ver-
dier. *Lyon*, 1671. 3. *vol. in-12.*

2756 Deſcription des Iſles de l'Archipel & de quelques autres adjacentes, enrichie de cartes & de
figures en taille douce, trad. du flamand de Da-
per. *Amſter.* 1703. *in fol.*

2757 Hiſt. de Timur-Bec, connu ſous le nom de
Grand Tamerlan, Empereur des Mogols & Tar-
tares, trad. du perſan de Cherefeddin Ali, par
Petiz de la Croix. *Paris*, 1722. 4 *vol. in-12.*

2758 Athenes ancienne & nouvelle, par de la Guil-
tiere. *Paris*, 1675. *in-12.*

2759 Lacedemone ancienne & nouvelle, par de
la Guilletiere. *Paris*, 1689. 2. *vol. in-12.*

2760 Il regno tutto di Candia, delineato da Marco
Boſchini Venetiano. *Venetia* 1651. *in-fol. con
figur.*

2761 Eſtat préſent du Royaume de Perſe, par Sanſon. *Paris*, 1694. *in-12.*

2762 Hiſtoire de la derniére Revolution de Perſe.
*Paris*, 1728. 2 *vol. in 2.*

2763 J. Nieuhovii legatio Batavica ad Sung-
teium Tartariæ Chamum, latinitate donata per
Hornium. *Amſtel.* 1668. *in-fol. cum figur.*

2764 Deſcription de la Chine & de la Tartarie
Chinoiſe, par le P. Du Halde. *Paris*, 1735.
*in-fol. avec figur.*

2765 Le Théatre de l'Idolâtrie , ou la repréſentation de la vie , des mœurs, de la religion , &c.
des Bramines, par Roger, trad. en françois par
la Gruè. *Amſterd.* 1670. *in-4.*

2766. Du Royaume de Siam , par de la Loubere.
*Paris,* 1691. *in-12. avec figur.*

2767 Relation de l'Ambaſſade du Chevalier de
Chaumont à la Cour de Siam. *Paris,* 1686.
*in-12. avec figur.*

2768 Hiſtoire du Royaume de Tunquin , & des
progrès de la prédication de l'Evangile depuis
l'an 1637. juſqu'en 1646. par le P. de Rhodes
Jeſuite, trad. en françois par le P. Alby de la
même Compagnie. *Lyon* 1651. *in-4.*

2769 Tunchinenſis hiſtoria , autore P. Alexandro
de Rhodes. *Lagduni ,* 1652. *in-4.*

2770 Hiſt. de l'iſle de Ceylan. trad. du portugais
de Jean Ribeyro. *Trevoux,* 1701. *in-12. avec fig.*

2771 Athan. Kircheri China , monumentis ſacris
& profanis , ac variis naturæ & artis ſpectaculis
illuſtrata. *Amſtel.* 1667. *in-fol. cum figur.*

2772 Mart. Martinii è Soc. Jeſu Hiſtoriæ Sinicæ
Decas prima. *Amſtel.* 1659. *in-12.*

2773 Nouveaux Memoires ſur l'état préſent de la
Chine, par le P. le Comte Jeſuite. *Paris,* 1697.
2 *vol. in-12. avec figur.*

2774 Relation de la miſſion des PP. Jeſuites à la
Cochinchine, trad. de l'italien du P. Borri , par
le P. de la Croix, Jeſuite. *Rennes* 1631. *in-12.*

2775 Hiſt. du Japon , trad. de l'anglois de Kempfer
par Scheutzer. *La Haye,* 1729. 2. *vol in-fol.
avec figures.*

2776. Ambaſſades des Hollandcis vers les Empe-
pereurs du Japon. *Amſterd.* 1680. *in-fol avec fig.*

2777 Deſcription de l'Afrique, par Dapper. *Amſterd.* 1686. *in-fol. avec figur.*

2778 Deſcription de l'Egypte, compoſée ſur les
Memoires de Mr de Maillet, par l'Abbé le Maſ-

crier. *Paris*, 1735. *in-4. avec figures.*

2779 Etat des royaumes de Barbarie, Tripoly, Tunis & Alger. *Rouen,* 1703. *in-12. avec figur.*

2780 Eſtat préſent de l'Empire de Maroc. *Paris,* 1694. *in-12.*

7781 Hiſt. des révolutions de l'Empire de Maroc, depuis la mort du dernier Empereur Muley Iſmael, contenant une relation de ce qui s'eſt paſſé dans cette contrée pendant les années 1727. & 1728. trad. de l'anglois de Braithwaite. *Amſterd.* 1731. *in-12.*

2782 Jobi Ludolfi Hiſtoria Æthiopica. *Francof.* 1681. *in-fol. cum figur.*

2783 Hiſtoire de l'iſle de Madagaſcar, par de Flacourt. *Paris*, 1658. *in-4.*

2784 L'Hiſtoire du nouveau monde, ou deſcription des Indes occidentales, par J. de Laet. *Leyde*, 1640. *in-fol. avec figur.*

2785 Hiſt. des Indes occidentales, trad. du Caſtillan de D. Barthelemy de las Caſas. *Lyon*, 1642. *in-8.*

2786 L'Amérique angloiſe, ou description des Iſles & terres du Roi d'Angleterre dans l'Amérique, trad. de l'anglois. *Amſterd.* 1688. *in-12. avec figures.*

2787 Mœurs des Sauvages ameriquains, comparées aux mœurs des premiers tems, par le P. Lafitau, Jeſuite. *Paris,* 1724. 2 *vol. in-4. avec fig.*

2788 Hiſtoire des Avanturiers qui ſe ſont ſignalés dans les Indes, par Olivier Oexmelin. *Paris,* 1686. 2 *vol. in-12. avec figur.*

2789 Hiſtoire de l'Amerique ſeptentrionale, par de la Potherie. *Rouen*, 1722. 4 *vol. in-12. avec fig.*

2790 Fr. Creuxii è Soc. Jeſu Hiſtoria Canadenſis ad annum 1656. *Pariſ.* 1664. *in-4.*

2791 Hiſtoire de la Laponie, trad. du latin de Scheffer. *Paris*, 1678. *in-4. avec figur.*

2792 Hiſt. des Yncas Rois du Perou, trad. de l'eſpagnol

l'efpagnol de Garcillaflo de la Vega , par Baudouin. *Amfter.* 1715. 2 *vol. in-8. avec figur.*

2793 Hiftoire générale des Antilles habitées par les François, par le P. du Tertre Jacobin. *Paris,* 1667. *& fuiv.* 4 *vol. in-4.*

2794 Hiftoire naturelle & morale des Ifles Antilles de l'Amerique, avec un Vocabulaire Caraïbe. *Rotterd.* 1658. *in-4. avec figur.*

2795 Hiftoire de l'ifle de S. Domingue , par le P. de Charlevoix. *Paris ,* 1730. 2 *vol. in-4.*

2796 Memoires hiftoriques & geographiques du Royaume de la Morée , Negrepont, &c. jufqu'à Theffalonique , trad. de l'italien de Coronelli. *Amfterd.* 1686. *in-12. avec figur.*

2797 Hiftoire des Ifles Marianes , nouvellement converties à la religion chrétienne , par le P. le Gobiere Jefuite. *Paris,* 1700. *in-12.*

# HISTOIRE GENEALOGIQUE
## ET HERALDIQUE.

2798 L'Art heraldique , contenant la maniére d'apprendre le Blafon , par Baron, *Paris,* 1687. *in-12. avec figur.*

2799 Le Blafon de la Nobleffe, par le P. Meneftrier. *Paris ,* 1683. *in-12.*

2800 Traité de la Nobleffe & de fes différentes efpeces, par de la Roque. *Rouen,* 1710. *in-4.*

2801 Hiftoire généalogique de la Maifon de Tremoille, par de Sainte-Marthe. *Paris,* 1668. *in-12.*

# ANTIQUITEZ.

2802 Berofi Antiquitates, cum comment. Joan. Annii. *Witteberga ,* 1612. *in-8.*

2803 Georg. Hornii Arca Noæ , five hiftoria imperiorum & regnorum à condito orbe ad noftra tempora. *Lugd. Bat.* 1666. *in-12.*

2804 { L'Antiquité expliquée & représentée en figures, en latin & en françois, par le P. D. Bernard de Montfaucon Benedictin de la Congrégation de S. Maur. *Paris*, 1719. 10 *vol. in-fol.* Supplément au Livre de l'Antiquité expliquée & représentée en figures, en latin & en françois, par le même D. Montfaucon. *Paris.*, 5 *vol. in-fol. avec figures.*

2805 Ant. Van-Dale de origine ac progressu idololatriæ & superstitionum, de vera ac falsa prophetia & de divinationibus Judæorum. *Amst.* 1697. *in-4.*

2806 Ant. Vandale de oraculis Ethnicorum. *Amst.* 1700. *in-4. cum figur.*

2807 Serv. Gallæus de Sibyllis earumque oraculis. *Amst.* 1688. 12 *vol. in-4. cum figur.*

2808 Is. Vossius de Sibyllinis oraculis ; acced. ejusdem responsiones ad objectiones nuperæ Criticæ Sacræ. *Oxonia*, 1680. *in-8.*

2809 Petrus Petitus de Sibylla. *Lipsia*, 1686. *in-8.*

2810 Des Sibylles celebrées par l'Antiquité payenne & par les SS. Peres, par Blondel. *Charenton*, 1649. *in-4.*

2811 Dissertation sur les Oracles des Sibylles, par le P. Crasset. *Paris*, 1678. *in-12.*

2812 { Réponse à l'Histoire des Oracles, par M. de Fontenelle. *Strasbourg*, 1707. *in-8.* Suite de la Réponse à l'Histoire des Oracles. *Strasbourg*, 1708. *in-8.*

2813 Petri Castellani ἑορτολόγιον, sive de festis Græcorum. *Antuerp.* 1617. *in-12.*

2814 Saubertus de sacrificiis Veterum. *Iena*, 1659. *in-12. cum figur.*

2815 Joan. Seldeni Uxor Ebraica, seu de nuptiis & divortiis, ex jure divino & talmudico Ebræorum. *Francof.* 1673. *in-4.*

2816 Joan. Seldenus de Synedriis & Præfecturis Ebræorum. *Lond.* 1650. *&* 1653. *2 vol. in-4.*

2817 Joan. Nicolai de Sepulchris Hebræorum Libri IV. accedit tractatus de Siglis Veterum, *Lugd. Bat.* 1706. *cum figur.*

2818 Lud. Capelli Diatriba de veris & antiquis Ebræorum literis, adversus Buxtorfium. *Amst.* 1645. *in-12.*

2819 Vegetius aliique Veteres de re militari, cum comment. God. Stewechii & Fr. Modii. *ex officina Plantiniana Raphelengii*, 1607. *in-4.*

2820 Joh. Lomeieri Epimenides, sive de veterum Gentilium Lustrationibus Syntagma. *Zutphania*, 1700. *in-4. cum figur.*

2821 { Justus Lipsius de Cruce. *Paris.* 1698. *cum figur.*
Hier. Magius de tintinnabulis, cum notis Fr. Sweertii. *Hanoviæ*, 1708. *cum figur.*
Hier. Magius de equuleo. *Hanoviæ*, 1709. *in-8.*

2822 Lud. Nonni Diæteticon, sive de re cibaria. *Antuerp.* 1645. *in-4.*

2823 Joan. Rosini Antiquitates Romanæ. 1611. *in-4.*

2824 Notitia dignitatum utriusque Imperii, cum commentario Panciroli. *Geneva*, 1627. *in-fol. cum figur.*

2825 Jac. Gutherii de jure Manium, seu de ritu, more & legibus prisci funeris. *Paris.* 1615. *in-4.*

2826 Gutherius de officiis domûs augustæ, publicæ & privatæ. *Paris.* 1628. *in-4.*

2827 Ezech. Spanhemius de præstantia & usu Numismatum antiquorum. *Romæ*, 1664. *in-4.*

2828 Histoire des Médailles, ou Introduction à la connoissance de cette Science, par Patin. *Paris,* 1695. *in-12. avec figur.*

2829
{ Fr. Hotomanus de re Numaria & de aureo
Juſtinianico, & Alii de ponderibus &
menſuris. 1585.
Ejuſd. Hotomani Liber obſervationum
quæ ad veterem nuptiarum ritum per-
tinent. 1585.
Juris civilis fontes & rivi. 1580. *Henr.
Steph. in-8.*

2830 La Science des Médailles. *Paris,* 1692. *in-12.*

2831 Traité de l'Art Metallique. *Paris,* 1730.
*in-12.*

2832 Traité des Monnoyes, par Jean Boiſard. *Paris,* 1692. *in-12.*

2833 Levini Hulſii Series Romanorum numiſma-
tum, à Julio Cæſare ad Rudolphum II. *Francof.*
1603. *in-8. cum figur.*

2834 Joan. Vaillant Numiſmata Imperatorum &
Cæſarum Romanorum præſtantiora, à Julio
Cæſare ad poſtumum & tyrannos. *Pariſ.* 1674.
2 *tom. en* 1 *vol. in-fol.*

2835 Joan. Vaillant Numiſmata Imperatorum,
Auguſtarum & Cæſarum, à populis Romanæ
ditionis græcè loquentibus, ex omni modulo
percuſſa. *Amſtel.* 1700. *in-fol. cum figur.*

2836 De antiq. nunris Hebræorum, Chaldæorum
& Syrorum Libri II. *in-4.*

2837 Joan. Harduini Soc. Jeſu Nummi antiqui
populorum & urbium illuſtrati. *Pariſ.* 1684.
*in-4.*

2838 Joan. Harduinus de Nummis Herodiadum.
*Pariſ.* 1693. *in-4.*

2839 Joan. Foy-Vaillant Seleucidarum Imperium,
ſive hiſtoria regum Syriæ. *Pariſ.* 1641. *in-4.*

2840 Hiſtoire des grands Chemins de l'Empire Romain, par Nic. Bergier. *Paris,* 1622. *in-4.*

2841 Roma ſubterranea, in qua antiqua Chriſtianorum cæmeteria, tituli, monimenta, epita-

phia, inscriptiones, ac nobiliora Sanctorum
sepulchra illustrantur, studio Pauli Avinghi.
*Colon.* 1659. 2 *tom. en* 1 *vol. cum figur.*

2842 Cabinet des singularités d'Architecture,
Peinture, Sculpture & Gravûre, par Florent
le Comte. *Paris*, 1699. *& suiv. in-*12. 3 *vol.*

2843 Petri de Maridat tractatus de pileo cæteris-
que capitis teguminibus. *Lugd.* 1655. *in-*4.

2844 Origine des Postes chez les Anciens & les
Modernes, par le Quien de la Neuville. *Paris*, 1708. *in-*12.

# HISTOIRE LITERAIRE.

2845 Polydorus Vergilius de rerum inventoribus.
*Basil.* 1554. *in-*8.

2846 { De re Diplomatica Libri VI. studio D. J.
Mabillon Mon. Bened. è Congreg. S.
Mauri. *Paris.* 1681. *in-fol. cum figur.*
Librorum de re Diplomatica Supplemen-
tum, studio ejusd. D. Mabillon. *Paris.*
1704. *in-fol. cum figur.*

2847 Barth. Germon Disceptatio de veteribus regum Francorum diplomatibus, ad Joan. Mabillonium. *Paris.* 1703. *in-*12.

2848 Bart. Germon de veteribus Regum Francorum diplomatibus, adversus J. Mabillonium.
*Paris.* 1706. *in-*12.

2849 Histoire des contestations sur la Diploma-
tique du P. Mabillon. *Paris*, 1708. *in-*12.

2850 Histoire de la Médecine, par le Clerc. *Geneve*, 1696. *in-*12.

2851 La même. 1729. *in-*4.

2852 Histoire de l'Imprimerie & de la Librairie,
où l'on voit son origine & son progrès jusqu'en
1689. *Paris*, 1689. *in-*4.

2853 L'Origine de l'Imprimerie de Paris, par Chi-
villier. *Paris*, 1694. *in-*4.

2854 Joh. Hotingeri Bibliothecarius quadripartitus, five de officio Bibliothecarii, de Theologia Biblica de Theologia patriftica, & de Theologia topica, fymbolica & fyftematica. *Tiguri*, 1664. *in-4.*

2855 Conradi Gefneri Elenchus Scriptorum qui à mundi exordio ad noftra tempora claruerunt. *Bafileæ*, 1551. *in-4.*

2856 Adr. Turnebi Adverfaria, in quibus variorum authorum loca intricata explicantur, obfcura dilucidantur, & vitiofa reftituuntur. *Aureliopoli*, 1704. *in-4.*

2857 Joh. Deckerri Conjecturæ de fcriptis adefpotis, pfeudepigraphis & fuppofititiis, cum notis Variorum. *Amftel.* 1686. *in-12.*

2858 { Photii Bibliotheca, græcè. *Augufæ Vindel.* 1601. *in-fol.*
Photii Bibliotheca latinè reddita & fcholiis illuftrata, opera Andreæ Schotti. *Augufta Vindelii*, 1606.

2859 Chriftoph. Sandii Bibliotheca Antitrinitariorum. *Freiftadii*, 1684. *in-8.*

2860 Georg. Morhofii Polyhiftor. *Lubecæ*, 1708. 2 *vol. in-4.*

2861 Joan. Wolfii Lectiones memorabiles & reconditæ. *Francofurti*, 1671. 2 *vol. in-fol. cum figur.*

2862 Sacra Bibliothecarum illuftrium arcana retecta à Théoph. Spizelio. *Auguft. Vindel.* 1668. *in-8.*

2863 Bibliotheca facra, omnes textus facri verfionum editiones, & præftantiores mff. codices complectens, cum notis hiftoricis & criticis, ftudio Jacobi le Long. *Parif.* 1723. 2 *to. en* 1 *vol. in-fol.*

2864 Hiftoire des Traductions françoifes de l'Ecriture-Sainte. *Paris*, 1692. *in-12.*

2865 Georg. Hormii Hiftoria philofophica. *Lugd. Bat.* 1655. *in-4.*

2866 Joan. Hallervodii Bibliotheca curiosa , in qua rarissimi Scriptores, eorum ætas, scripta , &c. indicantur. *Regiomonti* , 1676. *in-4.*

2867 Konigii Bibliotheca vetus & nova , in qua Hæbræorum, Chaldæorum, Syrorum, Arabum, Persarum, Græcorum & Latinorum Scriptorum patria , ætas , libri , &c. à mundi origine ad annum 1678. deteguntur. *Altderfii* , 1678. *in-fol.*

2868 Bellarminus de Scriptoribus ecclesiasticis. *Lugd.* 1675. *in-8.*

2869 Philippi Labbe Bibliotheca Bibliothecarum. *Rothom.* 1672. *in-8.*

2870 Thom. Stanleii Historia Philosophiæ, vitas , opiniones , res gestas & dicta Philosophorum cujusvis Sectæ complexa , ex anglico in latinum translata, cum variis dissertationib. & observat. *Lipsia* , 1711. *in-4.*

2871 Ph. Labbe de Scriptoribus ecclesiasticis. *Paris.* 1660. 2 *vol. in-8.*

2872 Sixti Senensis Bibliotheca sancta. *Coloniæ* 1626. *in-4.*

2873 Oudinus de Scriptorib. Ecclesiæ antiquis , illorumque scriptis. *Lipsia* , 1722. 3 *vol. in-fol.*

2874 Guillielmi Cave Scriptorum ecclesiasticorum Historia litteraria. *Colon. Allobr.* 1705. *in-fol.*

2875 Essais de littérature pour la connoissance des livres, depuis Juillet jusqu'en Décembre 1702. *Paris*, 1702. *in-12.*

2876 Les plaisirs de la lecture aux vives lumieres du Camouflet , ou Maximes de la critique rectifiante raisonnée, par de Richesource. *Paris*, 1681. *in-12.*

2877 Hankius de Byzantinarum rerum Scriptoribus græcis. *Lipsia* , 1677. *in-4.*

2878 Hankius de Scriptoribus Romanarum rerum. *Lipsia*, 1669. 2 *vol. in-4.*

2879 Th. Popeblount Censura celebriorum Autorum. *Geneva*, 1614. *in-4.*

2880 Andreæ du Sauſſay Diſſertationes de myſti-
cis Galliæ Scriptoribus. *Pariſ.* 1639. *in-4.*

2881 Traité du choix & de la méthode des études,
par M. Fleury. *Paris,* 1687. *in-12.*

2882 Méthode pour étudier la Théologie. *Paris,*
1716. *in-12.*

2883 Traité de l'étude des Conciles & de leurs col-
lections, par Salmon. *Paris,* 1724. *in-4.*

2884 Méthode pour enſeigner la Philoſophie,
par le P. Thomaſſin. *Paris,* 1685. *in-8.*

2885 De la maniere d'enſeigner & d'étudier les
belles Lettres par rapport à l'eſprit & au cœur,
par M. Rollin. *Paris,* 1726. 4 *vol. in-12.*

2886 Méthode pour apprendre la Geographie,
par de la Croix. *Lyon,* 1690. 4 *vol. in-12. avec
figur.*

2887 Méthode d'étudier & d'enſeigner les Hiſto-
riens profanes, par le Pere Thomaſſin. *Paris,*
1693. 2 *vol. in-8.*

2888 La Bibliotheque françoiſe de Sorel. *Paris,*
1664. *in-12.*

2889 Pauli Colomeſii opuſcula. *Pariſ.* 1668.
*in-12.*

2890 Jugemens des Sçavans ſur les principaux
ouvrages des Auteurs, par Adrien Baillet. *Paris,*
1685. 13 *vol. in-12.*

2891 Bibliotheque des Auteurs ecclefiaſtiques, par
Dupin. *Paris,* 1685. *& ſuiv.* 48 *vol. in-8.*

2892 Remarques ſur la Biblioth. des Auteurs ecclefiaſtiques de Dupin, par Don Petitdidier. *Paris,* 1691. *& ſuiv.* 3 *vol. in-8.*

2893 Diſſert. critique ſur la nouvelle Biblioth. des
Auteurs ecclefiaſtiques, où l'on établit la vérité de quelques principes avancés dans l'Hiſt. critique du Vieux Teſtament, par Reuchlin. *Francfort,* 1688. *in-12.*

2894 Bibliotheque hiſtorique de la France, contenant le catalogue de tous les ouvrages qui trai-

tent de l'Histoire de ce Royaume, par le P. le Long. *Paris*, 1719. *in-fol.*

2895 Acta Eruditorum anno 1682. publicata. *Lipsia*, 1682. *in-4.*

2896 Nouvelles de la Republ. des Lettres, depuis Mars 1684. jusqu'en Juin 1718. par MM. Bayle & Bernard. *Amst.* 1684. *& suiv.* 57 *vol. in-12.*

2897 Biblioth. universelle, par J. le Clerc. *Amst.* 1700. *& suiv.* 26 *vol. in-12.*

2898 Bibliotheque choisie, pour servir de suite à la Bibliotheque universelle, par Jean le Clerc. *Amst.* 1703. *& suiv.* 28 *vol. in-12.*

2899 Hist. des Ouvrages des Sçavans, par Basnage, depuis le mois de Septembre 1687. jusqu'en Mars 1709. *Rotterd.* 1657. *& suiv.* 24 *vol. in-12. manque l'année* 1707.

2900 Histoire critique de la Républ. des Lettres. *Utrecht*, 1712. *& suiv.* 5 *vol.*

2901 Journal Literaire, depuis le mois de Mai 1753. jusqu'au mois d'Avril 1714. *La Haye* 6 *vol. in-8.*

2902 Nouvellelles Litteraires. *La Haye*, 1725. 11 *vol. in-8.*

2903 Cornelii à Beughem Bibliographia eruditorum. *Amst.* 1701. *in-12.*

2904 Mémoires Litteraires. *La Haye*, 1716. *to.* 1.

2905 Bibliotheque Germanique, ou Histoire litteraire d'Allemagne, depuis le mois de Juillet 1720. jusqu'à l'année 1734. incluf. *Amst.* 1710. *& suiv.*

2906 Bibliothéque Angloise, ou Hist. litteraire de la Grande Bretagne. *Amst.* 1717. 15 *vol. in-12.*

2907 Mémoires litteraires de la Grande Bretagne, par de la Roche. *La Haye*, 1720. *& suiv.* 16 *to.* en 8 *vol.*

2908 Bibliothéque des auteurs & interprétes du Droit civil & canonique, par Simon. *Paris*, 1692. 2 *vol. in-12.*

2909 Bibliothéque critique, par de Sainjore. *Basle*, 1709. 4 *vol. in-12.*

2910 Nouvelle Bibliothéque choisie. *Amst.* 1714. 2 to. en 1 *vol. in-*12.

2911 Critique des ouvrages des Auteurs ecclesiastiques, par Grancolas. *Paris,*1716.2 *vol. in-*1.

2912 Journal de Trevoux : années de 1713, 1723, 1724, 1725, 1726, 1727, 1728, 1729. completes, & vingt mois de différentes années féparés.

2913 Supplement des Mémoires pour l'hist. des sciences & des beaux arts, depuis Janvier 1701. jusqu'en Décembre 1704. *Amsterd.* 1702. 8 *vol. in-*12.

2914 { Le Dictionnaire historique de Morery. *Lyon*, 1688. 2 *vol. in-fol.* Supplément au Dictionnaire historique de Morery. *Paris,* 1689. *in-fol. grand papier.*

2915 Le grand Dictionnaire historique, par Louis Moreri. *Paris*, 1725. 6 *vol. in-fol.*

2916 Supplément au grand Dictionnaire histor. de Louis Morery. *Paris*, 1735. 2 *vol.*

2917 Le Dictionnaire historique & critique, par P. Bayle. *Rotterd.* 1820. 4 *vol. in-fol.*

2918 Le Dictionnaire de l'Académie françoife. *Paris*, 1696. 2 *vol. in-fol.*

2919 Le Dictionnaire des arts & des sciences. *Paris*, 1696. 2 *vol. in-fol.*

2920 Le Dictionnaire universel, par A. Furetiere. *Lyon*, 1691. 2 *vol. in-fol.*

2921 Bibliotheca Telleriana, five Catalogus Bibiothecæ D. Caroli Mauritii le Tellier, archiep. Remensis. *Parif. Typ. reg.* 1693. *in-fol.*

2922 Catalogus librorum Bibliothecæ Bodlejanæ in Academia Oxonienf. *Oxonii*, 1674. *in-fol.*

2923 Quatre-vingt volumes, ou environ, de Catalogues de diverses Bibliothéques.

## VIES DES HOMMES ILLUSTRES.

2924 Diogenis Laertii de vitis clarorum Philosophorum Libri X. cum notis Isaaci Casauboni. *paris. H. Steph.* 1594. *gr. lat. in-8.*

2925 Philip. Thomasini elogia virorum illustrium. *Patavii,* 1630. *in* 4.

2926 Eadem. *Patavii,* 1644. *in-4. cum figuris.*

2927 Eloges des hommes sçavans tirés de l'histoire de de Thou, par Teissier. *Leyde,* 1715. *4 vol. in-8.*

2928 Memoires pour servir à l'histoire des hommes illustres dans la République des Lettres. *Paris,* 1727. *& suiv.* 21 *vol. in-*12.

2929 Les Memoires de Brantome, contenant les vies des hommes illustres & grands Capitaines françois, les vies des grands Capitaines étrangers, les vies des Dames illustres, celles des Dames galantes, & les anecdotes touchant les duels. *Leyde,* 1722. 10 *vol. in-*12.

2930 { La vie de B. de Spinosa, tirée des écrits de ce Philosophe, par Colerus. *La Haye,* 1706.

La vérité de la résurrection de J. C. défendue contre B. de Spinosa. *La Haye,* 1706. *in-*12.

2931 La vie & le martyre de Raymond Lulle par Perroquet. *Vendosme,* 1667. *in-8.*

2932 La vie d'Abeillard & d'Heloïse son épouse. *paris,* 1720. 2 *vol. in-*12.

2933 Histoire de Suger, abbé de S. Denis, regent du Royaume sous Louis le jeune. *paris,* 1621. 3 *vol. in-*12.

2934 La vie de Charles du Molin avocat au Parlement de Paris, par Brodeau. *Paris,* 1654. *in-4.*

2635 La vie d'Edmond Richer, par Baillet. *Liege,* 1714. *in-*12.

2936 Histoire de la vie & des ouvrages de M. Arnauld. *Cologne*, 1695. *in*-12.

2937 Vie de M. le Nain de Tillemont, avec des reflexions sur divers sujets de morale, & quelques Lettres de piété. *Cologne*, 1711. *in*-12.

2938 La vie de Descartes. *Paris*, 1691. *in*-4.

2939 Histoire de M. Bayle & de ses ouvrages, par M. de la Monnoye. *Amsterd.* 1716. *in*-12.

2940 La vie du Cardinal d'Amboise, par le Gendre. *Amsterd.* 1726. 2 *vol. in*-12.

2941 La vie du Cardinal Commendon par Flechier. *Paris*, 1691. *in*-12.

2942 La vie de J. B. Colbert ministre d'Etat sous Louis XIV. *Cologne*, 1695. *in*-12.

2943 Histoire du Prince Ragotzi. *Paris*, 1707. *in*-12.

2944 La vie de M. de Saint Evremond. *La Haye*, 1711. *in*-12.

2945 Joan. Clerici vita & opera ad annum 1711. *Amstel.* 1711. *in* 12.

2946 Recueil des vertus & des écrits de la Baronne de Neuvillette, par le P. Cyprien de la Nativité, Carme déchaussé. *Paris*, 1666. *in*-12.

APPENDIX.

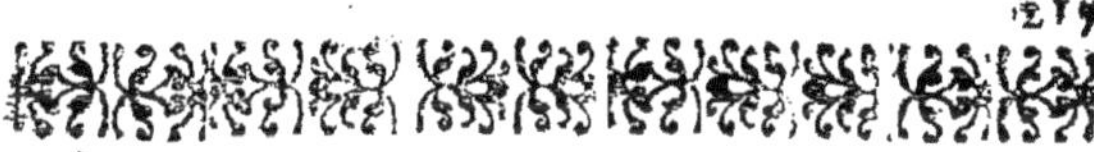

# APPENDIX.

2947 {
ARnold. Bootius de textûs hebraïci veteris Testamenti certitudine, contra Lud. Capellum. *Parif.* 1650.
Lud. Capellus de critica nuper à se edita, adversus Bootium. *Salmur.* 1651.
Sam. Bocharti Epistola de Presbyteratu & Episcopatu, &c. *Parif.* 1650. *in-*4.
}

2948 Lettres de M. le P. Bouhier & de D. Bern. de Montfaucon, pour & contre la fameuse question si les Solitaires appellés Therapeutes étoient chrétiens. *Paris*, 1712. *in-*12.

2949 Matth. Scriverini Apologia pro SS. Ecclesiæ Patribus, adversus Joan. Dallæum de usu Patrum, &c. *Londini*, 1672. *in-*4.

2950 Steph. Baluzii Miscellanea. *Parif.* 1678-1715. 7 *vol. in-*8.

2951 L'Avocat des pauvres, qui fait voir l'obligation des Beneficiers de faire un bon usage des biens de l'Eglise, par M. Thiers. *Paris*, 1679. *in-*12.

2952 De necessaria unius, uni Clerico, ecclesiastici beneficii singularitate, aut. Cl. de Paris. *Parif.* 1650. *in-*8.

2953 Nicol. Desnos Canonicus secularis & regularis. *Parif.* 1674. *in-*8.

2954 {
Jac. Fayi Defensio religionis & gentis Judaïcæ, contra Joh. Tolandi dissertationes. *Ultrajecti*, 1709.
De re beneficiaria, studio abbatis Sidichembechensis (Jac. Boileau) 1710. *in-*12.
}

2955 Confutatio collectionis locorum quos Jesuitæ compilarunt tanquam sibi contumeliosos, ex defensione epistolæ Galliæ Episcoporum &

T

# APPENDIX.

Censuræ Facultatis Theologiæ Parisiensis, a Petro Aurelio edita. 1633. in-8.

2956 Apologie pour M. l'abbé de Saint Cyran. 1644. in-4.

2957 Apologies de M. Jansenius, contre M. Habert. 1644. 2 vol. in-4.

2958 S. Augustin victorieux de Calvin & de Molina, ou réfutation d'un Livre intitulé: le Secret du Jansénisme, &c. Paris, 1652. in-4.

2959 D[...] contre X. & de la foi de l'Eglise, contre deux livres, dont l'un a pour titre: *Cavilli Jansenianorum*, & l'autre: Réponse à quelques demandes, &c. 1655. in-4.

2960 Eclaircissement du fait & du sens de Jansénius, par Denis Raymond. *Cologne*, 1660. in-4.

2961 Réfutation d'un libelle imprimé en 1666, qui a pour titre: Propositions touchant la Conception de N. Dame. *Rouen*, 1709. in-4.

2962 Franckei Horakei loci communes, in quibus præcipua Institutionis Calvinæ capita continentur. *Paris*, 1566. in-8.

2963 Ruardi Tapper ab Enchusa explicatio articulorum Facultatis Theologiæ Lovaniensis circa dogmata ecclesiastica controversa. *Lovanii*, 15[..]. in-fol.

2964 [...] Steyaert theses de sacerdote lapso. *Lovanii*, 170[.]. in-12.

2965 Réflexions sur les différends de la Religion, (par Pellisson.) *Paris*, 1687. 2 vol. in-12.

2966 Acta Colloquii Montisbelligartensis anni 1586. inter Jac. Andreæ Cancellarium Academiæ Tubingensis, & Theod. Bezam pastorem Genevensem. *Wittebergæ*, 1613. in-4.

2967 Calixtus de conjugio Clericorum. *Francof.* 1653. in-4.

2968 Joh. Sauberti Palæstra Theologico-[...]

gica. *Altdorffii*, 1678. *in*-4.

2969 Fasciculus rerum expetendarum & fugiendarum, in quo continentur Concilium Basiliense, & præterea summorum virorum Epistolæ, ac Opuscula ejusdem argumenti, collectore Orthuino Gratio : editio nova curis Edwardi Brown. *Londini*, 1690. 2 *vol. in-fol.*

2970 Instructions & Lettres des Rois de France, & autres Actes concernant le Concile de Trente. *Paris*, 1654. *in*-4.

2971 De antiquo jure presbiterorum in regimine ecclesiastico, aut Cl. Fontejo, ( Jac. Boileau. ) *Taurini*, 1678.

2972 Traité de l'abus, par Fevret. *Lyon*, 1689. *in-fol.*

2973 Simplicii Commentarius in Enchiridion Epicteti, cum versione Wolfii & animadversionibus Salmasii. *Lugd. Bat.* 1640. *in*-4.

2974 Jamblichus de mysteriis, gr. & lat. ex versione ac cum notis Th. Gale. *Oxonii*, 1678. *in-fol.*

2975 Camerarii Scoti Disputationes philosophicæ. *Paris*, 1630. *in-fol.*

2976 Joan. Crassotii Corpus Philosophiæ peripateticæ. *Parif.* 1530. 2 *vol. in*-4.

2977 Hanelmi Equitis Digbæi Demonstratio immortalitatis animæ. *Parif.* 1655. *in-fol.*

2978 Dan. Huetius de concordia rationis & fidei. *Cadomi*, 1690. *in*-4.

2979 L'Usage de la raison & de la foi, par Regis. *Paris*, 1704. *in*-4.

2980 Traité de la raison humaine, trad. de l'anglois. *Amsterd.*

2981 De la vérité, en tant qu'elle est distincte de la révélation, du vraisemblable, du possible & du faux, par Edouard Herbert. 1639. *in*-4.

2982 Joan. Euseb. Nierembergii è Soc. Jesu de arte voluntatis libri VI. in quibus Platonicæ, Stoicæ & Christianæ disciplinæ medulla digeritur,

ſucco politioris Philoſophiæ expreſſo ex Plato-
ne, Seneca , Epicteto & aliis. *Lugd.* 1649. *in-8.*

2983 { Philoſophia vulgaris refutata. 1690.
De revelatione animarum humanarum.
*Londini*, 1684.
Principia Philoſophiæ de Deo, Chriſto &
creatura, id eſt de ſpiritu & materia in
genere. *Amſt.* 1690. *in-12.*

2984 Démonſtration de l'exiſtence de Dieu, par
M. de Fenelon. *Paris*, 1718. *in-12.*

2985 Eſſais de Théodicée ſur la bonté de Dieu,
la liberté de l'homme & l'origine du mal, par
Leibnitz. *Amſt.* 1712. *in-8.*

2986 Eſſai philoſophique ſur la Providence, ( par
M. l'Abbé Houtteville. ) *Paris*, 1728. *in-12.*

2987 Guilielmus King de origine mali. *Londini*,
1702. *in-8.*

2988 Des vraies & des fauſſes idées , contre ce
qu'enſeigne l'auteur de la Recherche de la vérité,
par M. Arnauld. *Cologne*, 1683. *in-12.*

2989 Lettres de M. Arnauld au P. Malebranche,
1685. *in-12.*

2990 Trois Lettres de l'auteur de la Recherche de
la vérité touchant la défenſe de M. Arnauld ,
contre la réponſe au livre des vraies & fauſſes
idées. *Rotterd.* 1685. *in-8.*

2991 Défenſe de M. Arnaud contre la réponſe au
livre des vraies & fauſſes idées, *Cologne*, 1684.
*in-12.*

2992 Petri Pomponatii Tractatus de immortalitate
animæ. 1534. *in-12.*

2993 Jac. Gaffarelli Quæſtio pacifica, num in religione diſſidia conciliari poſſint per humanas ra-
tiones & Philoſophorum principia. *Pariſ.* 1645.
*in-4.*

2994 Tableau de l'inconſtance des mauvais Anges
& démons, où il eſt amplement traité des ſorciers & de la ſorcellerie, par P. de Lancre. *Paris*, 1613. *in-4.*

2995 Wierus de præstigiis dæmonum & incanta-
tionibus ac veneficiis. *Bafilea*, 1577. *in-4.*

2996 Martini Delrio Difquifitiones magicæ. *Lovanii*, 1599. 3 *to. en* 1 *vol. in-4.*

2997 Malleus maleficarum, ex variis autoribus
compilatus. *Lugd.* 1669. 2 *vol. in-4.*

2998 Hift. critique des pratiques fuperftitieufes,
par le P. le Brun. *Rouen*, 1702. *in-12.*

2998 * La même. *Paris*, 1732. 3 *vol. in-12.*

2999 { Poëme fur la Grace. *Paris*, 1672. ( par
M. Louis Racine. )
Inès de Caftro, Tr. de M. de la Motte.
Problême fur S. Denys l'Aréopagite.
Réflexions fur la nouvelle Liturgie d'A-
nieres. 1724. *in-8.*

3000 Les Peintures morales, par le P. le Moyne.
*Paris*, 1669. 4 *vol. in-12. avec figur.*

3001 Les Effais de Michel de Montaigne. *Rouen*,
1641. *in-8.*

3002 Les mêmes. *Paris*, 3 *vol. in-12.*

3003 Hiftoria univerfale del Conte Galeazzo
Gualdo Priorato, delle guerre fucceffe r ell'
Europa dall'anno 1630. fino all'anno 1640. *Ge-
neva*, 1642. *in-8.*

3004 Differtation fur Sainte Marie Magdelaine,
par Anquetin. *Rouen*, 1699. *in-12.*

3005 Bibliotheca Cluniacenfis, cum notis Quercetani. *Lutet.* 1614. *in-fol.*

FIN.